HISTORISCH-POLITISCHE WELTKUNDE

Kursmaterialien Geschichte
Sekundarstufe II / Kollegstufe

Aufstieg und Zerfall der Sowjetunion

Von Hans-W. Ballhausen

Ernst Klett Verlag
Stuttgart Düsseldorf Leipzig

HISTORISCH-POLITISCHE WELTKUNDE

Herausgegeben von
Hans-W. Ballhausen und Prof. Dr. Joachim Rohlfes

Autor: Hans-W. Ballhausen

Karten: Willi Stegner, Justus Perthes Verlag GmbH, Gotha

Reinzeichnung
der Grafiken: Cornelia Frank, Frank + Ranger, Stuttgart
               Rudolf Hungreder, Leinfelden-Echterdingen

Einband: Manfred Muraro, Stuttgart

Titelfoto: Demontage des Lenin-Denkmals in Wilna, 23. August 1991

Dieses Werk folgt der reformierten Rechtschreibung und Zeichensetzung. Ausnahmen bilden Texte, bei denen künstlerische, philologische oder lizenzrechtliche Gründe einer Änderung entgegenstehen.

Gedruckt auf Papier aus
chlorfrei gebleichtem Zellstoff, säurefrei.
Umschlag mit PP-Folie kaschiert,
umweltverträglich und recycelbar.

1. Auflage   1 5 4 3 2 1 | 2002 2001 2000 99 98

Alle Drucke dieser Auflage können im Unterricht nebeneinander benutzt werden, sie sind untereinander unverändert. Die letzte Zahl bezeichnet das Jahr des Druckes.
© Ernst Klett Verlag GmbH, Stuttgart 1997. Alle Rechte vorbehalten.

Redaktion: Stefan Wolters

Gesamtherstellung: Ludwig Auer GmbH, Donauwörth
ISBN 3-12-456140-6

Inhalt

Einleitung 5

I. Ein Blick zurück: Russland im 19. Jahrhundert 6
1. Das Zarenreich zwischen Restauration und Reform 6
2. Agrargesellschaft, Industrialisierung und Expansion 15
3. Die Revolution von 1905: Modernisierung und Scheinkonstitutionalismus 20
   Zur Diskussion: Warum scheiterte das konstitutionelle Experiment? 25
   Grundbegriffe: Autokratie 7 – Panslawismus 17 – Sowjets 21 –
                   Scheinkonstitutionalismus 22

II. Vom Ende der Zarenherrschaft zur Revolution der Bolschewiki 27
1. Februarrevolution: Provisorische Regierung und Petrograder Sowjet 27
2. Lenin und die Rolle der bolschewistischen Partei 34
3. Oktoberrevolution 38
   Zur Diskussion: Ohne Lenin und Trotzki keine Oktoberrevolution? 44
   Grundbegriffe: Antisemitismus 29 – Diktatur des Proletariats 38

III. Sicherung und Ausbau der bolschewistischen Herrschaft 46
1. Bürgerkrieg und Kriegskommunismus 46
2. Neue Ökonomische Politik 52
3. Gründung der Sowjetunion 60
   Zur Diskussion: Warum konnten die Bolschewiki ihre Macht behaupten? 63
   Grundbegriffe: Fraktionsbildung 52 – Atheismus 54 – Islam 54

VI. Die Sowjetunion unter Stalin 65
1. Aufbau des Sozialismus in einem Land 66
2. Industrialisierung und Zwangskollektivierung 69
3. Die Sowjetgesellschaft in der 30er Jahren 74
4. Von der kollektiven Sicherheitspolitik zum „Großen Vaterländischen Krieg" 84
   Grundbegriffe: Kolchose 70 – Sowchose 70 – Personenkult 76 –
                   „Schauprozesse" 77 – Faschismus 84

V. Der Aufstieg der Sowjetunion zur Weltmacht 91
1. Die Sowjetunion als Weltmacht und Rivalin der USA 92
2. „Tauwetter", Entstalinisierung und friedliche Koexistenz 97
   Zur Diskussion: Was waren Chruschtschows Motive zur Einleitung der Entstalinisierung? 101
   Grundbegriffe: Kalter Krieg 93 – Polyzentrismus 98

VI. Die Breschnew-Ära: von der Festigung der Parteiherrschaft zur Stagnation 103
1. Wirtschaft und Gesellschaft zwischen Reform und Repression 104
2. Breschnew-Doktrin und Entspannungspolitik 111
   Zur Diskussion: Was sind die Kennzeichen der Breschnew-Ära? 115
   Grundbegriff: Samizdat 104

VII. Die Sowjetunion unter Gorbatschow: Reform und Auflösung 117
1. Gorbatschows Reformprogramm: Glasnost und Perestroika 118
2. Das Ende der Sowjetunion 122
    Zur Diskussion: Warum scheiterte Gorbatschow mit seiner Reformpolitik? 130
    Grundbegriffe: Perestroika 118 – Glasnost 118

**VIII. Nach dem Ende der UdSSR: Russland und die
Gemeinschaft Unabhängiger Staaten (GUS)** 134
    Grundbegriff: Multiethnische Gesellschaft 135

Literatur zur Vertiefung 148
Register 150

Einleitung

Mehr als siebzig Jahre stand die Sowjetunion im Zentrum des internationalen Kommunismus. Mit der Oktoberrevolution 1917 waren nach der festen Überzeugung der Sowjetführung die Weichen für eine bessere Zukunft gestellt. Von jetzt an sollten in ihrem Lande die Ausbeutung des Menschen durch den Menschen für immer abgeschafft, die Gleichberechtigung von Mann und Frau verwirklicht und ein gesellschaftliches Zukunftsmodell für die Welt von morgen geschaffen werden. Noch Michail Gorbatschow, der letzte Staatspräsident der UdSSR, hielt lange daran fest, dass dem Sozialismus die Zukunft gehöre.

Die westlichen Länder dagegen beobachteten die Entstehung und Entwicklung des Sowjetstaates von Anfang an mit Argwohn und großer Distanz. Seine Existenz wurde als Bedrohung angesehen, weil die Sowjetführer selbstsicher den weltweiten Sieg des Sozialismus vorhersagten. Als sich nach 1945 die Sowjetunion militärisch neben den USA zur zweiten Weltmacht entwickelte, bestimmte die Sorge vor einer militärischen Konfrontation der Supermächte für Jahrzehnte die internationale Politik. Vor diesem Hintergrund sind der Zerfall der Sowjetunion und der Zusammenbruch des Sowjetimperiums am Ende des 20. Jahrhunderts Vorgänge von weltgeschichtlicher Bedeutung. Die Epoche der Geschichte, die mit der bolschewistischen Oktoberrevolution begonnen hatte, ist unwiderruflich zu Ende gegangen.

Nach dem Ende des Ost-West-Gegensatzes, dem Scheitern des sozialistischen Experiments und dem Wegfall des traditionellen Konkurrenz- und Feindbildes ist es heute möglich, den Sowjetkommunismus als einen abgeschlossenen Zeitabschnitt zu untersuchen. Der vorliegende Band der Historisch-Politischen Weltkunde behandelt die Geschichte eines Staates, den es nicht mehr gibt. In chronologischer Anordnung werden wesentliche Etappen der Sowjetgeschichte vorgestellt, die Einblicke ermöglichen in die Entstehung, die Entwicklung und den Zerfall der Sowjetunion. Quellen unterschiedlichster Art, offizielle Dokumente, Ansichten von innen und außen, literarische Zeugnisse, statistische Materialien sollen es ermöglichen, eine komplexe historische Realität zu erschließen, für deren Verständnis eindimensionale Erklärungen nicht ausreichen.

Während sich die Auflösung der alten Ordnung in einem rasanten Tempo vollzog, erwies sich der Aufbau des Neuen bisher als höchst komplizierter und problematischer Prozess. Die tiefen Spuren, die der Sowjetstaat hinterlassen hat, sind allgegenwärtig. Alle Nachfolgestaaten der ehemaligen Sowjetunion haben sich bei der Einführung und Festigung von Demokratie, Marktwirtschaft und rechtsstaatlicher Ordnung mit dem Erbe auseinander zu setzen, das ihnen die zentralistische Planwirtschaft und die sowjetische Ideologie hinterlassen haben. Zur Signatur der Umbruchzeit gehören weiterhin ungelöste Nationalitätenkonflikte und gravierende Umweltprobleme.

Ausgangspunkt für die einschneidenden Veränderungen, deren Richtung und Ergebnis noch nicht klar abzusehen sind, bildet die sowjetische Vergangenheit, die wiederum auch im Lichte ihrer zaristischen Vorgeschichte zu sehen ist. Ihre Kenntnis ist nach wie vor unentbehrlich, um aktuelle und künftige Herausforderungen und Probleme angemessen einschätzen zu können, die für die Entwicklung in ganz Europa und darüber hinaus von großer Bedeutung sind.

I. Ein Blick zurück: Russland im 19. Jahrhundert

Unter dem Gesichtspunkt der Machtausdehnung war Russland überaus „erfolgreich": Seit dem 16. Jahrhundert hatten die Zaren von Moskau aus ihre Herrschaft ausgebaut, den Ural überschritten und gegen Ende des 17. Jahrhunderts die Eroberung Sibiriens weitgehend abgeschlossen. Unter Peter dem Großen (1689–1725) wurde das „Fenster nach Europa" weit geöffnet. Nach der Verlegung der Hauptstadt von Moskau nach St. Petersburg entwickelte sich Russland zu einer starken Ostseemacht. Der Sieg über Napoleon untermauerte seine maßgebliche Mitwirkung im Konzert der europäischen Großmächte.

Doch für viele Menschen in Westeuropa war Russland im 19. Jahrhundert der Inbegriff politischer und gesellschaftlicher Rückständigkeit. Obwohl die Zaren Reformen in Gang setzten und den Wandel von der Agrar– zur Industriegesellschaft betrieben, gelang es ihnen nicht, die überkommene Herrschafts- und Gesellschaftsordnung des Landes rechtzeitig zu modernisieren.

Woran lag das? Warum konnten sich unter der Zarenherrschaft – im Gegensatz zu den Ländern Westeuropas – politische Parteien nicht entwickeln? Wie ist es zu erklären, dass Reformansätze auf halbem Wege stecken blieben, jedenfalls nicht dazu führten, in Russland einen konstitutionellen Rechtsstaat auszubilden?

1815	Nach Beendigung des Wiener Kongresses schließen sich auf Anregung von Zar Alexander I. (1801–1925) die Herrscher Russlands, Österreichs und Preußens zur „Heiligen Allianz" zusammen. Außer England, dem Vatikan und der Türkei treten alle europäischen Staaten bei.
1825	Zar Nikolaus I. (1825–1855) lässt einen Putschversuch russischer Gardeoffiziere niederschlagen (Dekabristenaufstand).
1830/1	Ein Aufstand polnischer Patrioten gegen die russische Fremdherrschaft misslingt.
1853–56	Im Krimkrieg scheitert der Versuch des Zaren, die russische Machtposition in Richtung Meerengen auf Kosten des Osmanischen Reiches auszudehnen.
1861	Mit dem Manifest über die Aufhebung der Leibeigenschaft (Bauernbefreiung) setzt Zar Alexander II. (1855–1881) ein umfangreiches Reformprogramm in Gang.
1863	Ein erneuter Aufstand der Polen wird niedergeschlagen.
1881	Zar Alexander II. fällt einem Bombenattentat zum Opfer.
1898	1. Parteitag der Sozialdemokratischen Arbeiterpartei in Minsk
1905	Zur Beschwichtigung einer revolutionären Bewegung gewährt Nikolaus II. bürgerliche Grundrechte. 1906 erhält Russland eine Verfassung.

1. Das Zarenreich zwischen Restauration und Reform

Großmacht in Europa

Nach dem Ende der napoleonischen Kriege war Russland eine starke Kontinentalmacht in Europa geworden, umworben als Bündnispartner, respektiert als Ordnungsmacht. Als die Beratungen zur territorialen Neuordnung Europas auf dem Wiener Kongress beendet waren, ergriff Zar Alexander I. die Initiative, um die Verhandlungsergebnisse dauerhaft zu sichern. In der „Heiligen Allianz" sah er ein geeignetes Instrument, liberale und konstitutionelle Kräfte im eigenen Lande

1. Das Zarenreich zwischen Restauration und Reform

1 Russische Großgrundbesitzer beim Kartenspiel. Auf dem Tisch: Leibeigene. Gustave Doré (1840)
Erläutern Sie die Aussage des Zeichners.

niederzuhalten und im Bunde mit den europäischen Mächten den Anspruch der Monarchen auf ungeteilte Herrschaft durchzusetzen. Dass die Zaren entschlossen waren, diesen Anspruch im eigenen Vielvölkerreich nicht in Frage stellen zu lassen, demonstrierte Alexanders Nachfolger Nikolaus I. bei zwei Gelegenheiten: Als im Dezember 1825 russische Gardeoffiziere einen Putschversuch unternahmen, um die Einrichtung parlamentarischer Institutionen zu erzwingen, ging der Zar mit aller Härte gegen die „Angehörigen der übel gesinnten Gesellschaft" vor. Ähnlich erging es 1831 den polnischen Patrioten, die, inspiriert von der Julirevolution in Frankreich, eine Loslösung des Königreichs Polen von russischer Fremdherrschaft erstrebten. Nach der Niederschlagung des Aufstandes beseitigte der Zar die politisch-administrative Eigenständigkeit des mit Russland in Personalunion verbundenen polnischen Königreiches und setzte die von Alexander I. gewährte Verfassung außer Kraft.

Im europäischen Revolutionsjahr 1848/49 konnte der Zar ein Übergreifen der revolutionären Bewegungen auf den Vielvölkerstaat abwehren. Nikolaus I. fand sich sogar bereit, im Interesse der monarchischen Solidarität, den österreichischen Kaiser Franz Joseph bei der Niederschlagung der Revolution in Ungarn militärisch zu unterstützen.

In der Mitte des 19. Jahrhunderts präsentierte sich Russland als ein zentral verwalteter Obrigkeitsstaat. Zar Nikolaus I. war zutiefst davon überzeugt, dass nur der Wille des Herrschers die Existenz des im Innern noch zu ungefestigten Vielvölkerstaates garantieren könne. Gestützt auf Armee und Polizei und im Bunde mit der

Autokratie

Autokratie (griech. Selbstherrschaft) bezeichnet die monarchische Regierungsform in Byzanz und Russland. Die russische Autokratie geht zurück auf die starke Stellung der Großfürsten. Da sich in Russland eigenständige Territorien auf Dauer nicht ausbildeten und ein selbstbewusstes Bürgertum sich nicht entwickelte, steigerte sich die Übermacht der Obrigkeit zur Autokratie. Nach dem Untergang von Byzanz (1453) erhoben die russischen Großfürsten den Anspruch auf Nachfolge des byzantinischen Kaisers. Im 16. Jahrhundert wurden unter Iwan dem Schrecklichen der Staatsapparat ausgebaut und die Rechtsordnung durchgesetzt, die wesentlich durch den autokratischen Herrscher bestimmt war.

orthodoxen Kirche, unternahm er alle Anstrengungen, die Autorität des Staates auszubauen und den Gehorsam der überwiegend in bäuerlicher Leibeigenschaft lebenden Untertanen zu erzwingen. Seinen Kultusminister und ausgewählte Publizisten wies er an, Russlands Überlegenheit gegenüber dem westlichen Europa zu propagieren. Autokratie, die orthodoxe Kirche und die adlige Grundherrschaft waren die Fundamente des Vielvölkerstaates. Sie sollten gegenüber den als wesensfremd und zerstörerisch angesehenen westlichen Vorstellungen vom Verfassungsstaat sowie gegenüber dem Liberalismus und Parlamentarismus gefestigt werden.

„Westler" und „Slawophile"

Seit den 30er Jahren meldete sich in Russland eine intellektuelle Opposition zu Wort, die die inneren Verhältnisse im Zarenreich kritisierte und Reformen anmahnte. Ohne eine programmatisch oder gar organisatorisch feste Gruppierung zu bilden, beklagten die „Westler" Russlands Entwicklungsrückstand gegenüber Westeuropa und verlangten, den unter Peter dem Großen eingeschlagenen Weg der Europäisierung wieder aufzunehmen. Ihre Kritik an den politischen und sozialen Zuständen der Autokratie verbanden sie mit der Forderung nach bürgerlichen Freiheiten.

Im Unterschied zu den „Westlern" setzten die „Slawophilen" alle Hoffnungen auf die Erneuerung Russlands durch Wiederbelebung altslawischer Traditionen. In der Stärkung des Gemeinschaftsgefühls in Familie und Bauerngemeinde (Mir), in der Erneuerung und Festigung der griechisch-orthodoxen Religiosität sahen sie die entscheidenden Voraussetzungen für die Festigung der Harmonie zwischen Volk und Herrscher.

Mit allen Mitteln suchte Zar Nikolaus I. eine öffentliche Reformdiskussion zu verhindern und trieb auf diese Weise die prominenten Vertreter dieser beiden großen publizistischen Lager in die Isolation, viele von ihnen in die Emigration.

Folgen des Krimkrieges

Um die Überlegenheit Russlands vor der Welt zu demonstrieren und die innere Lage zu stabilisieren, benötigte die Zarenherrschaft den außenpolitischen Erfolg. Als das Osmanische Reich, dessen Auflösung aus Sicht der russischen Führung unvermeidlich schien, in der Mitte des 19. Jahrhunderts dazu überging, die Rechtsgleichheit aller Bürger zu betreiben und dabei in Westeuropa moralische Unterstützung erfuhr, fühlte sich der Zar als Schutzherr der orthodoxen Christenheit herausgefordert. Entschieden hintertrieb er alle Reformbestrebungen und ließ zur Sicherung seiner Einflusssphären auf dem Balkan die Donaufürstentümer Moldau und Walachei besetzen (1853). Der nachfolgende Krieg zwischen Russland und dem Osmanischen Reich, das vor allem von Frankreich und England unterstützt wurde, entwickelte sich im Kern zu einer Auseinandersetzung zwischen dem Zarenreich und Westeuropa. Sie endete mit einer empfindlichen Niederlage Russlands und hatte unter innen- und außenpolitischen Gesichtspunkten eine mehrfache Signalwirkung: Zum einen zeigte sich, dass das Zarenreich seine führende Rolle als europäische Ordnungsmacht eingebüßt hatte. Zum anderen verstärkten sich nach der Parteinahme Englands und Frankreichs für das Osmanische Reich, den „kranken Mann am Bosporus", Russlands Vorbehalte gegenüber dem westlichen Europa. Schließlich offenbarten sich in der Niederlage auch die strukturellen Schwächen der russischen Großmacht und ihrer gegenüber dem Westen unterlegenen Heeresorganisation. Eine Reform mit einschneidenden Veränderungen schien unausweichlich zu sein.

Bauernbefreiung

So entschloss sich der Nachfolger Nikolaus I., Zar Alexander II., zu Beginn der 60er Jahre zu einer umfassenden Reformpolitik. Bereits 1856 hatte er in einer Rede gegenüber dem Moskauer Adel geäußert: „Es ist besser, die Leibeigenschaft von oben her aufzuheben als den Zeitpunkt abzuwarten, da deren Aufhebung ohne un-

1. Das Zarenreich zwischen Restauration und Reform

2 Freilassung leibeigener Bauern, 1861. Die Fotografie zeigt die Verkündigung des Manifestes über die Aufhebung der Leibeigenschaft 1861 in einem Landgut im Gouvernement Moskau.
Welche Einblicke in die Sozialordnung Russlands vermitteln Auftreten und Verhalten der beiden Personengruppen?

ser Zutun von unten her beginnen würde." Das Gesetz zur Aufhebung der Leibeigenschaft bescherte 1861 fast 50 Millionen Bauern die persönliche Freiheit und schützte sie in Zukunft vor gutsherrlicher Willkür. Die Hoffnung auf freie Verfügung über Grund und Boden erfüllte sich allerdings nicht. Jeder Bauer hatte zwar Anspruch auf Haus und Hof und einen bescheidenen Landanteil. Das vom Gutsherrn abgegebene Land ging nun aber an die Dorfgemeinde (Mir) über, die den Kollektivbesitz periodisch zur Nutzung an die Bauern verteilte, die Gesamthaftung für die Steuern übernahm und die Polizeigewalt ausübte, die bisher beim Grundherrn gelegen hatte. Wollten sie nach einer Übergangszeit, in der Fronarbeit und Abgaben weiter bestanden, Hof und Nutzungsland als Eigentum erwerben, mussten die kaufwilligen Bauern hohe Zahlungen leisten, die sie nur in seltenen Fällen aufzubringen vermochten, obwohl der Staat 80% der Ablösungssumme als langfristiges Darlehen gewährte. Viele Bauern sahen sich gezwungen, auf den Kauf zu verzichten und sich mit einem Viertel der ihnen zustehenden Flächen zu begnügen. Dieser „Bettleranteil" wurde ihnen zwar sofort und unentgeltlich zur Verfügung gestellt, er reichte aber kaum aus, um die eigene Existenz zu sichern.
Auch zwanzig Jahre nach Aufhebung der Leibeigenschaft hatte sich für die Mehrheit der Bauern die wirtschaftliche Lage kaum verändert. Als in der zweiten Hälfte des 19. Jahrhunderts ein sprunghaftes Bevölkerungswachstum für zusätzlichen Druck sorgte, weitete sich die Agrarfrage zu einer Dauerkrise aus, für die sich keine Lösung abzeichnete.

Die Bauernbefreiung zog andere Reformen nach sich: In den Gouvernements und Kreisen wurden regionale Selbstverwaltungsorgane (semstwa) geschaffen. Gewählte Vertreter des Adels, der Städter und Bauern kümmerten sich unter der Aufsicht der Gouverneure um Straßenbau, Gesundheitswesen und Volksschulen. Ein Klassenwahlrecht sorgte dafür, dass der Adel in den semstwa das Übergewicht behielt. Das Recht der Selbstverwaltung erhielten auch die Städte. Seit 1870 konnten städtische Parlamente gewählt werden (Duma). Das Wahlrecht besaßen allerdings nur drei bis fünf Prozent der männlichen Bevölkerung (Hausbesitzer und Gewerbetreibende).

Die „Großen Reformen"

Eine Justizreform beseitigte die eklatantesten Missstände der bisherigen Gerichtsordnung und schuf mit der Mündlichkeit und Öffentlichkeit der Verfahren die Voraussetzungen für die Einrichtung unabhängiger Gerichte.

Schließlich änderte sich auch das Rekrutierungsverfahren für den Militärdienst. Während die einfachen Bauernsoldaten zur Zeit Nikolaus I. 25 Jahre ihres Lebens in der Armee festgehalten wurden, unterlagen ab 1874 alle 21-jährigen männlichen Untertanen des Zaren der allgemeinen Wehrpflicht. Die Länge des aktiven Dienstes betrug maximal sechs Jahre und konnte je nach Ausbildung verkürzt werden. Volksschulabgänger dienten vier, Abiturienten nur zwei Jahre.

Zarenherrschaft in der Defensive

Ende der 70er Jahre sah sich der Zar durch eine neue intellektuelle Opposition herausgefordert: Diese hatte die Überzeugung gewonnen, dass eine grundlegende Veränderung der politischen und gesellschaftlichen Ordnung in Russland nur nach einem Sturz der Autokratie möglich sei. Nachdem radikale Oppositionsgruppen die bäuerliche Bevölkerung für Umsturzpläne gegen die bestehende Ordnung gewinnen wollten und dabei völlig gescheitert waren, organisierten einige von ihnen konspirative Geheimbünde. Mit Terroranschlägen versuchten sie, die Autokratie aus den Angeln zu heben. 1881 fiel Alexander II. einem Anschlag zum Opfer. Gegenüber dieser revolutionären Opposition setzte der Staatsapparat sein nahezu perfekt ausgebautes Überwachungssystem ein und verfolgte mit harter Strafjustiz alle wirklichen oder vermeintlichen Gegner.

3 Staat und Gesellschaft aus der Sicht von Zeitgenossen

a) Michail Pogodin, russischer Historiker und Publizist, schreibt in einem Brief (1838):
Russland – welch wundervolle Erscheinung auf dem Schauplatz der Welt! Russland – ein Gebiet zehntausend Werst (russ. Längenmaß = 1,07 km) in die Länge […] fünftausend Werst in die Breite, von Persien, einem südasiatischen Staate, bis an die Grenzen der bewohnten Welt, bis zum Nordpol! Welches Land vergleicht sich mit diesem? […] Russland ist ein Land, das alle Arten Boden, alle Klimate in sich begreift, vom heißesten bis zum kältesten, von der versengten Landschaft um Eriwan bis zum eisigen Lappland – ein Reich, das auch auf der jetzigen Stufe seiner Entwicklung an allen Erzeugnissen Überfluss hat, die zum Unterhalt, zum Wohlsein, zum Genusse dienen, eine Welt für sich, selbstgenügsam, unabhängig, keiner Ergänzung bedürftig. […]

Alle jene Kräfte, physische wie moralische, bilden in Russland ein ungeheures Maschinenwerk, das auf die einfachste, zweckmäßigste Art konstruiert ist und von der Hand eines Monarchen, des russischen Zaren, gelenkt wird: Er setzt es in jedem Augenblick durch eine Bewegung in Gang, er gibt ihm jede beliebige Richtung, jede beliebige Geschwindigkeit. Und lassen wir nicht außer Acht, dass das, was wir Maschine genannt haben, nicht bloß mechanisch sich bewegt. […] Nein, diese Maschine ist beseelt, von einem Gefühl beseelt und dieses Gefühl, ein uraltes Erbteil der Vorfahren, heißt Ehrfurcht und Gehorsam und grenzenlose Hingabe an den Zaren, den irdischen Gott.

Ich frage, wer kann sich uns gleichstellen und wen zwingen wir nicht zum Gehorsam? Ist nicht das politische Schicksal Europas und also das Schicksal der Welt in unserer Hand, so oft wir es so oder anders bestimmen wollen?

Die Wahrheit meiner Worte wird noch einleuchtender, wenn man die Lage der übrigen europäischen Staaten bedenkt. […] Im Gegensatz zu Russlands Kraft, Integrität und Einheit ist dort nur Hader, Zersplitterung und Schwäche – wodurch, wie das Licht durch den Schatten, unsere Größe nur gehoben wird. […] Die unermüdliche Aufmerksamkeit, mit der Europa jeden unserer Schritte verfolgt, die unaufhörliche Angst vor jeder, auch der kleinsten unserer Bewegungen, das dumpfe Grollen der Eifersucht, des Neides und der Bosheit, das aus jedem ausländischen Zeitungsblatt und Journal zu hören ist – sind dies nicht unwiderlegliche Beweise russischer Macht? […]

Geschichte in Quellen: Das bürgerliche Zeitalter. Bearbeitet von Günter Schönbrunn, München 1980, S. 64 f.

1. Das Zarenreich zwischen Restauration und Reform

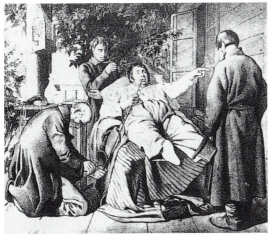

4 Leibeigene Hausdiener warten dem Mittagsruhe haltenden Gutsbesitzer auf. Aquarell, Künstler unbekannt, um 1830

b) Der russische Schriftsteller Alexander Herzen, der in Paris in der Emigration lebte, schreibt in einem Brief (1849):
Selbst in den schlimmsten Zeiten der Geschichte Europas begegnen wir einer gewissen Achtung vor der Persönlichkeit, einer gewissen Anerkennung der Unabhängigkeit, gewissen Rechten, die dem Talent, dem Genie eingeräumt werden. […]
In Europa hat man den im Ausland Lebenden nie als Verbrecher und den nach Amerika Ausgewanderten nie als Verräter betrachtet.
Bei uns gibt es nichts dergleichen. Bei uns war die Einzelperson stets unterdrückt, verschwand in der Menge, bemühte sich nicht einmal hervorzutreten. Das freie Wort wurde bei uns stets als Dreistigkeit, Originalität als Rebellion betrachtet; der Mensch verschwand im Staate, löste sich in der Gemeinde auf. Die Umwälzung unter Peter I. setzte an die Stelle der veralteten gutsherrlichen Verwaltung Russlands die europäische Kanzleiordnung; alles, was sich aus schwedischen und deutschen Gesetzbüchern abschreiben, alles, was sich aus dem munizipal-freien Holland in das dorfgemeindlich-autokratische Land herübernehmen ließ, wurde übernommen; aber die ungeschriebene, die Behörden moralisch im Zaum haltende, instinkthafte Anerkennung des Rechts der Einzelperson, des Rechts auf Gedanken und Wahrheit konnte nicht mit herüberkommen und kam nicht mit herüber. Die Sklaverei nahm bei uns mit der Bildung zu, der Staat wuchs, wurde besser, aber die Einzelpersönlichkeit hatte nichts davon; im Gegenteil, je stärker der Staat wurde, umso schwächer die Einzelperson. Die europäischen Formen der Verwaltung und der Gerichtsbarkeit, der Militär- und Zivileinrichtungen entwickelten sich bei uns zu einer Art ungeheuerlichem, unentrinnbarem Despotismus. […]
Früher hat sich die Regierung wenigstens vor den Nachbarn geschämt, ist bei ihnen in die Lehre gegangen; jetzt hält sie sich für berufen, allen Unterdrückern als Vorbild zu dienen, jetzt ist sie es, die andere belehrt. […]

Alexander Herzen, Ausgewählte philosophische Schriften, Moskau 1949, S. 358 f.

a) Kennzeichnen Sie die unterschiedlichen Wertvorstellungen, von denen die Verfasser bei ihrer Einschätzung der Lage von Staat und Gesellschaft in Russland ausgehen.
b) Vergleichen Sie die innere Entwicklung Russlands in der ersten Hälfte des 19. Jahrhunderts mit der in Westeuropa (Frankreich, Deutschland). Untersuchen Sie, inwieweit sich Russland von Westeuropa abgekoppelt hat.

5 Agrarfrage und Reformpolitik

a) Helmut von Moltke, der spätere preußische Generalstabschef, schreibt in einem Brief an eine Verwandte (1856):
Es kann wohl kein harmloseres und gutmütigeres Volk geben als das gemeine Volk in Russland. Dort gehört Grund und Boden der Gesamtheit, die Nutznießung aber ist der Gemeinde überlassen. Diese kann ihre Feldflur weder ganz noch teilweise veräußern. In ihr kann der Einzelne nie Eigentümer sein, sondern jedes Gemeindemitglied hat mit allen übrigen völlig gleiches Recht auf Benutzung. Diese ist für Wald und Weide gemeinsam, dagegen werden Acker und Wiesen wirklich in so viel gleiche Parzellen geteilt, als männliche Gemeindeglieder eben vorhanden sind. […]
Die Leibeigenschaft des Bauern trat […] erst im

18. Jahrhundert unter Peter dem Großen ein, bis dahin waren nur Kriegsgefangene leibeigen gewesen. Der Bauer diente entweder persönlich dem Herrn in seinem Hause, oder er zahlte den Obrok (Zins) und baute das Feld. Der Herr hatte für seinen Unterhalt zu sorgen, wenn er verarmte oder arbeitsunfähig wurde; er konnte ihn allerdings schon damals verkaufen, aber nicht ohne den Grund und Boden: Die Untertanen waren gleichsam ein Servitut, welches diesem anwohnte. Er verkaufte nicht das Land, sondern den Zins der Leute, die auf dem Lande lebten und denen allein die Nutzung zustand. [...]

Ein jeder fühlt, dass die Leibeigenschaft, im Widerspruch mit der angebahnten Zivilisation, nicht mehr fortbestehen kann, die große Schwierigkeit ist, wie sie abzuschaffen? Wollte man vierundzwanzig Millionen Adelsbauern plötzlich die Freizügigkeit wiedergeben, so würde in den minder fruchtbaren Teilen des Reiches der Ackerbau ganz zu Grunde gehen. [...]

b) Der preußische Diplomat Kurd von Schlözer, seit 1857 in St. Petersburg, in einem Brief, 1857:
Hier ist die Unzufriedenheit im Steigen begriffen. Ich wiederhole dir, dass ich deshalb nicht etwa gleich an Barrikaden glaube, denn eine etwaige Bewegung kann hier nicht von den Städten ausgehen. Aber auf dem Lande sieht es bunt aus. Alle Augenblicke hört man von Mordtaten, die durch die Bauern an Edelleuten verübt sind. Die Frage der Leibeigenschaft spukt überall herum, immer neue Gerüchte, Vorschläge, Projekte, Hoffnungen – dabei bleibt es. Die geheime Kommission, die sich seit Anfang dieses Jahres damit zu beschäftigen hat, besteht aus hohen Herren, die, mit Ausnahme eines einzigen, weder von der sozialen noch von der wirtschaftlichen Seite eine Ahnung haben. Die Bauern träumen von nichts anderem als von Befreiung, die Gutsbesitzer aber verhalten sich, und zwar aus teilweise gar nicht so von der Hand zu weisenden Gründen, ablehnend. Schon Katharina fand die Lösung dieser Frage nicht; sie wollte „Gehorsam gegen die Gesetze, aber keine Sklaven". [...]

Und der Bauer? Bei dem ist der bisher schlummernde Gedanke, dass ihm der Grund und Boden zu eigen gehört, geweckt. Die große Masse gerät langsam in Bewegung. Der frühere Minister des Innern, Bibikoff, hat gesagt: „Ihr werdet sehen, dass das Beil der russischen Bauern viel schärfer schneidet als die Französische Revolution.

a) und b): Geschichte in Quellen, a. a. O., S. 488 f., 494 f., 497

c) Ein Dorfgeistlicher erinnert sich an die Bauernbefreiung:
Nachdem er das Kreuz geschlagen, begann der Priester zu lesen. Kaum hatte er die Worte des Manifestes ausgesprochen: ‚Die guten Beziehungen der Gutsbesitzer und Bauern begannen zu schwinden und gaben einer Willkür Raum, welche die Bauern drückte und ihre Lage verschlechterte [...]', da wurde das Volk unruhig. Anfänglich kaum hörbar, begann der Lärm zu wachsen, ohne dass es möglich gewesen wäre, ein Wort zu verstehen. Der Isprawnik (Polizeichef) gebot Ruhe. Alles verstummte. Der Priester las weiter: „Dem Adel selbst haben Wir es überlassen, seinem eigenen Ansuchen gemäß, Vorschläge über die neue Regelung der bäuerlichen Verhältnisse zusammenzustellen [...]" Das Volk geriet wieder in Bewegung. Der Isprawnik brachte es abermals zum Schweigen. Es folgten die Worte: „Die Leibeigenen werden seinerzeit die vollen Rechte von Dorfbewohnern erhalten. Die Gutsbesitzer, welche ihr Eigentumsrecht an allem ihnen gehörigen Land behalten, überlassen den Bauern gegen Entrichtung der festgesetzten Leistungen die beständige Nutzung des Landes, auf welchem sie angesiedelt sind." Erneuter Lärm, erneutes Ruhegebot des Isprawnik. Dann hieß es weiter: „Indem sie ihre Landesanteile nutzen, sind die Bauern verpflichtet, zugunsten der Gutsbesitzer die in der Verordnung festgesetzten Leistungen zu übernehmen." Jetzt waren die Bauern augenscheinlich bekümmert und ließen die Köpfe hängen. Einer der vordersten sagte laut: „Was ist denn das für eine Freiheit?" Da zupfte ihn ein Polizist am Ärmel, und er verstummte. „Die neue Ordnung kann wegen der mit ihr verbundenen zahlreichen Änderungen nicht plötzlich erfolgen, sondern bedarf der Zeit, wahrscheinlich mindestens zweier Jahre, und darum wird zur Verhütung von Irrungen und zur Aufrechterhaltung der öffentlichen und privaten Wohlfahrt die gegenwärtig auf den herrschaftlichen Landgütern bestehende Ordnung gewahrt bleiben [...]" Hier äußerte jener vorderste Bauer vernehmlich: „In diesen zwei Jahren werden die Herren uns das Fell ganz über die Ohren ziehen." Nach eingetretener Ruhe sagte der Priester: „Bis zum Ablauf dieser Frist haben die Bauern und Hofesleute im früheren Gehorsam den Gutsbesitzern gegenüber zu verharren und ohne Widerrede die bisherigen Pflichten zu erfüllen." Hier entstand eine ganz ernsthafte Unruhe. Es erhob sich ein solches Murren und Geschrei, dass der Priester die Vorlesung unterbrechen musste. Da sprach der Isprawnik: Unterstehet euch nicht, des Kaisers Worte zu unterbrechen! Was der Priester verliest, das redet zu euch der Herr und Kaiser. Wenn er euch nicht die Freiheit, sondern Zwangsarbeit böte,

1. Das Zarenreich zwischen Restauration und Reform

so hättet ihr auch dann zu schweigen, zu hören und gehorsam zu sein. Euch schenkt der Kaiser seine Gnade, gibt euch die Freiheit und ihr wagt es zu schreien. Ruhe, nicht ein Wort mehr!" Die Bauern verstummten sogleich und bis zum Schluss der Verlesung des Manifestes standen sie, als wäre keine lebende Seele in der Kirche. Auf das Manifest folgte ein Dankgebet für den Kaiser.

Erinnerungen eines Dorfgeistlichen, Bibliothek russischer Denkwürdigkeiten, Th. Schiemann (Hg.), Stuttgart 1894, S. 25 ff.

a) Welche Aufschlüsse vermittelt der Bericht des Dorfgeistlichen über das Verhältnis Obrigkeit – Bauern?
b) Charakterisieren Sie die Schwierigkeiten der Bauernbefreiung aus dem Blickwinkel der zeitgenössischen Beobachter und aus der Sicht der Bauern.

6 Revolutionäre Opposition

a) Fürst Petr Kropotkin, der dem höchsten Adel entstammte und sich der revolutionären Opposition anschloss, in seinen Memoiren (1872):
Natürlich sprachen wir oft von der Notwendigkeit einer politischen Agitation gegen unsere absolute Regierung. Wir sahen schon, dass die Masse der Bauern infolge unvernünftiger Besteuerung und des noch unsinnigeren Verkaufens von Vieh zur Deckung der Steuerrückstände einem unvermeidlichen und unheilbaren Ruin entgegengehe. […] Wir „Phantasten" sahen den völligen wirtschaftlichen Ruin einer ganzen Bevölkerung voraus, die leider inzwischen in Mittelrussland in erschreckender Ausdehnung zur Wirklichkeit geworden ist und aus der die Regierung selbst jetzt kein Hehl macht.
Wir wussten, wie in Russland in jeder Beziehung aufs Schändlichste gestohlen wurde. Wir erfuhren täglich mehr von dem ungesetzlichen Verfahren der Beamten und von der fast unglaublichen Bestialität vieler von ihnen. Wir hörten ständig von Freunden, bei denen die Polizei nächtliche Haussuchung hielt, die in Gefängnissen verschwanden oder die […] ohne Urteil in ein Dorf irgendeiner fernen russischen Provinz geschleppt worden waren. Wir fühlten daher die Notwendigkeit eines politischen Kampfes gegen diese furchtbare Macht, die die besten geistigen Kräfte der Nation vernichtete. Aber wir vermochten keine gesetzliche oder halbgesetzliche Basis zur wirksamen Eröffnung eines solchen Kampfes zu finden.

Petr Kropotkin, Memoiren eines Revolutionärs, Frankfurt 1969, S. 363 f.

b) Sergej Netschajew, russischer Revolutionär, formuliert sein Selbstverständnis (1869):
Ein Revolutionär ist ein todgeweihter Mensch. Er hat weder persönliche Interessen noch Geschäfte, weder persönliche Gefühle noch Bindungen, nichts, was ihm zu eigen wäre, nicht einmal einen Namen. Alles in ihm ist beherrscht von einem einzigen Interesse, einem einzigen Gedanken, von einer einzigen Leidenschaft, der Revolution. In seinem innersten Wesen hat er, nicht bloß in Worten, sondern auch in seinem Tun, mit allen Bindungen an die öffentliche Ordnung und die zivilisierte Welt, mit allen Gesetzen, Konventionen und Herkömmlichkeiten sowie mit jeder Moral gebrochen. Was diese zivilisierte Welt betrifft, so ist er ihr unerbittlicher Feind und wenn er in ihr weiterlebt, so nur, um sie völlig zu zerstören. […] Er verachtet die öffentliche Meinung, er verachtet und hasst in allen ihren Motiven und in allen ihren Äußerungen die gegenwärtige soziale Moral. In seinen Augen ist nur das moralisch, was zum Siege der Revolution beiträgt; alles, was ihr Abbruch tut, ist unmoralisch. […] Bei Tag und Nacht soll er nur einen Gedanken, nur ein Ziel haben: die unerbittliche Zerstörung. Kühl überlegend und ohne Aufschub soll er für dieses Ziel arbeiten und bereit sein, selbst zugrunde zu gehen und mit eigener Hand alles zugrunde gehen zu lassen, was der Erreichung dieses Zieles im Wege steht.

Geschichte in Quellen, a. a. O., S. 499

c) Der deutsche Diplomat Graf Lerchenfeld-Koefering schreibt über die Hintergründe der revolutionären Opposition in Russland (1935):
Die Unzufriedenheit war fast allgemein, aber es ist doch eine ganz bestimmte Schicht der russischen Welt gewesen, aus der der Nihilismus herausgewachsen ist, nämlich das geistige Proletariat. Kein Land der Welt ist von ihm ganz frei, aber in keinem hat es in solcher Menge und in solcher widerlichen Qualität gewuchert wie in Russland. Es verdankte seine Entstehung und Verbreitung hauptsächlich der

unverhältnismäßigen Zahl und Größe der höheren Bildungsanstalten im ganzen Reiche. Während die Elementarschulen auf dem flachen Land ganz fehlten und in den Städten unzureichend an Zahl und Qualität zu Gebote standen, waren nach und nach Mittelschulen, Akademien, Universitäten in einem das Bedürfnis weit überschreitenden Ausmaß entstanden, und zwar zu einem großen Teil aus milden Stiftungen. Wenn ein reicher Kaufmann starb, der unter seiner mangelnden Bildung gelitten hatte, so gründete er eine höhere Schule oder Freiplätze an solchen; bald drängte sich ein Heer von Jünglingen, vielfach aus den untersten Schichten, besonders Söhne von Popen, in diese Lehranstalten. Sie füllten die unteren Stellen im Staatsdienst. Zahllose scheiterten aber in ihren Studien, fanden keine Verwendung und trieben sich in den Städten oft in den armseligsten Verhältnissen herum. Man muss diese Jünglinge gesehen haben, mit langen Haaren, schmutzig und verkommen, auf den Straßen Petersburg herumstreunend. […]

Hugo Graf von Lerchenfeld-Koefering, Erinnerungen und Denkwürdigkeiten, Berlin 1935, S. 109 f.

a) Setzen Sie sich mit der Schlussfolgerung Kropotkins zur Notwendigkeit des revolutionären Kampfes auseinander. Problematisieren Sie in diesem Zusammenhang auch den von Netschajew entwickelten Moralbegriff.
b) Diskutieren Sie den von Graf Lerchenfeld-Koefering vorgelegten Erklärungsansatz zur Entstehung der revolutionären Opposition in Russland.

7 Russlands Gesellschaft.
Im Ausland veröffentlichtes Flugblatt der „Union russischer Sozialisten" (um 1900). Übersetzung der Legenden (von oben nach unten links): „Wir sind die Herrschaft über euch", „Wir lenken euch", „Wir schießen auf euch", „Wir arbeiten für euch"; (von rechts unten nach oben) „Wir ernähren euch", „Wir essen für euch", „Wir streuen euch Sand in die Augen". Die hier nicht lesbare Unterzeile des Flugblatts lautet: „Es wird eine Zeit kommen, wo das Volk sich erheben wird, und es wird seine Ausbeuter auseinander jagen." *Entwerfen Sie aus Sicht der Zarenherrschaft eine Antwort auf die Text- und Bildaussagen des Flugblattes.*

2. Agrargesellschaft, Industrialisierung und Expansion

Wirtschaftliche Rückständigkeit

Im Vergleich zu den Ländern Westeuropas war Russland in seiner wirtschaftlichen Entwicklung deutlich zurückgeblieben. In England konnte die Roheisenproduktion zwischen 1800 und 1860 um das Vierundzwanzigfache gesteigert werden, Russland erzielte im gleichen Zeitraum eine knappe Verdoppelung. Woran lag das? Im Westen Europas hatte sich seit dem Mittelalter neben dem Adel ein wirtschaftlich starkes Bürgertum herausgebildet, das eine führende Rolle im Prozess der Industrialisierung übernahm. In Russland konnte sich ein standesbewusstes kapitalistisches Bürgertum nicht entwickeln. Da zudem die Mehrheit von Adel und Bürokratie der Industrialisierung eher skeptisch gegenüberstand, erwies sich die ökonomische Modernisierung des Landes als äußerst schwierig. Um mit den modernen Großmächten des Westens einigermaßen Schritt halten zu können, betrieb der Staat den Bau der ersten Eisenbahnlinie in Eigenregie (Eröffnung der Strecke Moskau – St. Petersburg 1851). Da das erforderliche Kapital angesichts chronisch zerrütteter Staatsfinanzen nur begrenzt zur Verfügung stand, unterstützte die Regierung nach dem Krimkrieg die Bildung privater Aktiengesellschaften und warb um das Engagement westlicher Bankhäuser. Dennoch kam die Industrialisierung des Landes nur langsam voran.

Forcierte Industrialisierung

Erst unter Finanzminister Witte gelang in Russland der industrielle Durchbruch. Der zügige Ausbau des Eisenbahnnetzes in den 90er Jahren war ein deutliches Signal dafür, dass die Agrargesellschaft des Vielvölkerstaates sich anschickte, in das Industriezeitalter einzutreten. Durch eine Stabilisierung der russischen Währung (1897 wurde die Goldwährung eingeführt, der Papierrubel konnte seitdem in Gold eingelöst werden) verbesserte Finanzminister Witte die Investitionsbedingungen für ausländisches Kapital. Weiteres Kapital kam durch den gesteigerten Export von Getreide und anderen agrarischen Rohstoffen ins Land. So erzielte man in den 90er Jahren hohe Wachstumsraten. Angesichts des rasant fortschreitenden Bevölkerungswachstums verbesserte sich der Lebensstandard der Menschen aber nur unwesentlich. Noch immer war das Zarenreich ein Agrarland, 88 Prozent der Bevölkerung lebte nach der Volkszählung von 1897 auf dem Lande, nur 12 Prozent in den Städten. Als um 1900 infolge zweier Missernten eine Hungersnot herrschte, verstärkte sich bei vielen Menschen der Eindruck, dass die hohen Kosten des industriellen Fortschrittes den Millionen russischer Bauern aufgebürdet worden waren.

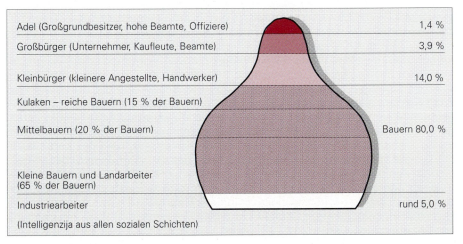

8 Soziale Schichtung um 1913. Die bereits Ende des 18. Jahrhunderts entstandene Gesellschaftsordnung blieb im Kern bis zum Ende der Zarenherrschaft bestehen.

I. Ein Blick zurück: Russland im 19. Jahrhundert

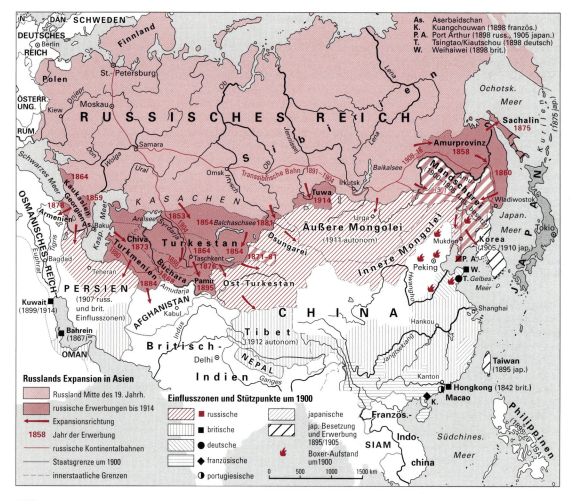

9 Russlands Expansion in Asien

Nation und Expansion

Die äußere Machtentfaltung war angesichts der inneren Probleme des Landes in der zweiten Hälfte des 19. Jahrhunderts gleichsam zu einer Überlebensfrage für die Autokratie geworden. Die Expansion in Asien bot der Zarenherrschaft Gelegenheit, den im Krimkrieg erlittenen Prestigeverlust durch spektakuläre Eroberungen auszugleichen. Russische Generale unterwarfen im Auftrag des Zaren die Bergvölker im Kaukasus (Tschetschenen, Tscherkessen u. a.), eroberten Mittelasien und drangen bis in den Fernen Osten vor. Dabei hatte die Gründung von Wladiwostok („Beherrsche den Osten") am Pazifik geradezu programmatische Bedeutung. Wenn sich zeigte, dass aus unterworfenen Völkern Untertanen des Zaren geworden waren, ließen die Behörden die sozialen und kulturellen Einrichtungen unangetastet. Falls erforderlich, wurde der Herrschaftsanspruch des Zaren auch mit Gewalt durchgesetzt. Als man gegen Ende des 19. Jahrhunderts dazu überging, in den unterworfenen Regionen verstärkt eine Russifizierungspolitik zu betreiben, bildeten sich bei den nichtrussischen Völkern nationale Bewegungen, die sich für die Zarenherrschaft zu einem ständigen Unruheherd entwickelten. Um die Herrschaft in den eroberten Gebieten zu sichern, mussten gewaltige Anstrengungen unternommen werden.

2. Agrargesellschaft, Industrialisierung und Expansion

Imperialismus

In der Ausweitung kolonialer Einflusssphären sah die Regierung eine Gelegenheit, ihre Ebenbürtigkeit mit den westlichen Kolonialländern zu demonstrieren („Nur in Asien können wir den Kampf mit England mit gewissen Erfolgschancen aufnehmen", N. P. Ignatjev). Dabei entstanden neue Probleme: Bei den russischen Gebietserweiterungen in Mittelasien drohte wiederholt ein militärischer Konflikt mit der Kolonialmacht England. Die Krönung der britischen Königin Victoria zur Kaiserin von Indien (1877) signalisierte dem Zar deutlich die britischen Interessen. Die Fernostpolitik des Zarenreiches war vielfach von dem Bestreben geleitet, britischen Unternehmungen zuvorzukommen. Jedes russische Eisenbahnprojekt (Bau der Transsibirischen Eisenbahn 1891–1901) weckte den britischen Argwohn. Erst vertragliche Abmachungen über die wechselseitigen Interessengebiete (1907) entspannten den britisch-russischen Konkurrenzkampf in Asien.

Balkanpolitik

Aus der besonderen Verpflichtung zum Schutz der Völker orthodoxen Glaubens leitete der Zar traditionell ein Interventionsrecht auf dem Balkan ab. Als der fortschreitende Zerfall des Osmanischen Reiches in der zweiten Hälfte des 19. Jahrhunderts das nationale Selbstbewusstsein der slawischen Völker mobilisierte, verband sich der Schutzgedanke mit dem machtpolitischen Anspruch, „das ganze Slawentum unter den Fittichen Russlands zu vereinigen" (P. Dostojewski). Für den Zaren bot der Panslawismus eine willkommene Gelegenheit, dem eigenen Expansionsdrang auf dem Balkan eine zusätzliche Rechtfertigung zu verleihen. Die slawischen Balkanvölker sahen in der Übernahme panslawistischer Ideen eine große Chance, ihre eigene nationale Unabhängigkeit zu erreichen. Diese Möglichkeit, den Panslawismus für unterschiedliche Ziele zu instrumentalisieren, machte den Balkan zu einer konfliktträchtigen Krisenregion.

Panslawismus: Sammelbegriff für die Einheitsbestrebungen aller slawischen Völker. Der kulturelle Panslawismus (Zusammengehörigkeitsbewusstsein durch Gemeinsamkeiten in Sprache und Kultur) mobilisierte in der ersten Hälfte des 19. Jahrhunderts besonders bei Tschechen, Slowaken und Südslawen das nationale Selbstbewusstsein. Der politische Panslawismus hatte seinen stärksten Rückhalt unter den Slawophilen in Russland. Die Russen, das größte und bedeutendste Volk der slawischen Welt, hatten nach ihrer Auffassung die Aufgabe, alle slawischen Völker unter Russlands Führung zu vereinen (Dostojewski, Danilewski). Am Ende des 19. Jahrhunderts hatten die Anhänger des politischen Panslawismus großen Einfluss auf die Politik des Zaren.

---

10 Wirtschaftliche Entwicklung Russlands im internationalen Vergleich

a) Bevölkerungsentwicklung (in Mill.)

	Großbritannien und Irland	Frankreich	Deutsches Reich	Russland	USA
1860/61	28,9	37,4	–	74,1	–
1870/71	31,5	36,1	40,8	84,5	38,6
1880/81	34,9	37,7	45,2	97,7	50,2
1890/91	37,8	38,3	49,4	117,8	63
1900/01	41,5	39	56,4	133	73
1910/11	45,2	39,6	64,9	160,7	91

nach Carlo M. Cipolla (Hg.), The Fontana Economic History of Europe: The Emergence of Industrial Societies, 2. Teil, London 1973, S. 747

b) Eisenproduktion (in 1 000 Tonnen)

	Großbritannien und Irland	Frankreich	Deutsches Reich	Russland	USA
1870	6 059	1 178	1 261	359	1 665
1880	7 873	1 725	2 468	449	3 835
1890	8 031	1 962	4 100	928	9 203
1900	9 104	2 714	7 550	2 937	13 789
1910	10 173	4 038	13 111	3 047	26 674

c) Stahl (in 1 000 Tonnen)

	Großbritannien und Irland	Frankreich	Deutsches Reich	Russland	USA
1870	334	84	126	9	77
1880	1 316	389	690	307	1 397
1890	3 636	683	2 135	378	4 779
1900	4 980	1 565	6 461	2 216	11 227
1910	6 476	3 413	13 100	3 314	28 330

b) und c): nach Brian R. Mitchell, European Statistics 1750–1970, London 1975, S. 393 f., S. 399 ff., und Historical Statistics of the United States: Colonial Time to 1970, Washington D. C. 1975, S. 599, 693 f.

d) Russlands Außenhandel (in %)

Jahr	Nahrungsmittel		Rohstoffe und Halbfertigungsprodukte		Fertigprodukte	
	Export	Import	Export	Import	Export	Import
1894	56,9	18,4	37,5	54,4	3,6	26,5
1899	52,5	15,6	40,3	43,3	4,8	34,5
1903	61,3	20,1	31,9	52,5	4,8	26,6
1908	54,3	23,2	37,8	47,6	5,3	28,4
1913	55,3	17,3	36,9	48,6	5,6	32,8

nach K. Funken, Die ökonomischen Voraussetzungen der Oktoberrevolution, Zürich 1976, S. 110

e) Pro-Kopf-Bruttosozialprodukt der europäischen Großmächte (in US-Dollar von 1960)

	1830	1840	1850	1860	1870	1880	1890
Großbritannien	346	394	458	558	628	680	785
Italien	265	270	277	301	312	311	311
Frankreich	264	302	333	365	437	464	515
Deutschland	245	267	308	354	426	443	537
Habsburger Reich	250	266	283	288	305	315	361
Russland	170	170	175	178	250	224	182

Paul Kennedy, Aufstieg und Fall der großen Mächte. Ökonomischer Wandel und militärischer Konflikt von 1500 bis 2000, Frankfurt a. M. 1989, S. 268

a) Erarbeiten Sie die auffälligsten Daten in der wirtschaftlichen Entwicklung Russlands und erläutern Sie die zeitgeschichtlichen Hintergründe.
b) Untersuchen Sie Russlands Wettbewerbsfähigkeit in der 2. Hälfte des 19. Jahrhunderts. Berücksichtigen Sie dabei auch die Bevölkerungsentwicklung des Landes.

11 Motive russischer Expansion

a) Sergej Witte (1849–1915), Finanzminister von 1892–1903, schreibt an Zar Alexander III. (1893): Wenn Russland im Besitz der Länder zwischen den Ufern des Pazifik und des Himalaja ist, wird es nicht nur die Geschichte Asiens, sondern auch die Europas bestimmen. Russland steht am Rande dieser beiden so verschiedenen Welten und verkörpert deshalb eine Welt für sich. Sein unabhängiger Platz in der Familie der Völker und seine besondere Rolle in der Weltgeschichte ergeben sich nicht nur aus seiner geographischen Lage, sondern vor allem aus dem eigenständigen Charakter seiner politischen und kulturellen Entwicklung. Diese Entwicklung ist das Ergebnis der lebendigen gegenseitigen Beeinflussung und der harmonischen Verbindung von drei Elementen, die ihre volle schöpferische Kraft nur in Russland entfaltet haben. Diese Elemente sind: erstens, die Rechtgläubigkeit, die den wahren Geist des Christentums rein erhält und die Grundlage aller Erziehung ist; zweitens, die Autokratie als die Grundlage des staatlichen Lebens; drittens, das russische Nationalgefühl als Grundlage für den inneren Zusammenhalt des Staates, ein Nationalgefühl, das ein starkes geeintes Zentrum schafft, jedoch frei ist von nationalistischer Ausschließlichkeit und sich durch die außerordentliche Fähigkeit zu friedlicher Nachbarschaft und Zusammenarbeit mit den unterschiedlichsten Rassen und Völkern auszeichnet. Auf diesen Grundlagen wurde das große Gebäude russischer Macht errichtet und es ist deshalb für Russland unmöglich, mit dem Westen verschmolzen zu werden. Gleichzeitig ist Russland bereits seit langem unter den asiatischen Völkern als der Träger christlicher Ideale aufgetreten. Es bemüht sich um die Verbreitung der Prinzipien christlicher Erleuchtung unter ihnen, und zwar nicht unter der Fahne der Europäisierung, sondern in der Befolgung seiner eigenen besonderen Mission. Mit einem Wort: Im asiatischen Osten hat Russland seit langem die Mission kultureller Erleuchtung im Geist jener Prinzipien auf sich genommen, die seiner eigenen Entwicklung einen besonderen Charakter gegeben haben.

Theodore H. v. Laue, Sergei Witte and the Industrialization of Russia, New York und London 1963, S. 87 f.

b) In Dostojewskijs Roman „Die Dämonen" (erschienen 1871/72) entwickelt sich zwischen den Romanfiguren Schatow und Stawrogin der folgende Dialog:
„Wissen Sie", fing (Schatow) fast drohend und mit funkelnden Augen an, beugte sich auf dem Stuhl vor und hob den Zeigefinger der rechten Hand – ohne es offenbar selber zu merken – vor sich in die Höhe, „wissen Sie, welches Volk zur Zeit auf der ganzen Erde das einzige ‚Gottesträgervolk' ist, das kommt, um die Welt im Namen des neuen Gottes zu erneuern und zu erlösen, und dem allein die Schlüssel zum Leben und zum neuen Wort gegeben sind? Wissen Sie, welches Volk das ist und wie sein Name lautet?" […] „Aus ihrem Gebaren muss ich unbedingt und anscheinend so schnell wie möglich schließen, dass dieses Volk das russische ist […]"
„Das Volk ist Gottes Leib. Jedes Volk ist nur so lange ein Volk, als es seinen besonderen Gott hat und alle übrigen Götter der Welt unerbittlich ausschließt, nur solange es glaubt, dass es mit seinem Gott alle übrigen Götter besiegen und aus der Welt vertreiben wird […] Wenn ein großes Volk nicht glaubt, dass allein in ihm die Wahrheit ist – gerade und ausschließlich in ihm allein –, wenn es nicht glaubt, dass es allein fähig und berufen ist, alle anderen mit seiner Wahrheit von den Toten zu erwecken und zu erlösen, so verwandelt es sich sofort in ethnographisches Material und ist kein großes Volk mehr. Ein wirklich großes Volk kann sich niemals mit einer zweitrangigen Rolle in der Menschheit zufrieden geben, ja nicht einmal mit einer erstrangigen, es muss unbedingt und ausschließlich an allererster Stelle stehen. Wer diesen Glauben verliert, ist kein Volk mehr. Aber es gibt nur eine Wahrheit, folglich kann auch nur ein einziges Volk den wahren Gott haben, wenn auch alle übrigen Völker ihre eigenen und großen Götter besitzen mögen. Das einzige ‚Gottesträgervolk' ist das russische Volk."

Fjodor M. Dostojewskij, Die Dämonen, München 1977, S. 281 und S. 286 f.

a) Welche Einblicke vermitteln die beiden Zeugnisse in Eigenart bzw. Selbstverständnis russischen Expansionsstrebens im 19. Jahrhundert?
b) Diskutieren Sie, inwiefern die beiden Texte auch als Rechtfertigung für imperialistische Politik angesehen werden können.

3. Die Revolution von 1905: Modernisierung und Scheinkonstitutionalismus

Innere Probleme – Krieg nach außen

Mit der Erblast ungelöster Probleme im Innern des Landes begann für Russland das 20. Jahrhundert. Gab es für die Zarenherrschaft eine Chance, dem wachsenden inneren und äußeren Problemdruck längerfristig standzuhalten? Die Bauernbefreiung war auf halbem Wege stecken geblieben, ehrgeizig vorangetriebene Industrialisierungsprogramme strapazierten die finanzielle Leistungskraft des Landes. Da parlamentarisch-institutionelle Voraussetzungen nicht geschaffen waren, gab es für breitere Schichten der Bevölkerung keine Möglichkeiten, auf politische Entscheidungen Einfluss zu nehmen. Die oppositionelle Intelligenz hatte sich in den Untergrund zurückgezogen und suchte durch Terroranschläge den Sturz der Zarenherrschaft herbeizuführen. Die sich im Zuge der Industrialisierung formierende Arbeiterbewegung wurde durchweg als systemfeindlich angesehen und daran gehindert, sich organisatorisch zu festigen. Nationale Emanzipationsversuche nichtrussischer Völker ließ die Autokratie im Keim ersticken. Energisch hatte sich das Regime geweigert, dem Vielvölkerstaat eine Verfassung zu geben bzw. den Untertanen Grundrechte zu gewähren.

Russisch-Japanischer Krieg

Ähnlich wie in den 50er Jahren des 19. Jahrhunderts benötigte die Zarenherrschaft zu Beginn des 20. Jahrhunderts den außenpolitischen Erfolg. In Ostasien trieb Russland seine Expansion voran und nahm im Wettlauf um Einflussgebiete in der Mandschurei und Korea eine militärische Auseinandersetzung mit Japan in Kauf, das Ende des 19. Jahrhunderts selbst den Aufstieg zu einer imperialistischen Großmacht begann. Gegen die Warnungen von Finanzminister Witte schloss sich Zar Nikolaus II. den Anhängern der Kriegspartei in seiner Umgebung an, die das Zarenregime mit einem Sieg über Japan eine Entlastung vom innenpolitischen Problemdruck verschaffen wollten (Innenminister Plewe: „Gegen die Revolution

12 Am 9. Januar 1905 zogen ca. 140 000 Menschen in einem Protestmarsch zum Zarenpalast in St. Petersburg. Einzelne Demonstranten trugen Zarenbilder.
Suchen Sie eine Erklärung für diesen Sachverhalt.

3. Die Revolution von 1905: Modernisierung und Scheinkonstitutionalismus

brauchen wir einen kleinen siegreichen Krieg!"). Die Hoffnung des Zaren, der Krieg werde die Opposition im Lande ruhig stellen und zur Stabilisierung im Innern beitragen, erwies sich als glatte Fehleinschätzung.
Als am 9. Januar 1905 (die Zeitangaben folgen dem bis 1918 in Russland gültigen Julianischen Kalender) – Russlands Niederlage zeichnete sich ab – kaiserliche Garden einen Demonstrationszug unzufriedener Arbeiter auseinander trieben und Hunderte von Toten auf den Straßen zurückblieben („Petersburger Blutsonntag"), griffen revolutionäre Unruhen auf die Großstädte des Landes über. Erstmals entstanden in St. Petersburg nach dem Vorbild der Pariser Kommune Räte (Sowjets), in denen direkt gewählte Vertreter der Arbeiter zum Generalstreik aufriefen und den Sturz des Zaren forderten. Deren Appelle fanden in der Masse der Arbeiterschaft aber nicht die erhoffte breite Resonanz.

Angesichts der doppelten Gefahr reagierte der Zar mit einer Reihe von Reformmaßnahmen, die zumindest vorübergehend Hoffnungen weckten, Russland könne doch noch den Weg westlicher Verfassungsstaaten beschreiten. Im Oktobermanifest (1905) kündigte Nikolaus II. an, die bürgerlichen Freiheiten im Reich zu achten, versprach, in Zukunft eine Volksvertretung (Duma) an der Gesetzgebung zu beteiligen und breite Bevölkerungsschichten zu den Wahlen zuzulassen. Im Frühjahr 1906 trat Russlands erste Verfassung in Kraft.
Allerdings behielt der Zar in wesentlichen Fragen der Gesetzgebung die absolute Entscheidungskompetenz und traf zudem Vorkehrungen, den Staat im Ernstfall durch Notverordnungen regieren zu können.

Oktobermanifest und Volksvertretung

In der ersten Reichsduma, zu der nur Männer über 25 Jahren wahlberechtigt waren und die 1906 zusammentrat, stellten die Konstitutionellen Demokraten (Kadetten) die stärkste Fraktion. Ihre soziale Basis hatten die Kadetten im schwach entwickelten Bürgertum. Liberale Reformen und die Einführung des parlamentarischen Systems zählten zu den Forderungen der erst im Oktober 1905 gegründeten Partei.
Die Sozialrevolutionäre, die wie die Sozialdemokraten die Wahl zur 1. Reichsduma boykottiert hatten, stützten sich vor allem auf die ländliche Bevölkerung. In der Tradition der Narodniki (Volksfreunde) stehend, strebten ihre Anführer eine revolutionär-sozialistische Umgestaltung des Landes an.
Die Sozialdemokraten vertraten als Arbeiterpartei die Klasseninteressen des Proletariats. Seit ihrem Londoner Parteitag (1903) war sie in die gemäßigten Menschewiki und die radikalen Bolschewiki gespalten. Dabei setzten die Menschewiki darauf, dass durch konsequente Reformpolitik die ersten Schritte zur ohnehin un-

Parteien

Sowjets: russ. Räte. Der Begriff bezeichnet ursprünglich Arbeiterausschüsse bzw. Arbeiterselbstverwaltungsorgane, die erstmals während der Revolution 1905 gebildet worden waren. Die von den Arbeitern verschiedener Fabriken direkt gewählten und jederzeit abrufbaren Delegierten verstanden sich selbst als „Organe des revolutionären Kampfes", in denen die Einheit von Beschlussfassung, Ausführung und Kontrolle verwirklicht werden sollte. Obwohl die Sowjets 1905 schon nach wenigen Wochen verboten wurden, erwies sich die Räteidee als so stark, dass sie durch die sozialistische Intelligenz während der Februarrevolution 1917 wiederbelebt werden konnte. Die Interessenvertretung der Arbeiter und jetzt auch der Soldaten verstand sich nach dem Sturz des Zarenregimes als „Kontrollorgan der revolutionären Demokratie". Im Juli 1917 trafen sich die Vertreter von lokalen Arbeiter- und Soldatenräten zum 1. Allrussischen Rätekongress, der seinerseits ein zentrales „Exekutivkomitee" wählte. Nach der Oktoberrevolution betrachteten die Bolschewiki die Sowjets als Organe der Staatsmacht, um die „Diktatur des Proletariats" zu verwirklichen. Nach Gründung der Sowjetunion wurde der Begriff auf alle Herrschafts- und Verwaltungsorgane des Landes übertragen.

vermeintlichen Revolution zurückgelegt werden könnten. Unter den konservativen Parteien hatten die „Oktobristen", die schon in ihrer Namensgebung verdeutlichten, dass sie sich programmatisch am Oktobermanifest des Zaren orientierten, den stärksten Zuspruch bei den wirtschaftlich besser gestellten Grund- und Gutsbesitzern.

Der Staatsapparat beobachtete die Parteien mit besonderem Argwohn. Als sich zeigte, dass das erwartete Wohlverhalten der Parteien ausblieb, wurde die 1. Duma nach nur drei Monaten aufgelöst. Während der 2. Duma ließ die Regierung 65 oppositionelle Sozialdemokraten verhaften und kurzerhand nach Sibirien verbannen. Schließlich schränkte ein neues Wahlgesetz die Wahlbeteiligung der nichtrussischen Nationalitäten, der Arbeiter und Bauern erheblich ein. Auf diese Weise sicherte sich das Regime in der 3. Duma (1907–1912) eine regierungsfreundliche Mehrheit.

Stolypins Landreform – ein Weg aus der Agrarkrise?

In der 3. Dumaperiode fand Ministerpräsident Stolypin eine Mehrheit für eine Agrarreform, die zum Ziel hatte, den bäuerlichen Mittelstand zu fördern. Besonders den wirtschaftlich starken Bauern wurde durch Gesetz die Möglichkeit geboten, der Dorfgemeinde (Mir) mit ihrem Kollektiveigentum den Rücken zu kehren und ihren bisherigen Landanteil in Privateigentum zu verwandeln. Zusätzlich sollte eine Flurbereinigung die Bedingungen für rationelleres Arbeiten verbessern. Die Regierung vertraute darauf, dass der individuell wirtschaftende Bauer auf seinem Land zu produktiveren Anbaumethoden übergehen würde. Umfangreiche Siedlungsprojekte in Sibirien und Zentralasien boten armen Bauern Anreize zum Aufbau einer eigenen Existenz. Allerdings gelang es nur wenigen, einen gewissen Wohlstand zu erwerben. Da die Landreform aber nur schleppend voranging – um 1913 betrug die Gesamtzahl der existenzfähigen Eigentumswirtschaften gerade 10% –, lebte die Mehrheit der Landbevölkerung weiterhin in Armut.

Lenin

Mit großer Aufmerksamkeit verfolgte Wladimir Iljitsch Uljanow, der den Decknamen Lenin angenommen hatte, die Entwicklung in Russland. Als 17-jähriger hatte er 1887 die Hinrichtung seines älteren Bruders miterlebt, der an der Vorbereitung eines Attentats auf Zar Alexander III. beteiligt war. Schon früh war er mit dem Marxismus in Berührung gekommen. Seine Agitation in St. Petersburg hatte ihm Gefängnisstrafen und eine 3-jährige Verbannung nach Sibirien eingebracht. Alle Energien verwandte er darauf, die während seiner Verbannung gegründete Sozialdemokratische Partei nach seinen Vorstellungen zu organisieren. Mit der Trennung von den Menschewiki auf dem Londoner Parteitag 1903 hatte Lenin die organisatorischen Weichen gestellt. Zielstrebig ging er daran, die Bolschewiki auf seinen Revolutionskurs einzuschwören.

Reaktion und Fortschritt

Im Jahre 1913 feierte Zar Nikolaus II. mit großem Aufwand das 300-jährige Bestehen der Romanow-Dynastie. Der Prunk, mit dem sich der Zar aus diesem Anlass umgab, konnte allerdings die Staatsoberhäupter aus aller Welt kaum über die inneren Probleme des Landes hinwegtäuschen. Auch in der Reformperiode seit

---

Scheinkonstitutionalismus: Den Begriff prägte Max Weber 1906, um die politischen Verhältnisse in Russland nach dem Oktobermanifest zu kennzeichnen. Auch nach seiner Selbstbeschränkung verblieben dem Zaren große Vollmachten: Er ernannte und entließ den Ministerpräsidenten und das Kabinett. In der Außenpolitik und beim Militärwesen behielt er die alleinige Entscheidungsbefugnis. Der Zar konnte die gesetzgebenden Körperschaften auflösen oder vertagen. Er ernannte die Hälfte der Abgeordneten des Reichsrates, besaß das Veto-Recht gegen Gesetzesvorlagen und verfügte über das alleinige Initiativrecht bei Änderungen des Grundgesetzes. Schließlich konnte er Gesetze erlassen, wenn Duma und Reichsrat nicht tagten.

3. Die Revolution von 1905: Modernisierung und Scheinkonstitutionalismus

1905 war die Zarenherrschaft unter dem anhaltenden Druck der inneren und äußeren Probleme allenfalls zu konstitutionellen Zugeständnissen bereit. Als sie das Heft wieder fester in der Hand hatte, kehrte sie zur autokratischen Herrschaftspraxis zurück.
Den Parteien in der Duma wurde zwar kaum politische Verantwortung übertragen, dennoch konnte von der Volksvertretung hörbar Opposition betrieben werden. Das reichte nicht aus, um Regierungsvorlagen zu verhindern, aber immerhin wurde die Bevölkerung mit oppositionellen Gedanken bekannt gemacht. Veränderungen zeigten sich auch an den Hochschulen des Landes. Durch den Aufbau einer Selbstverwaltung hatten sie sich dem Zugriff des Staates seit 1905 weitgehend entziehen können. Die Zahl der Studenten verdreifachte sich zwischen 1900 und 1914 auf 9 000. Unter ihnen betrug der Anteil der Studentinnen im Jahre 1914 23 Prozent, was – gemessen am internationalen Maßstab – für die damaligen Verhältnisse geradezu sensationell war.
Der Aufbruch fand seinen Niederschlag auch im Musikleben, in der darstellenden und bildenden Kunst. Junge russische Kunstschaffende brachen mit bisherigen künstlerischen Normen und fanden mit ihren Werken internationale Anerkennung. Vieles von dem, was die Bolschewiki nach der Revolution 1917 ausschließlich ihrem Konto zugeschrieben hatten, war bereits vor dem Ersten Weltkrieg und während des Krieges entwickelt worden.

13 Russland im Herbst 1905

a) Alexander Kerenski (1881–1970), nach der Februarrevolution 1917 zunächst Justizminister, später Ministerpräsident in der Provisorischen Regierung, schreibt in seinen Memoiren (erschienen 1966):
[…] Im Herbst 1905 begann das normale Leben im Lande zu erlahmen. An mehreren Orten brachen Streiks aus. Unter der Landbevölkerung und den Soldaten kam es zu Aufständen und Meuterei. Alle,
5 die in St. Petersburg wohnten, waren sich der Tatsache bewusst, dass Russland nun die Grenzen der Duldungsfähigkeit erreicht hatte. Während der letzten zwei, drei Wochen vor dem 17. Oktober fand ein Streik statt, der vielleicht historisch einmalig war,
10 denn dieser Streik brachte das gesamte Leben des Landes zum Erliegen. Eisenbahnen, Postämter, Gerichte, Schulen und Universitäten – alles kam allmählich zum Stillstand. Ich erinnere mich an die letzten paar Tage: Alle Droschken waren ver-
15 schwunden, die Straßenlaternen waren dunkel und über allem lastete eine unheimliche Stille. Auch im Peterhof-Palast, wo der Zar damals mit seiner Familie lebte, wurde diese Stille spürbar. […] Es gab keine Straßenverbindung mehr. Die Minister setzten
20 sich mit dem Zaren entweder über die Militär-Telegrafenleitung oder durch Marine-Barkassen in Verbindung. Wenn beides nicht ging, kamen sie persönlich. Im Hafen von Peterhof lagen zwei Zerstörer bereit, falls es notwendig werden sollte, die Familie des Zaren nach England zu bringen. […]
25

Alexander Kerenski, Memoiren. Übersetzt von Günter Schlichting, Wien/Hamburg 1966, S. 73.

b) Sergej Witte schreibt an Zar Nikolaus II. (Oktober 1905):
Die momentane Freiheitsbewegung ist nicht neueren Datums. Sie wurzelt in Jahrhunderten russischer Geschichte […]". „Freiheit" muss ein Schlagwort der Regierung werden. Es gibt keine andere Möglichkeit für die Rettung des Staates. Der Marsch des
5 Fortschritts in der Geschichte lässt sich nicht aufhalten. Der Gedanke bürgerlicher Freiheit wird siegen – wenn nicht durch Reformen, dann durch eine Revolution. Sollte letzterer Fall eintreten, so würde der Traum von der Freiheit nur aus der Asche der
10 zerstörten tausendjährigen Vergangenheit emporsteigen können […] Die Greuel dieser russischen Insurrektion (Aufstand) werden möglicherweise alles bisher in der Geschichte Bekannte übersteigen. Eine eventuelle Intervention von außen könnte das
15

Land zerstückeln [...] Der Versuch, die Ideale eines theoretischen Sozialismus zu verwirklichen – (es wird ihnen nicht gelingen, aber der Versuch wird gemacht werden) –, wird die Familie zerstören, die Kirche und die Grundlage aller Rechtsbegriffe vernichten. Die Regierung muss bereit sein, nach konstitutionellen Richtlinien vorzugehen. Die Regierung muss sich aufrichtig und offen für das Wohl des Landes einsetzen und darf nicht versuchen, die eine oder andere Art der Regierung vorzuziehen. Entweder muss sich die Regierung an die Spitze der Bewegung, die das Land ergriffen hat, stellen oder sie muss es den elementaren Kräften, die es in Stücke reißen werden, überlassen.

Sergej Graf Witte, Erinnerungen. Übersetzt von Herbert von Hoerner, Berlin 1923, S. 310 f.

a) Mit welchen Argumenten lässt sich Kerenskis Auffassung belegen, dass „Russland nun die Grenze der Duldungsfähigkeit erreicht hatte"?
b) Diskutieren Sie, ob die Vorschläge Wittes geeignet waren, die Krise zu überwinden.

14 Russland auf dem Weg zum Verfassungsstaat?

a) Oktobermanifest des Zaren Nikolaus II. (17. Oktober 1905):
Wir, Nikolaus II. von Gottes Gnaden Kaiser und Selbstherrscher aller Russen, Zar von Polen, Großfürst von Finnland [...], erklären allen unseren treuen Untertanen, dass die Wirren und die Erregung in unseren Hauptstädten und an zahlreichen anderen Orten unseres Reiches unser Herz mit großer und schmerzlicher Trauer erfüllen. Das Glück des russischen Herrschers ist unlöslich verknüpft mit dem Glück des Volkes und der Schmerz des Volkes ist der Schmerz des Herrschers. Aus den gegenwärtigen Unruhen kann eine tiefe nationale Zerrüttung und eine Bedrohung für die Unverletzlichkeit und die Einheit unseres Reiches entstehen. Die hohe durch unseren Herrscherberuf auferlegte Pflicht befiehlt uns, uns mit allen Sinnen und mit unserer ganzen Kraft zu bemühen, um das Aufhören der für den Staat so gefährlichen Wirren zu beschleunigen. [...]

Wassilij Schulgin, „Tage ...", Memoiren aus der russischen Revolution 1905–1917. Übersetzt von Marissa von Reutern, Berlin-Königsberg 1928, S. 269

b) Fürst Trubetzkoi schreibt an den Zaren am 24. Juli 1906 (Die Konstitutionellen Demokraten hatten als stärkste Partei der 1. Duma einen Gesetzesvorschlag eingebracht, der eine teilweise Enteignung von Landbesitz vorsah. Für den Zaren war ein solches Gesetz unannehmbar, am 8. Juli 1906 löste er die Duma auf):

Die Auflösung der Duma hat mich zur Verzweiflung getrieben. Damit ist dem monarchischen Gedanken ein schwerer Schaden versetzt worden. Die Duma erfreut sich großer Sympathien innerhalb der Bevölkerung. Alle Hoffnungen hatten sich darin vereinigt. [...] Majestät, glauben Sie mir, dass der Landhunger der Bauern eine Kraft ist, die nicht zurückgedrängt werden kann. Jeder, der der Zwangsenteignung widerspricht, wird von der Bildfläche gefegt [...] Ich sehe, wie sich die Situation durch die vereinten Bemühungen Ihres Kabinetts immer weiter verschlechtert. Die Krone wird isoliert und Sie werden jeglicher Unterstützung beraubt. Das Vakuum, das sich allmählich um Sie herum bildet, und der Abgrund vor Ihnen sind ein erschreckender Anblick. Der Regierung mag es gelingen, die revolutionäre Bewegung durch Repressalien zu unterdrücken. Aber die Bewegung wird im Untergrund weiterleben [...] Majestät, das bürokratische System, das Sie selber verdammt haben, ist in jedem Fall zum Sterben verurteilt. Aber wenn Sie zu langsam sind bei der Abschaffung dieses Systems, wenn Sie sich nicht beeilen, die Ratgeber abzulösen, die in seinen Traditionen verhaftet sind, dann werden Sie selber eines Tages unter den Ruinen dieses Systems begraben liegen. Und zusammen mit Ihnen wird unsere bessere Zukunft, unsere Hoffnung auf eine friedliche Erneuerung unseres Vaterlandes zugrunde gehen. [...]

nach Alexander Kerenski, Memoiren, a. a. O., S. 91 f.

a) Erläutern Sie Selbstverständnis und Reformabsichten des Zaren.
b) Entwerfen Sie aus der Sicht des Zaren ein Antwortschreiben auf die Kritik des Fürsten Trubetzkoi an der Dumaauflösung.

3. Die Revolution von 1905: Modernisierung und Scheinkonstitutionalismus

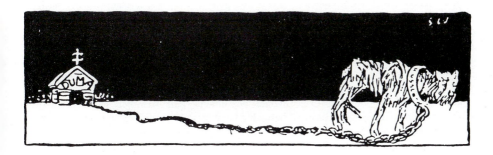

15 Russland vor und nach dem Oktobermanifest des Zaren, zeitgenössische Karikatur (Leo Stern (Hg.), Despotie in der Karikatur – Berlin (Ost) 1967, S. 95). *Wie beurteilt der Zeichner die Reformen der Jahre 1905/06?*

Zur Diskussion

Warum scheiterte das konstitutionelle Experiment?

Die Modernisierung von Staat und Gesellschaft wurde im Zarenreich wiederholt in Angriff genommen. Eine dauerhafte Verankerung parlamentarisch-demokratischer Einrichtungen gelang aber weder in der Reformperiode nach 1861 noch in den Jahren nach der Revolution von 1905. Woran lag das? Warum kam das spätzaristische Russland auf dem Weg zum Verfassungsstaat über bescheidene Ansätze nicht hinaus?

a) Der Historiker Oskar Anweiler (1955):
Versucht man diese schwierige Frage zu beantworten, so muss man ausgehen von der Tatsache, dass „Verfassung" und Duma das Ergebnis der Revolution waren. Die revolutionäre Volksbewegung hatte
5 dem Zarismus das Oktobermanifest mit dem Versprechen einer Verfassung und eines Parlaments abgerungen. In dem Maße aber, wie seit der Dezemberniederlage die Kräfte der Revolution schwächer wurden, konnte die zaristische Regierung daran-
10 gehen, die Versprechungen Stück für Stück zurückzunehmen und hinter der Fassade des „Scheinkonstitutionalismus" (Max Weber) Russland in alter Weise zu regieren. Der Zar und seine Ratgeber waren der Meinung, Russland sei nicht „reif" für eine konstitutionelle Monarchie mit einer parlamen- 15 tarischen Regierung und könne nur durch die starke Hand eines Alleinherrschers geführt werden. Die Probe auf diese Behauptung – das war entscheidend – wurde nicht gemacht. Da der Zarismus den gemäßigten Kräften der russischen Gesellschaft 20 nicht entgegenkam, verpassten diese ihre geschicht-

liche Chance, Russland in politisch-verfassungsrechtlicher Hinsicht an Europa anzugleichen, wie es das auf wirtschaftlichem Gebiet durch die Industrialisierung und Auflösung der alten Agrarordnung zu tun im Begriffe stand. Der russische Liberalismus, zahlenmäßig ohnehin viel schwächer als sein westeuropäischer Bruder, kam nicht zum Zuge und blieb außerhalb der staatlichen Verantwortung in Opposition gegen die zaristische Autokratie, während von unten schon radikale, soziale und politische Kräfte nachdrängten. Die Jahre von 1907 bis 1914 brachten keine wesentliche Veränderung in dem durch Revolution und anschließende Reaktion hervorgebrachten Zustand. Auch die stolypinschen Reformen, deren Auswirkungen auf einen längeren Zeitraum berechnet waren, konnten den grundlegenden Widerspruch zwischen Staatsform und Gesellschaftsordnung nicht aufheben. Unter den Schlägen des Weltkrieges brach das zaristische System im Innern fast kampflos zusammen. [...]

Oskar Anweiler, Die Russische Revolution 1905–1921, Stuttgart, 3. Aufl. 1966, S. 16 f.

b) Der Historiker Manfred Hildermeier (1989):
Der Streit über den Charakter des Russischen Konstitutionalismus ist so alt wie dieser selbst. Post festum verband er sich mit der Frage nach den Überlebenschancen des alten Regimes und den Ursachen seines Untergangs. Die Nachwelt hat sich überwiegend dem Verdikt Max Webers angeschlossen, die Autokratie habe die erlahmende Revolution mit einem bloßen „Scheinkonstitutionalismus" abgespeist. Inzwischen schlägt das Pendel zur anderen Seite aus. Mit guten Gründen hat man in jüngster Zeit davor gewarnt, den Verfassungstext für die Wirklichkeit zu nehmen und den historischen Vergleich außer Acht zu lassen. Ohne Zweifel eroberte sich das Parlament einen festen Platz im politischen Entscheidungsprozess. Ohne Zweifel entstand eine publizistische und politische Öffentlichkeit, die weder der Monarch noch die Regierung vollständig ignorieren konnten. Plausibel ist auch der Einwand, den Begriff Konstitutionalismus nicht erst mit der Sicherung von Ministerverantwortlichkeit und vollständiger Kontrolle des Parlaments über die Gesetzgebung erfüllt zu sehen. Andernfalls verlöre die Abgrenzung vom Parlamentarismus vollends an Kontur und müssten auch im Westeuropa des 19. Jahrhunderts viele Regierungsformen, z. B. die preußisch-deutsche, aus der Liste konstitutioneller Regime gestrichen werden. Die bleibenden Prärogative des Zaren widersprechen [...] nicht dem Konstitutionalismus, sondern der Dominanz des Parlaments im politischen Entscheidungsprozess nach angelsächsischem Muster.
Man sollte jedoch unterscheiden: Dass die politische Verfassung des Zarenreichs nach 1906 nicht mehr dieselbe war, ist leicht ersichtlich; auf einem anderen Blatt steht, ob die neue Ordnung lebensfähig und stabil war oder zumindest Hoffnung auf Dauerhaftigkeit begründete. [...] Was sich herausgebildet hatte, kam dem paradoxen Tatbestand einer verfassungsmäßig gebundenen „Selbstherrschaft" nahe. Auch dies war nicht singulär, sondern die eher regelhafte Widersprüchlichkeit eines Übergangs. Weiter als bis zum spannungsreichen Nebeneinander alter und neuer Prinzipien und Institutionen aber war die russische Verfassungswirklichkeit noch nicht gediehen.

Manfred Hildermeier, Die Russische Revolution 1903–1921, Frankfurt 1989, S. 108 f.

a) Zu welchem Ergebnis kommen die beiden Autoren bei der Suche nach Erklärungen für das Scheitern des konstitutionellen Experiments in Russland?
b) Erörtern Sie die Auffassung Hildermeiers, es habe sich in Russland nach 1905 um „die eher regelhafte Widersprüchlichkeit eines Übergangs" gehandelt.

1. Charakterisieren Sie wesentliche Merkmale der Zarenherrschaft in Russland.
2. Stellen Sie die strukturellen gesellschaftlichen Probleme dar, die Russlands Rückständigkeit im 19. Jahrhundert kennzeichnen.
3. Erläutern Sie den Zusammenhang zwischen militärischer Niederlage und Reformpolitik am Beispiel Russlands.
4. Kennzeichnen Sie die Lage und die Schwierigkeiten der Opposition im zaristischen Russland.
5. Welche Zielrichtungen verfolgte die russische Expansionspolitik im 19. Jahrhundert?
6. Vergleichen Sie die industrielle Entwicklung Russlands mit der in Westeuropa.

II. Vom Ende der Zarenherrschaft zur Revolution der Bolschewiki

Das Jahr 1917 bildet in der Geschichte des 20. Jahrhunderts einen tiefen Einschnitt. Für Russland brachte es das Ende der Zarenherrschaft und den Sieg des Kommunismus. Viele Menschen, nicht nur Sozialisten und Kommunisten, setzten nach der Oktoberrevolution ihre Hoffnungen darauf, dass es in Russland gelingen werde, ein Gesellschaftsmodell für die Welt von morgen zu entwickeln, in dem die Ausbeutung des Menschen durch den Menschen ein für alle Mal beseitigt, jede Teilung der Gesellschaft in Klassen abgeschafft und die Gleichberechtigung von Mann und Frau verwirklicht werden könne.

1917	Anhaltende Streiks und Demonstrationen (Januar/Februar) in Petrograd (St. Petersburg war 1914 umbenannt worden); Beginn der Februarrevolution.
2./3. März	Zar Nikolaus II. dankt ab. Ein Dumakomitee bildet die Provisorische Regierung. Arbeiter- und Soldatenräte entstehen.
3. April	Rückkehr Lenins aus dem Schweizer Exil. In den „Aprilthesen" fordert er den sofortigen Bruch mit der Provisorischen Regierung.
2. – 4. Juli	Ein Putschversuch der Bolschewiki scheitert. Lenin flieht nach Finnland.
21. Juli	Umbildung der Provisorischen Regierung. Kerenskij wird Ministerpräsident.
28. August – 1. September	Um die Provisorische Regierung vom sozialistischen Einfluss zu befreien, putscht General Kornilow vergeblich gegen Ministerpräsident Kerenskij.
24./25. Oktober	Oktoberrevolution der Bolschewiki in Petrograd. Verhaftung der Provisorischen Regierung.
26. Oktober	Unter dem Vorsitz Lenins trifft die neue Regierung („Rat der Volkskommissare") die ersten Entscheidungen.
12. November	Wahlen zur Verfassunggebenden Versammlung.
1918	6. Januar: Die Konstituierende Versammlung wird gewaltsam aufgelöst.

1. Februarrevolution: Provisorische Regierung und Petrograder Sowjet

Im Verlaufe des Ersten Weltkrieges entschied sich das Schicksal der Zarenherrschaft. Als sich schon im Herbst 1914 militärische Niederlagen einstellten und mit der langen Dauer des Krieges die Versorgung der Bevölkerung immer schwieriger wurde, wuchsen Unzufriedenheit und Protestbereitschaft der Bevölkerung. Gegen den Rat seiner Minister übernahm Nikolaus II. im August den militärischen Oberbefehl. Die von der Duma geforderten Reformen lehnte er ab, stattdessen verschärfte er die polizeilichen Überwachungsmaßnahmen im Innern. **Erster Weltkrieg**

Zu Beginn des Jahres 1917 spitzten sich die Ereignisse dramatisch zu. Teuerungen und die anhaltend schlechte Lebensmittelversorgung trieben vor allem die Frauen in Petrograd auf die Straße. Als am 23. Februar, dem Internationalen Frauentag, **Februarrevolution**

Arbeiterinnen aus den Textil- und Munitionsfabriken die Arbeit niederlegten, weitete sich ihr Protestzug schnell zu einer Massendemonstration gegen den Hunger, den Krieg, die Regierung und gegen die Zarenherrschaft insgesamt aus. Zwei Tage später war aus den spontanen Arbeitsniederlegungen ein Generalstreik geworden. Wie 1905 wies der Zar seine Petrograder Garnison an, die Unruhen mit Waffengewalt niederzuschlagen. Als sich viele Soldaten weigerten, dem Befehl nachzukommen und gar in Scharen zu den Aufständischen überliefen, verlor das Regime vollends die Kontrolle über die Hauptstadt. Die Februarrevolution war das Werk weniger Tage. Niemand hatte das Stichwort zum Beginn dieser Massenbewegung gegeben. Da das Regime nicht wieder Tritt fassen konnte, blieb Nikolaus II. keine andere Wahl als am 3. März 1917 abzudanken.

Provisorische Regierung und Petrograder Sowjet

Wer sollte in dieser unübersichtlichen Lage die neue Regierung bilden? Die bürgerlichen Parteien waren kaum darauf vorbereitet, Regierungsverantwortung zu übernehmen. Aus Sicht der sozialistischen Parteien war der Kapitalismus in Russland noch nicht weit genug entwickelt, als dass man eine revolutionäre Umgestaltung des Landes hätte einleiten können.

Zunächst formierte sich ein Dumakomitee, das eine Provisorische Regierung bildete. Diese übernahm vorläufig die Staatsgeschäfte und stellte die Wahl einer Verfassunggebenden Versammlung in Aussicht. Gleichzeitig entstanden zunächst in Petrograd und dann überall im Land Sowjets (Räte), die sich – nach dem Vorbild von 1905 – als revolutionäre Vertretung der Arbeiter, jetzt auch der Soldaten und Bauern verstanden. Gewählt wurden die Deputierten meist in offener Abstimmung.

Sozialrevolutionäre, die sich als Interessenvertreter der Bauern verstanden, und gemäßigte Menschewiki stellten in den Sowjets durchweg die Mehrheit. Die Bolschewiki, der radikale Flügel der russischen Sozialdemokratie, befand sich fast

16 Demonstration der Arbeiterinnen von Petrograd, 1917. Aufschrift auf dem Transparent: „Genossen, Arbeiter und Soldaten! Unterstützt unsere Forderungen!"
Die Frauen fordern Wahlrechte und eine Vergrößerung der Pflegeration für Soldaten. Die Zahl der Frauen, die sich im Februar an den Streiks beteiligten, war auffallend hoch.
Mit der Herausgabe der ersten Fauenzeitschrift „Morgenröte" (1859) begann in Russland die liberal-reformistische Frauenbewegung. Forderungen nach Reformen im Bildungsbereich führten dazu, dass nach und nach die öffentlichen höheren Schulen auch für Mädchen geöffnet wurden. In der Reformära (1859-1863) konnten Frauen Universitätskurse besuchen. Nach 1881 wurde diese Möglichkeit wieder zurückgenommen. Während der Revolution 1905 entstand mit dem „Bund für die Gleichberechtigung der Frauen" die erste politische Frauenorganisation. 1913 erfolgte erstmals die Immatrikulation einer Frau an der Universität Tomsk. Im Vergleich zu den sozialistischen Parteien Westeuropas waren Frauen innerhalb der Sozialdemokratie Russlands – auch als Leiterinnen lokaler Parteiorganisationen – relativ stark vertreten (15 Prozent, in Westeuropa zwischen 5 und 10 Prozent), ohne allerdings die Vorherrschaft der Männer in der Partei zu gefährden.

1. Februarrevolution: Provisorische Regierung und Petrograder Sowjet

überall in der Minderheit. Im Grunde scheuten sowohl Regierung als auch Räte davor zurück, in diesem Stadium der „improvisierten Demokratie" die volle Verantwortung zu übernehmen: die Provisorische Regierung, weil sie sich eines breiten Rückhaltes in der Bevölkerung nicht sicher war, und die Sowjets, weil sie es zunächst für wichtiger hielten, die machtlose Regierung ihrer Kontrolle zu unterwerfen.

Mit Entschlossenheit ging die Provisorische Regierung daran, das allgemeine Versprechen politischer Freiheit einzulösen. Da das Regierungsmitglied Kerenskij auch als Deputierter in den Petrograder Sowjet gewählt worden war, entwickelte er sich in seiner Doppelfunktion zur Schlüsselfigur in den nachfolgenden Auseinandersetzungen. Die Provisorische Regierung ging daran, die alte Ordnung grundlegend zu verändern.
Bis Ende März liquidierte sie die Reste der alten Feudalgesellschaft. Die Todesstrafe und der entehrende Strafvollzug mit Peitsche und Zwangsjacke wurden abgeschafft, die rechtliche Diskriminierung aus religiösen oder nationalen Gründen fand ihr Ende. Den Juden gewährte man freie Religionsausübung und freie Berufswahl. Damit distanzierte sich die Provisorische Regierung vom Antisemitismus, der unter der Herrschaft der Zaren zu erheblichen Benachteiligungen der Juden geführt hatte. Sogar den Nationalitäten billigte die Regierung eine gewisse Autonomie zu, allerdings nicht das Recht auf Austritt aus dem Russischen Reich. Russland schien auf dem Weg zu einer Gemeinschaft freier, rechtsgleicher und mitbestimmender Staatsbürger.

Erste Maßnahmen

Doch zunächst kam alles darauf an, die aktuellen Probleme in den Griff zu bekommen. Die anhaltend schlechte Versorgungslage zwang erneut zur Rationierung von Getreideprodukten. Doch damit ließ sich die Ernährungskrise auf Dauer nicht beseitigen. Zur entscheidenden Frage wurde aber die Fortsetzung des Krieges. Solange kein akzeptabler Friede in Sicht war, hielt die Regierung daran fest, die Bündnisverpflichtungen gegenüber den Kriegsalliierten zu erfüllen. Der Petrograder Sowjet, der die Regierungspolitik anfangs in allen wichtigen Fragen loyal unterstützte, setzte eine Erklärung durch, nach der eine „gewaltsame Aneignung fremder Territorien" ausgeschlossen wurde. Zum Abschluss eines Separatfriedens mit den Mittelmächten war der von Sozialrevolutionären und Menschewiki dominierte Sowjet aber nicht bereit, obwohl Straßenunruhen in Petrograd und Massendesertationen an der Front darauf hindeuteten, dass die Fortsetzung des Krieges zur Existenzfrage des neuen Regimes wurde.

Fortsetzung des Krieges

Antisemitismus: Die Benachteiligung der Juden hat in Russland eine lange Tradition. Schon im Mittelalter (Kiewer Reich) wurden Juden aus religiösen Gründen diskriminiert. 1804 bestimmte das „Statut für die Juden", dass sie nur in den ehemals polnischen Gebieten und an der nördlichen Schwarzmeerküste zu wohnen hatten. Die staatliche Politik verfolgte zudem das Ziel, die Juden in die Handwerkerberufe zu drängen und sie in den Städten zusammenzuziehen (Ghettobildung). 1881/82 und 1905-1907 wurden Juden Opfer von Ausschreitungen (Pogromen). Da die Juden vielfach als Anhänger des westlichen Kapitalismus und Parlamentarismus angesehen wurden, fand der Antisemitismus besonders in konservativen Kreisen des gutsbesitzenden Adels eine weite Verbreitung.

17 Russland im Krieg

a) Der Dumapräsident Rodzjanko schreibt in seinen Erinnerungen:
[...] An dem Tage, an dem das Manifest über den Kriegsausbruch mit Deutschland erschien, hatte sich vor dem Winterpalais eine riesige Volksmenge versammelt. Der Kaiser sprach nach dem Gottesdienst im Palais einige Worte und schloss mit dem feierlichen Versprechen, den Krieg nicht eher beenden zu wollen, als auch nur eine einzige Spanne russischer Erde vom Feinde besetzt sei. Ein donnerndes Hurra dröhnte durch die Säle des Palais und die Menge draußen auf dem Platz stimmte begeistert ein. Der Kaiser trat auf den Balkon hinaus, gefolgt von der Kaiserin. Als das Volk, das den großen Platz und die einmündenden Straßen besetzt hielt, seinen Kaiser erblickte, ging es wie ein elektrischer Funke durch alle Herzen und ein nicht enden wollendes Hurra erschütterte die Lüfte. Die Fahnen, die Tafeln mit Aufschriften: „Es lebe Russland und das Slawentum!" senkten sich zur Erde und die Menge beugte das Knie vor dem Zaren. [...]
Als wir das Palais verließen, mischten wir uns unter die Volksmenge. Ich gesellte mich zu einem Trupp Arbeiter und erinnerte sie daran, dass sie doch vor kurzem erst noch gestreikt und beinahe mit der Waffe in der Hand ihre politischen und wirtschaftlichen Forderungen gestellt hätten. Sie sagten: „Das waren unsere Privatangelegenheiten! Wir glaubten, dass die Reformen der Duma auf die lange Bank geschoben würden, jetzt aber handelt es sich um ganz Russland! Wir haben uns um unseren Zaren wie um unsere Fahne geschart und werden ihm folgen und über die Deutschen siegen!"
Die Dinge in Petersburg gestalteten sich günstig. Mit der Mobilmachung hörten alle Arbeiterausstände plötzlich auf. Auf den Putilow-Werken lehnten die Arbeiter alle Arbeitspausen ab, arbeiteten Tag und Nacht und die Aufträge für die Armee wurden nicht, wie versprochen, in 23 Tagen, sondern in 11 Tagen ausgeführt. [...]

M. W. Rodzjanko, Erinnerungen, Berlin o. J. S. 97 f.

b) Aus einem Brief des Fürsten Lwow an den Zaren vom 5. Februar 1916:
[...] Im Aufschwung aller seiner geistigen Kräfte zur Erringung des Sieges vergaß das Volk allen alten Hass und seine Unterdrückung und bemühte sich, der Staatsmacht zu helfen. Aber die Regierung änderte ihre Haltung nicht. In der Zeit, als unsere Armee ohne Munition genötigt war, sich vor dem Feind zurückzuziehen, indem sie ihm das mit ihrem teuren Blut gedüngte Land überließ, sah die Regierung mit unverändertem Misstrauen in der patriotischen Bewegung des Volkes eine Gefahr für die Staatsordnung, als ob es um diese und nicht um die Größe und Ehre Russlands gegangen wäre. Die innere Staatswirtschaft ist in ein völliges Chaos gestürzt worden; dieser chaotische Zustand droht der Armee, droht, den Sieg zu verhindern; aber für die Regierung ist der Krieg anscheinend nicht vorhanden. Indem sie das Allgemeinwohl vergessen hat, hat sie dem russischen Staat die alte Wunde seines Kampfes gegen die Gesellschaft erneut aufgerissen. Nach unserem Gewissen und zur Rettung der Heimat müssen wir Ew. Majestät sagen: Der innere Frieden in unserer teuren Heimat ist aufs Schwerste bedroht. Die Isolierung der Staatsgewalt und die Entfremdung zwischen ihr und dem Volk ist gefährlich, verhängnisvoll. [...]
Die Hoffnung auf Einigung mit der Staatsgewalt ist im Volk geschwunden. Es wachsen Unzufriedenheit und Misstrauen, es mehren sich die Gerüchte über Verrat und Betrug, es vermindert sich zur Freude des Feindes der Glaube an den Sieg. Russland ist in großer Unruhe [...]. Die Opferbereitschaft ist groß, aber die Volkskräfte verlangen nach Führung durch die Staatsmacht. [...]
Ew. Kaiserliche Majestät! Von Ihnen erwartet Russland in diesen schweren Tagen eine Äußerung der Größe der obersten Gewalt in Übereinstimmung mit dem Volksgeist. Stellen Sie die durch die Regierung verletzte geistige Einheit und die Eintracht des staatlichen Lebens wieder her. Erneuern Sie die Staatsmacht. Erlegen Sie Personen, die das Vertrauen des Landes genießen, schwere Lasten auf. Geben Sie den Volksvertretern Arbeit. Eröffnen Sie dem Volk den Weg zur Einheit mit der Staatsmacht und zu Ihnen, Majestät. Öffnen Sie dem Land diesen einzigen Weg zum Sieg, der durch die Verlogenheit der alten Regierungsmethoden versperrt ist.
Weder uns noch Ihnen, Majestät, soll unser Leben um Russlands willen teuer sein. In den heiligen Minuten der höchsten und reinsten Strebungen des Volkes glauben Sie ihm seine starke, große Liebe zur Heimat. Die Regierung hat Russland in furchtbares Unglück gestürzt. In unserer Hand liegt seine Rettung.

B. B. Grawe, Die Bourgeoisie am Vorabend der Februarrevolution, S. 59 f.
a) und b): Manfred Hellmann (Hg.), Die russische Revolution 1915, 3. Aufl. München 1977, S. 47 u. S. 75 ff.

1. Februarrevolution: Provisorische Regierung und Petrograder Sowjet

18 „Vorwärts, in die Offensive!" Zeitgenössische russische Karikatur. Genaues Jahr und Künstler unbekannt.
Die Verluste Russlands am Ende des Ersten Weltkrieges waren erheblich: 1 700 000 Kriegstote, 4 950 000 Verwundete und 2 500 000 Gefangene.
Durch Gebietsabtretungen (u. a. Polen und die baltischen Staaten) verlor Russland 1,3 Millionen Quadratmeilen Land und ca. 60 Millionen Menschen.

a) Vergleichen Sie die Kennzeichnung der jeweiligen Stimmungslagen in Russland in den vorliegenden Dokumenten. Berücksichtigen Sie dabei auch die Quellenart.
b) Diskutieren Sie Gründe, die aus Sicht der Verfasser zur Stabilisierung bzw. Destabilisierung von Staat und Gesellschaft in Russland geführt haben.

19 Februarrevolution und Doppelherrschaft

a) Erklärung der Provisorischen Regierung (3. März 1917):
Bürger! Das Vollzugskomitee von Mitgliedern der Reichsduma hat nunmehr mit der wohlwollenden Hilfe der Truppen und der hauptstädtischen Bevölkerung eine derartige Überlegenheit über die finsteren Mächte des alten Regimes errungen, dass es an die festere Organisierung der Exekutivgewalt gehen kann.
Zu diesem Zweck ernennt das Volkskomitee der Reichsduma zu Ministern des ersten der Öffentlichkeit verantwortlichen Kabinetts die folgenden Personen, die sich durch ihre gesellschaftliche und politische Tätigkeit in der Vergangenheit das Vertrauen des Landes erworben haben: Vorsitzender des Ministerrates und Innenminister – Fürst G. J. Lwow, Außenminister – P. N. Miljukow, Kriegs- und Marineminister – A. I. Gutschkow […] Justizminister – A. F. Kerenskij.
Bei seiner Tätigkeit wird sich das Kabinett von folgenden Prinzipien leiten lassen:
1. Vollständige und sofortige Amnestie aller politischen und religiösen Vergehen einschließlich terroristischer Angriffe, militärischer Revolten, Verbrechen in der Landwirtschaft usw.
2. Freiheit der Rede, der Presse, Vereins-, Versammlungs- und Streikfreiheit und Ausdehnung der politischen Freiheit auf Personen, die im Militärdienst stehen, soweit es die militärische Technik zulässt.
3. Abschaffung aller benachteiligenden Unterschiede infolge der Zugehörigkeit zu bestimmten Ständen, Religionsgemeinschaften und Nationalitäten.
4. Sofortige Vorbereitungen zur Einberufung einer Konstituierenden Versammlung auf der Grundlage des allgemeinen, gleichen, geheimen und direkten Wahlrechts, welche die Verwaltungs- und Verfassungsform des Landes bestimmen soll.
5. Ersetzung der Polizei durch eine Volksmiliz mit gewählter Leitung, die den Organen der lokalen Selbstverwaltung untersteht.
6. Wahlen zu den Organen der lokalen Selbstverwaltung auf der Grundlage allgemeiner, direkter, gleicher und geheimer Wahlen.
7. Die militärischen Einheiten, die an der revolutionären Bewegung teilgenommen haben, nicht zu entwaffnen und aus Petrograd zu entfernen.
8. Unter Aufrechterhaltung strenger militärischer Disziplin an der Front und im Militärdienst Befreiung der Soldaten von allen Beschränkungen allgemeiner Rechte, deren sich die anderen Bürger erfreuen.
Die Provisorische Regierung erachtet es als ihre

Pflicht, zu betonen, dass sie nicht beabsichtigt, militärische Umstände zu einer Hinausschiebung der oben angedeuteten Reformen und anderen Maßnahmen auszunützen.

b) Befehl Nr. 1 des Petrograder Sowjets (1. März 1917):

An die Garnison des Petrograder Militärbezirks! An alle Soldaten der Garde, der Armee, der Artillerie und der Flotte zur unverzüglichen und genauen Ausführung, an die Arbeiter Petrograds zur Kenntnisnahme!

Der Sowjet der Arbeiter- und Soldatendelegierten hat beschlossen:

1. In allen Kompanien, Bataillonen, Regimentern, Batterien, Schwadronen, in allen Dienststellen der verschiedenen militärischen Verwaltungen sowie auf den Schiffen der Kriegsflotte sind unverzüglich Komitees aus gewählten Vertretern der Mannschaften der oben aufgezählten Truppenteile zu wählen.

2. Alle Truppeneinheiten, die ihre Vertreter in den Sowjet der Arbeiterdelegierten noch nicht gewählt haben, sollen auf jede Kompanie einen Vertreter wählen. Diese Vertreter haben mit einer schriftlichen Bestätigung am 2. (15.) März, um zehn Uhr morgens, im Dumagebäude zu erscheinen.

3. In allen politischen Angelegenheiten untersteht jeder Truppenteil dem Sowjet der Arbeiter- und Soldatendelegierten und seinen Komitees.

4. Die Befehle der militärischen Kommission der Reichsduma sind nur in den Fällen auszuführen, wenn sie zu den Befehlen und Beschlüssen des Sowjets der Arbeiter- und Soldatendelegierten nicht in Widerspruch stehen.

5. Alle Arten von Waffen wie Gewehre, Maschinengewehre, Panzerautos usw. müssen sich in den Händen und unter der Kontrolle der Kompanie- und Bataillonskomitees befinden und dürfen unter keinen Umständen den Offizieren ausgeliefert werden, auch wenn sie dies verlangen.

6. Bei Ausübung ihres Dienstes müssen die Soldaten die strenge militärische Disziplin einhalten, aber außerhalb des Dienstes dürfen die Soldaten in ihrem politischen, bürgerlichen und privaten Leben in denjenigen Rechten keineswegs beeinträchtigt werden, die alle übrigen Bürger genießen. Der militärische Gruß außerhalb des Dienstes wird abgeschafft.

7. Ebenso wird das Titulieren der Offiziere: Exzellenz, Wohlgeboren usw. abgeschafft und durch Wendungen wie: Herr General usw. ersetzt. Grobes Verhalten, unter anderem das Duzen gegenüber den Soldaten, wird verboten. Von jeder Übertretung dieser Anordnung sowie über alle Missverständnisse zwischen Offizieren und Soldaten sind Letztere verpflichtet, ihre Kompaniekomitees in Kenntnis zu setzen.

Dieser Befehl ist in allen Kompanien, Bataillonen, Regimentern, Batterien und anderen militärischen Einheiten zu verlesen.

20 Der Petrograder Sowjet der Arbeiter- und Soldatendeputierten tagt, März 1917. Versammlungsort war das Taurische Palais, der Sitz der Reichsduma – ein Zeichen, dass der Sowjet mit seiner Mehrheit aus gemäßigten Sozialisten (Menschewiki und Sozialrevolutionäre) grundsätzlich zur Zusammenarbeit mit der Provisorischen Regierung bereit war.

Farbtafel 1

Farbtafel 2

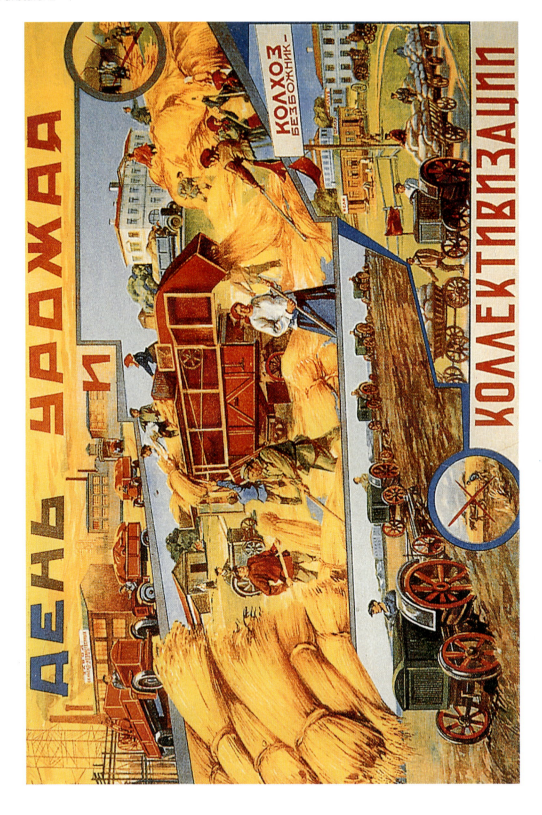

1. Februarrevolution: Provisorische Regierung und Petrograder Sowjet

c) Depesche des Außenministers Miljukow an alle Auslandsvertreter (4. März 1917):
Die von der Petersburger Telegrafenagentur übermittelten Nachrichten haben Ihnen schon die Ereignisse der letzten Tage und den Fall des alten politischen Regimes Russlands bekannt gegeben, das kläglich vor der [Revolutionsbewegung] durch seine Sorglosigkeit, seine Missbräuche und seine sträfliche Kurzsichtigkeit zusammenbrach. Die Einmütigkeit des Grolls, welche die heute gestürzte Staatsordnung unter allen gesunden Elementen der Nation hervorgerufen hat, hat die Krise merklich erleichtert und sie abgekürzt. Da alle diese Elemente sich mit bewunderungswürdiger Begeisterung um die Fahne der Revolution scharten und die Armee ihnen schnelle, wirksame Unterstützung brachte, trug die nationale Bewegung in knapp acht Tagen einen entscheidenden Sieg davon. Diese Schnelligkeit der Durchführung gestattete es glücklicherweise, die Zahl der Opfer so zu beschränken, wie dies in den Annalen der Umwälzungen von ähnlicher Weite und solcher Bedeutung unerhört ist. [...]
Auf dem Gebiet der äußeren Politik wird das Kabinett, in dem ich das Portefeuille des Außenministers übernommen habe, die internationalen Verpflichtungen Russlands achten, die von dem gefallenen Regime übernommen worden sind. Wir werden sorgfältig die Beziehungen pflegen, die uns mit anderen befreundeten und verbündeten Nationen verbinden, und wir vertrauen darauf, dass diese Beziehungen noch inniger und dauerhafter werden unter dem neuen Regime in Russland, das entschlossen ist, sich leiten zu lassen von den demokratischen Grundsätzen der Achtung, die man kleinen und großen Völkern schuldet, der Freiheit und ihrer Entwicklung, des guten Einvernehmens unter den Nationen.
Aber die Regierung wird keine Minute lang die schwierigen äußeren Umstände vergessen, unter denen sie die Macht übernommen hat. Russland hat den Krieg nicht gewollt, der die Welt seit fast drei Jahren mit Blut befleckt hat. Dennoch will es als Opfer eines lange geplanten und vorbereiteten Angriffs wie bisher gegen die aggressiven Pläne einer räuberischen Rasse kämpfen, welche von dem Traum der Errichtung einer unerträglichen Hegemonie über alle benachbarten Völker beseelt ist und welche versucht, das Europa des zwanzigsten Jahrhunderts zu zwingen, unter der schändlichen Herrschaft des preußischen Militarismus zu leben.
Unter gewissenhafter Einhaltung der Verträge, die Russland wie ein unzerreißbares Netz an seine siegreichen Alliierten binden, wird es mit allen Mitteln versuchen, eine Zeit des Friedens zwischen den Völkern durch Errichtung einer internationalen Organisation zu erringen, die dauerhaft ist und die Achtung vor Recht und Gerechtigkeit garantiert. Schulter an Schulter mit ihnen wird es gegen den gemeinsamen Feind unermüdlich und unablässig bis zum Ende kämpfen. [...]

a)–c): Manfred Hellmann (Hg.), Die russische Revolution, a. a. O., S. 134, 153 f., 161 f.

a) Erarbeiten Sie aus den ersten Verlautbarungen von Provisorischer Regierung und Petrograder Sowjet die unterschiedlichen politischen Konzepte, die in beiden Dokumenten erkennbar sind.
b) Diskutieren Sie die Verlautbarungen unter den Gesichtspunkten Kontinuität und Bruch bzw. Neuanfang.
c) Welche programmatischen außenpolitischen Vorstellungen enthält die Depesche des Außenministers Miljukow? Entwerfen Sie aus Sicht des Petrograder Sowjets eine Erwiderung.

Tafel 1: Boris M. Kustodjew, „Der Bolschewik" (unter ihm die Stadt Moskau), 1920 (Öl auf Leinwand, 101 × 141 cm). Schon kurz nach der Oktoberrevolution stellten Künstler ihre Arbeit in den Dienst der Partei.
Deuten Sie die künstlerischen Mittel, mit denen der Sieg der Bolschewiki dargestellt wird.

Tafel 2: „Tag der Ernte und Kollektivierung", 1930 (Plakat 62 × 94 cm).
Während der Revolution und besonders in den Anfangsjahren der Sowjetunion hatte das politische Plakat für die Partei eine außerordentliche Bedeutung. Sowjetische Plakatkünstler wandten sich an die teilweise noch analphabetischen Landbewohner und an die städtischen Massen. Dabei griffen sie vielfach auf die Farben- und Vorstellungswelt der russischen Bauernkunst zurück oder sie bedienten sich der volkstümlichen Bilderbogengeschichten.
Analysieren Sie das Plakat unter den Gesichtspunkten Information und Propaganda.

2. Lenin und die Rolle der bolschewistischen Partei

Lenins Rückkehr nach Petrograd

Den Ersten Weltkrieg hatte Lenin zum größten Teil im Schweizer Exil verbracht. Von der Februarrevolution und dem Ende des Zarenregimes erfuhr er aus der Presse in Zürich. Dort lebte er seit 1916 mit einigen politischen Freunden. Nach der Rückkehr Lenins aus dem Schweizer Exil änderte sich die Lage in Russland grundlegend.

Aprilthesen

In den „Aprilthesen" formulierte er sein Gegenprogramm und sagte der Provisorischen Regierung den Kampf an. Viele Parteimitglieder konnten sich mit Lenins Forderungen nicht anfreunden. Einige warfen ihm die Preisgabe ideologischer Grundsätze vor, nach denen eine sozialistische Umgestaltung des Landes erst dann stattfinden könne, wenn sich der Industriekapitalismus in Russland voll entfaltet habe.

Juliputsch

Im Sommer 1917 wurde das Problem der Fortsetzung des Krieges zum zentralen Thema der Auseinandersetzungen. Obwohl die Provisorische Regierung mehrfach umgebildet wurde und führende Menschewiki und Sozialrevolutionäre Kabinettsposten übernommen hatten, hielt die Regierung unbeirrt an der Bündnistreue zu den Westalliierten fest. Als eine von Kerenskij im Juni befohlenen Offensive schon nach wenigen Tagen unter dem deutschen Gegenangriff zusammenbrach und zahlreiche Soldaten fluchtartig ihre Einheiten verließen, verstärkten die Bolschewiki ihren Druck auf die Provisorische Regierung. In Kundgebungen und Demonstrationen riefen sie ihre Anhänger zum Sturz der Regierung auf und verlangten die sofortige Übergabe der Macht an die Sowjets. Kerenskij, der inzwischen das Amt des Ministerpräsidenten übernommen hatte, ließ Regierungstruppen aufmarschieren und den Putschversuch niederschlagen. Führende Bolschewiki wurden verhaftet (u. a. Trotzki), Lenin selbst gelang die Flucht nach Finnland.

21 Lenins Ankunft am 3. April 1917 in Petrograd. Nach der Verkündigung der Amnestie für politische Straftaten durch die Provisorische Regierung betrieb Lenin mit allem Nachdruck seine Rückkehr nach Russland. Mit Billigung der deutschen Obersten Heeresleitung wurde ihm und ca. 30 Anhängern die Reise durch Deutschland gestattet. Über Schweden und Finnland erreichte er Anfang April Petrograd.

2. Lenin und die Rolle der bolschewistischen Partei

Autoritätsverfall der Regierung

Dennoch war der Autoritätsverfall der Provisorischen Regierung kaum noch aufzuhalten. Weder gelang es ihr, die gegenüber den Bolschewiki eingeleiteten Sanktionen durchzuhalten, noch schaffte sie es, der anhaltenden Not der Bevölkerung durch Einleitung innerer Reformen abzuhelfen.
Ende August ernannte die Regierung General Kornilow zum neuen Oberbefehlshaber des Heeres. Als dieser, im Bunde mit rechten Offizieren und Kreisen der Industrie, zu der Überzeugung gekommen war, Russlands Rettung könne nur gelingen, wenn die Regierung vom Druck der sozialistischen Parteien befreit würde, sah sich Ministerpräsident Kerenskij gezwungen, den Petrograder Sowjet um Hilfe bei der Abwehr einer drohenden Konterrevolution zu bitten. Gerade erst waren die Bolschewiki selbst als Putschisten verdächtigt worden. Jetzt konnten sie sich als Verteidiger der bedrohten Revolution darstellen. Mit Zustimmung des Petrograder Sowjets wurden Arbeitermilizen bewaffnet und zur Verteidigung Petrograds aufgeboten. Nachdem der Militärputsch schon im Anfangsstadium ohne Blutvergießen zusammengebrochen war – Eisenbahner hatten die Transportwege blockiert – und General Kornilow verhaftet werden konnte, schien die Regierung vorübergehend auf der ganzen Linie gesiegt zu haben. Um ein äußeres Zeichen zu setzen, erklärte Kerenskij nunmehr Russland offiziell zur Republik, setzte den lange angekündigten Wahltermin zur Konstituierenden Versammlung auf den 12. November fest und kündigte als eine der ersten Maßnahmen die nach der Novemberwahl längst überfällige Landreform an.

Bolschewiki im Aufwind

Die eigentlichen Gewinner des gescheiterten Kornilow-Putsches aber waren die Bolschewiki. Das Engagement bei der Verteidigung Petrograds hatte ihnen einen enormen Popularitätsgewinn eingebracht. Anfang September konnte die Regierung nicht umhin, die noch immer inhaftierten Führer der Bolschewiki wieder auf freien Fuß zu setzen. Bei den Wahlen zu den Sowjets in Petrograd und Moskau erzielten die Bolschewiki erdrutschartige Stimmengewinne. In Moskau war der Erfolg am größten. Im Vergleich zur Wahl im Juni erhöhten sie ihren Stimmenanteil von 11,5% auf 50,9%. In Petrograd blieben sie aber zunächst zweitstärkste Partei (33,4%) hinter den Sozialrevolutionären (37,4%), stellten aber mit Trotzki, der gerade aus der Haft entlassen war, den Präsidenten des Petrograder Sowjets.

22 Lenin: Über Theorie und Praxis einer revolutionären Partei

a) In seiner Schrift: „Was tun?" äußert sich Lenin zu den Aufgaben und zum Charakter einer revolutionären Partei (1902):
Wir haben gesagt, dass die Arbeiter ein sozialdemokratisches Bewusstsein gar nicht haben konnten. Dieses konnte ihnen nur von außen gebracht werden. Die Geschichte aller Länder zeugt davon, dass
5 die Arbeiterklasse ausschließlich aus eigener Kraft nur ein trade-unionistisches Bewusstsein hervorzubringen vermag, d.h. die Überzeugung von der Notwendigkeit, sich in Verbänden zusammenzuschließen, einen Kampf gegen die Unternehmer zu
10 führen, der Regierung diese oder jene für die Arbeiter notwendigen Gesetze abzutrotzen. [...] Der politische Kampf der Sozialdemokratie ist viel umfassender und komplizierter als der ökonomische Kampf der Arbeiter gegen die Unternehmer und die Regierung. Genauso (und infolgedessen) muss die 15 Organisation der revolutionären sozialdemokratischen Partei unvermeidlich anderer Art sein als die Organisation der Arbeiter für diesen Kampf. Die Organisation der Arbeiter muss erstens eine gewerkschaftliche sein; zweitens muss sie möglichst 20 umfassend sein; drittens muss sie möglichst wenig konspirativ sein (ich spreche natürlich hier und weiter unten nur vom autokratischen Russland). Die Organisation der Revolutionäre muss dagegen vor allem und hauptsächlich Leute erfassen, deren Beruf 25

die revolutionäre Tätigkeit ist. [...] Und nun behaupte ich: 1. Keine einzige revolutionäre Bewegung kann ohne eine stabile und die Kontinuität wahrende Führerorganisation Bestand haben; 2. je breiter die Masse ist, die spontan in den Kampf hineingezogen wird, die die Grundlage der Bewegung bildet und an ihr teilnimmt, umso dringender ist die Notwendigkeit einer solchen Organisation und umso fester muss diese Organisation sein (denn umso leichter wird es für allerhand Demagogen sein, die unentwickelten Schichten der Masse mitzureißen); 3. eine solche Organisation muss hauptsächlich aus Leuten bestehen, die sich berufsmäßig mit revolutionärer Tätigkeit befassen; 4. je mehr wir die Mitgliedschaft einer solchen Organisation einengen, und zwar so weit, dass sich an der Organisation nur diejenigen Mitglieder beteiligen, die sich berufsmäßig mit revolutionärer Tätigkeit befassen und in der Kunst des Kampfes gegen die Polizei berufsmäßig geschult sind, umso schwieriger wird es in einem autokratischen Lande sein, eine solche Organisation „zu schnappen", und 5. umso breiter wird der Kreis der Personen aus der Arbeiterklasse und aus den übrigen Gesellschaftsklassen sein, die die Möglichkeit haben werden, an der Bewegung teilzunehmen und sich in ihr aktiv zu betätigen.

Lenin, Werke 5, S. 385 f., 468, 480; zit. nach Rüdiger Thomas, Marxismus und Sowjetkommunismus, Teil 2, Stuttgart 1971, S. 45 f.

b) Lenins Aprilthesen (1917):
1. In unserer Stellung zum Krieg, der seitens Russlands auch unter der neuen Regierung Lwow und Konsorten, infolge des kapitalistischen Charakters dieser Regierung, unbedingt ein räuberischer, imperialistischer Krieg bleibt, sind auch die geringsten Zugeständnisse an die „revolutionäre Vaterlandsverteidigung" unzulässig.
Einem revolutionären Krieg, der die revolutionäre Vaterlandsverteidigung wirklich rechtfertigen würde, kann das klassenbewusste Proletariat seine Zustimmung nur unter folgenden Bedingungen geben: a) Übergang der Macht in die Hände des Proletariats und der sich ihm anschließenden ärmsten Teile der Bauernschaft; b) Verzicht auf alle Annexionen in der Tat und nicht nur in Worten; c) tatsächlicher und völliger Bruch mit allen Interessen des Kapitals.
2. Die Eigenart der gegenwärtigen Lage in Russland besteht im Übergang von der ersten Etappe, der Revolution, die infolge des ungenügend entwickelten Klassenbewusstseins und der ungenügenden Organisiertheit des Proletariats der Bourgeoisie die Macht gab, zur zweiten Etappe der Revolution, die die Macht in die Hände des Proletariats und der ärmsten Schichten der Bauernschaft legen muss. [...]
3. Keinerlei Unterstützung der Provisorischen Regierung, Aufdeckung der ganzen Verlogenheit aller ihrer Versprechungen, insbesondere hinsichtlich des Verzichts auf Annexionen. Entlarvung der Provisorischen Regierung. [...]
4. Anerkennung der Tatsache, dass unsere Partei in der Mehrzahl der Sowjets der Arbeiterdeputierten in der Minderheit, vorläufig sogar in einer schwachen Minderheit ist gegenüber dem Block aller kleinbürgerlichen, opportunistischen Elemente, die dem Einfluss der Bourgeoisie erlegen sind und diesen Einfluss in das Proletariat hineintragen. [...] Aufklärung der Massen darüber, dass die Sowjets der Arbeiterdeputierten die einzig mögliche Form der revolutionären Regierung sind und dass daher unsere Aufgabe, solange sich diese Regierung von der Bourgeoisie beeinflussen lässt, nur in geduldiger, systematischer, beharrlicher, besonders den praktischen Bedürfnissen der Massen angepasster Aufklärung über die Fehler ihrer Taktik bestehen kann. [...]
5. Keine Parlamentarische Republik, sondern eine Republik der Sowjets der Arbeiter-, Landarbeiter- und Bauerndeputierten im ganzen Lande, von unten bis oben. Abschaffung der Polizei, der Armee, der Beamtenschaft. [...]
6. Im Agrarprogramm Verlegung des Schwergewichts auf die Sowjets der Landarbeiterdeputierten.
Konfiskation aller Gutsbesitzerländereien.
Nationalisierung des gesamten Bodens im Lande. [...]

zit. nach: Iring Fetscher (Hg.), Lenin Studienausgabe Bd. 1, Frankfurt/Main 1970, S. 383 ff.

c) Rede Lenins auf dem 1. Sowjetkongress (4. Juni 1917):
Nun aber frage ich euch, gibt es ein Land in Europa, ein bürgerliches, demokratisches, republikanisches Land, in dem etwas den Räten Ähnliches vorhanden ist? Ihr werdet antworten müssen, dass es so etwas nicht gibt. Nirgends existiert eine derartige Institution, und das kann es auch nicht, denn es kann nur eines geben: entweder eine bürgerliche Regierung mit jenen „Reformplänen", die man uns entwirft und die dutzende Male in allen Ländern vorgeschlagen und auf dem Papier geblieben sind, oder jene Institution, die man jetzt anruft, jene neuartige „Regierung", die die Revolution geschaffen hat, von der es nur in der Geschichte des größten revolutionären Aufschwunges Beispiele gibt, so 1792 in

2. Lenin und die Rolle der bolschewistischen Partei

Frankreich, 1871 in Frankreich und 1905 in Russland. Die Räte sind eine Institution, die in keinem der gewöhnlichen bürgerlich-parlamentarischen Staaten besteht und die neben der bürgerlichen Regierung auch nicht bestehen kann. Das ist jener neue, demokratischere Staatstypus, den wir in unseren Parteiresolutionen als bäuerlich-proletarisch demokratische Republik bezeichnet haben, in der die Macht ausschließlich den Arbeiter- und Soldatenräten gehört. [...] Ein Monat ist bereits vergangen, seitdem sich am 6. Mai die Koalitionsregierung gebildet hat. Seht euch die Taten an, seht euch die Zerrüttung in Russland und in allen Ländern an, die in den imperialistischen Krieg hineingezogen worden sind! [...] Man fragt uns, ob denn in Russland der Sozialismus eingeführt oder überhaupt grundlegende Umgestaltungen sofort vorgenommen werden können – das alles sind leere Ausflüchte, Genossen. Die Lehre von Marx und Engels besteht, wie sie selber immer wieder erklärt haben, in Folgendem: „Unsere Lehre ist kein Dogma, sondern eine Anleitung zum Handeln." Einen reinen Kapitalismus, der in den reinen Sozialismus übergeht, gibt es nirgends in der Welt und kann es während des Krieges nicht geben; es gibt ein Mittleres, etwas Neues, Unerhörtes, weil Hunderte Millionen von Menschen, die in den verbrecherischen Krieg der Kapitalisten hineingerissen worden sind, zugrunde gehen. Es kommt nicht auf Reformversprechungen an – das sind leere Worte, es kommt darauf an, den Schritt zu tun, den wir jetzt brauchen.

Wenn ihr euch auf die „revolutionäre" Demokratie berufen wollt, verwechselt diesen Begriff nicht mit der reformistischen Demokratie unter einem kapitalistischen Ministerium, denn es ist endlich Zeit, von bloßen Redensarten über „revolutionäre Demokratie", von gegenseitigen Beglückwünschungen zur „revolutionären Demokratie" überzugehen zur Klassencharakteristik, wie es uns der Marxismus und der wissenschaftliche Sozialismus überhaupt gelehrt hat. [...] Keine Partei kann darauf verzichten, auch unsere Partei verzichtet nicht darauf: Sie ist jeden Augenblick bereit, die Macht ganz zu übernehmen.

Manfred Hellmann, Die russische Revolution, a. a. O., S. 228 ff.

d) Lenin schreibt an das Zentralkomitee der Partei (Mitte September 1917):

Nachdem jetzt die Bolschewiki in beiden hauptstädtischen Arbeiter- und Soldatendeputiertenräten die Mehrheit erhalten haben, können und müssen sie die Staatsmacht in ihre Hände nehmen. Sie können es, denn die aktive Mehrheit der revolutionären Elemente der Bevölkerung beider Hauptstädte reicht aus, um die Massen mitzureißen, den Widerstand des Gegners zu überwinden, ihn selbst zu schlagen, die Macht zu erobern und zu halten. Denn wenn sie sofort einen demokratischen Frieden vorschlagen, das Land sofort den Bauern geben, die von Kerenskij beschnittenen oder zerschlagenen Einrichtungen und Freiheiten wiederherstellen, werden die Bolschewiki eine Regierung bilden, die niemand stürzen kann.

Die Mehrheit des Volkes ist für uns. Das hat der lange und schwere Weg vom 6. Mai bis zum 31. August bewiesen: Die Mehrheit in den hauptstädtischen Räten ist die Frucht der Entwicklung des Volkes nach unserer Seite hin. [...]

Es wäre naiv, eine „formelle" Mehrheit der Bolschewiki abzuwarten. Keine Revolution wartet das ab. Auch Kerenski und Co. warten nicht, sie bereiten die Auslieferung Petrograds vor. Gerade die kläglichen Schwankungen der Demokratischen Konferenz müssen und werden die Geduld der Arbeiter Petrograds und Moskaus zum Reißen bringen. Die Geschichte wird uns nicht verzeihen, wenn wir die Macht jetzt nicht ergreifen. Wir haben keinen Apparat? Der Apparat ist da: die Räte und die demokratischen Organisationen. Die internationale Lage ist gerade jetzt am Vorabend des Separatfriedens zwischen England und Deutschland für uns. Gerade jetzt den Völkern den Frieden anbieten, heißt siegen.

Die Macht muss in Moskau und in Petrograd gleichzeitig ergriffen werden. [...] Wir werden unbedingt und ohne Zweifel siegen.

Lenin, sämtliche Werke, Bd. XXI, Wien, Berlin, o. 7., S. 243 ff.

a) Bearbeiten Sie die Lenindokumente aus dem Jahre 1917 unter den Gesichtspunkten „Situationsanalyse" und „politische Konsequenzen".
b) Prüfen Sie, inwieweit Lenin seine theoretischen Vorstellungen vom revolutionären Umsturz in Russland aus dem Jahre 1902 durch sein politisches Handeln 1917 verwirklicht hat.
c) Erörtern Sie Lenins Aussage, es sei „naiv", auf eine „formelle Mehrheit der Bolschewiki" zu warten.

3. Oktoberrevolution

Machtübernahme oder Staatsstreich der Bolschewiki?

Mit der Parole „Alle Macht den Räten" hatte Lenin, der sich aus Sicherheitsgründen immer noch in Finnland aufhielt und erst Mitte Oktober 1917 nach Petrograd zurückkehrte, seine Anhänger auf eine bewaffnete Aktion eingeschworen. Die veränderten Machtverhältnisse in den Sowjets von Petrograd und Moskau waren für ihn ein untrügliches Signal dafür, dass „die Avantgarde des Volkes" nunmehr die Initiative übernehmen müsse. Unablässig machte er seinen Anhängern klar, dass es mit der „aktiven Mehrheit der revolutionären Elemente" im Rücken gelingen würde, die Macht zu erobern. Alles weitere Warten auf formelle Mehrheiten tat er als „Verbrechen an der Revolution" und als „Verrat an der Sache des Proletariats" ab. Bis zuletzt war in der bolschewistischen Führung umstritten, ob man angesichts des hohen Risikos einen bewaffneten Aufstand wagen könne. Im Zentralkomitee warnten Kamenew und Sinowjew, die entschiedensten Gegner eines Konfrontationskurses, vor übertriebenen Hoffnungen auf vorbehaltlose Unterstützung durch die Arbeiter und Soldaten. Sie plädierten dafür, den Zerfall der Provisorischen Regierung zu beschleunigen und im Bunde mit linken Sozialrevolutionären eine Mehrheit in der Konstituierenden Versammlung anzustreben. Aber gegenüber Lenin und Trotzki standen sie am Ende auf verlorenem Posten.

In der Nacht vom 24. auf den 25. Oktober nahmen unter der Leitung von Trotzkij bolschewistische Garnisonsregimenter und Rote Garden, in Petrograd kaum 20 000 Mann, die strategisch wichtigsten Punkte der Hauptstadt ein. Ohne nennenswerten Widerstand wurde die Provisorische Regierung abgesetzt – Ministerpräsident Kerenskij hatte sich der Verhaftung durch Flucht entziehen können – und der Übergang der Staatsmacht an die Sowjets verkündet.

Warum siegten die Bolschewiki?

Anders als 1905, als die zaristische Regierung den Staatsapparat nach kurzer Zeit wieder völlig in der Hand hatte, im Unterschied zur Februarrevolution, die alle Anzeichen einer weitgehend spontanen Massenbewegung aufwies, war die Oktoberrevolution in ihrem entscheidenden Stadium von einer Handvoll Berufsrevolutionären sorgfältig geplant und zielbewusst durchgeführt worden. Je deutlicher sich zeigte, dass die Provisorische Regierung nicht in der Lage war, die akuten Versorgungsprobleme des Landes zu lösen und das Machtvakuum auszufüllen, das das Zarenregime hinterlassen hatte, desto entschlossener betrieben die Bolschewiki mit sicherem Gespür für die Nöte der Bevölkerung („Brot", „Frieden", „Land") die Machtübernahme. Obwohl die Zahl der aktiven Teilnehmer an der Oktoberrevolution bemerkenswert gering war, vollzog sich der Sieg der Bolschewiki auf der Grundlage einer breiten Zustimmung unter Arbeitern und Soldaten. Die Diktatur des Proletariats schien greifbar nahe.

„Rat der Volkskommissare"

Noch am 25. Oktober bestätigte der Allrussische Rätekongress – Menschewiki und rechte Sozialrevolutionäre hatten die Versammlung aus Protest gegen den Staatsstreich der Bolschewiki verlassen – die neue Regierung, die als „Rat der Volkskommissare" unverzüglich die Weichen zur revolutionären Umgestaltung Russlands stellte. Zuvor hatte sich Lenin mit Erfolg allen Bestrebungen widersetzt, die Bolschewiki angesichts der zu bewältigenden Probleme in eine sozialistische Allparteienregierung einbinden zu lassen.

Diktatur des Proletariats: Für Marx war die Diktatur des Proletariats eine notwendige Übergangsperiode, die nach der siegreichen Revolution genutzt werden müsse, um „der Bourgeoisie nach und nach alles Kapital zu entreißen." Auch Lenin hielt daran fest, dass die diktatorische Klassenherrschaft des Proletariats für eine Übergangszeit erforderlich sei, um den Widerstand der Bourgeoisie niederzuhalten, die Werktätigen zu organisieren und die sozialistische Wirtschaft in Gang zu bringen.

3. Oktoberrevolution

23 Mitglieder der Roten Garde, Foto Oktober 1917

Erste Entscheidungen

Mit populären Dekreten legte die neue Regierung nunmehr den Grundstein zur Sicherung ihrer Macht. Im „Dekret über den Frieden" demonstrierten sie ihre Entschlossenheit, den Krieg unverzüglich zu beenden. Schon im November wurden die ersten Verhandlungen zum Abschluss eines Waffenstillstandes mit den Mittelmächten aufgenommen. Im „Dekret über das Land" ordnete die Regierung die entschädigungslose Enteignung von Grund und Boden von Gutsherren, Kirche, Klöstern und Zarenfamilie an und verfügte die Aufteilung unter den armen Bauern. Das Land sollte fortan denjenigen gehören, die es auch bestellten. Wälder, Gewässer und Bodenschätze wurden zum Gemeineigentum erklärt und den örtlichen Komitees anvertraut. Während sich die Bolschewiki mit ihren wirtschaftspolitischen Weichenstellungen noch bis Anfang Dezember Zeit ließen (Nationalisierung der Banken, Bildung des „Obersten Volkswirtschaftsrates" als Leitungsorgan der Wirtschaft), bestätigten sie noch im Oktober den Termin zur Wahl der Konstituierenden Versammlung, der von der Provisorischen Regierung auf den 12. November festgesetzt war.

Auflösung der Konstituierenden Versammlung

Von vornherein hatte Lenin klargestellt, dass „Mehrheiten erobert, aber nicht mit Stimmzetteln gezählt" würden. Obwohl das Wahlergebnis vom 12. November ein deutliches Votum gegen die Alleinherrschaft der Sieger von Petrograd war (von 717 Abgeordnetensitzen entfielen nur 175 auf die Bolschewiki, dagegen 370 auf die Sozialrevolutionäre), dachten die Bolschewiki nicht daran, die Macht mit anderen zu teilen. Als die nichtbolschewistischen Vertreter der Konstituierenden Versammlung in ihrer ersten Sitzung im Januar 1918 den Forderungen der Bolschewiki nach vorbehaltloser Anerkennung der Sowjetmacht nicht nachkamen, wurde die Versammlung auf Anordnung des Rates der Volkskommissare gewaltsam aufgelöst. Zur Rechtfertigung seiner Entscheidung erklärte der Sowjetkongress: „Jeder Verzicht auf die uneingeschränkte Macht der Sowjets, auf die vom Volke eroberte Sowjetrepublik zugunsten des Parlamentarismus und der Konstitutionellen Versammlung, wäre jetzt ein Schritt rückwärts." Die wenigen tausend Menschen, die nicht bereit waren, den Gewaltstreich der Bolschewiki hinzunehmen, und in einem Demonstrationszug ihren Protest zum Ausdruck brachten, konnten die neuen Machthaber nicht mehr ernsthaft erschrecken. Für Russland hatte eine neue Epoche seiner Geschichte unwiderruflich begonnen.

24 Die Oktoberrevolution aus der Sicht von Zeitgenossen

a) M. Philips Price, Korrespondent des „Manchester Guardian", schreibt in seinen Erinnerungen (1921):

Es war mittlerweile Abend geworden und ich begab mich in das Smolnyj-Institut, wo sich die Räume der Zentralexekutive des alten menschewistischen und sozialrevolutionären Sowjets befanden. Ich fand die Mitglieder der Exekutive in sehr gedrückter Stimmung. Nachrichten aus den Provinzen zeigten, dass die bolschewistische Agitation für sofortige Einberufung eines zweiten Sowjetkongresses auf äußerst fruchtbaren Boden gefallen war. Schon hatten die Sowjets der nördlichen Provinzen und die Soldatenräte an der Nordwestfront ihre Delegierten bestimmt, die bereits eintrafen. Sie ihrerseits, sagte die Zentralexekutive, habe ihr Menschenmögliches getan, um die Einberufung dieses zweiten Sowjetkongresses zu verhindern, da sie es für zwecklos hielte. Die Wahlen zur Nationalversammlung standen vor der Tür und diese „demokratische" Körperschaft, nicht der Rätekongress, sollte das entscheidende Wort sprechen. Die Sowjets, sagten sie, sollten von dann ab mehr in den Hintergrund treten und sich lediglich als die Nationalversammlung beratenden Wirtschaftsausschüsse betrachten. Als ich mich anschickte, das Smolnyj-Institut zu verlassen, hörte ich dröhnenden Beifall von dem großen Saal her. Dort fand eine Sitzung des Petrograder Sowjets statt und Trotzki hielt eben eine große Rede. Delegierte zum zweiten Rätekongress trafen ein. Ein Lärmen, ein Drängen herrschte und jedes Antlitz trug einen zuversichtlichen Ausdruck. „Demos" erhob sich aus der Tiefe, voll roher Kraft und Trotzgefühl. Die Vertreter der „revolutionären Demokratie", die eine Treppe höher sich selbst überlassen saßen, schienen der Wirklichkeit seltsam abgewandt.
[…] Der Petrograder Sowjet bildete jetzt eine einheitliche Phalanx bolschewistischer Deputierter und nicht enden wollender Beifall durchbrauste den Saal, als Lenin von dem kommenden Rätekongress als dem einzigen Organ, das das Revolutionsprogramm der russischen Arbeiter, Soldaten und Bauern durchzuführen imstande sei, sprach. Neben mir flüsterte jemand, dass soeben die Nachricht gekommen sei, das Militär-Revolutionäre Komitee habe mit Hilfe der Rotgardisten aus den Fabriken und einem Teil der Garnison das Winter-Palais besetzt und alle Minister mit Ausnahme Kerenskijs, der in einem Kraftwagen entflohen war, verhaftet. Ich begab mich wieder eine Treppe tiefer in das Büro der bolschewistischen Partei. Hier fand ich eine Art geistigen Revolutionsgeneralstab improvisiert, der nach allen Stadtteilen mit Instruktionen versehene Abgesandte schickte, die alsdann mit Neuigkeiten und Meldungen wieder zurückkehrten. Oben im Büro des alten menschewistischen und sozialrevolutionären Volksausschusses herrschte Grabesstille. […]

M. Ph. Price, Die russische Revolution. Erinnerungen aus den Jahren 1917–1919, Hamburg 1921, S. 174

b) Der amerikanische Journalist John Reed schreibt (1927):

[…] Es war genau vierzig nach acht, als ein Ausbruch jubelnder Begeisterung den Eintritt des Präsidiums, mit Lenin – dem großen Lenin – in seiner Mitte, ankündigte. Eine untersetzte Gestalt mit großem, auf stämmigem Hals sitzenden Kopf, ziemlich kahl, kleinen beweglichen Augen, großem sympathischem Mund und kräftigem Kinn; jetzt rasiert, der bekannte Bart jedoch, den er fortan wieder tragen sollte, schon wieder sprossend. In armseligen Kleidern, mit Hosen, viel zu lang für ihn. Unempfänglich für den Beifall der Menge und doch geliebt und verehrt, wie selten ein Führer es gewesen. Ein Volksführer eigener Art – Führer nur dank der Überlegenheit seines Intellekts; farblos, humorlos, unnachgiebig. Als Redner nüchtern, aber mit der Fähigkeit, tiefe Gedanken in einfachste Worte zu kleiden, die Analyse konkreter Situationen zu geben, und verbunden mit großem Scharfsinn eine außerordentliche Kühnheit des Denkens. Kamenew gab den Aktionsbericht des Revolutionären Kriegskomitees: Abschaffung der Todesstrafe in der Armee, Wiederherstellung der Propagandafreiheit, Freilassung der wegen politischer Vergehen verhaftet gewesenen Offiziere und Soldaten, Erlass eines Haftbefehls gegen Kerenskij Beschlagnahme der Lebensmittelvorräte in den privaten Warenhäusern. Ungeheurer Beifall.
Noch einmal ein Vertreter vom „Bund" (jüdische Sozialdemokratische Partei): „Die unnachgiebige Haltung der Bolschewiki wird den Zusammenbruch der Revolution zur Folge haben. Die Delegierten des ‚Bund' sehen sich daher gezwungen, aus dem Kongress auszuscheiden." Zurufe aus der Versammlung: „Wir meinten, ihr wäret schon gestern gegangen. Wie oft gedenkt ihr uns noch zu verlassen?" Darauf ein Vertreter der Internationalen Menschewiki, von erstaunten Zurufen empfangen: „Auch ihr

3. Oktoberrevolution

noch hier?" Der Redner erklärte, dass nur ein Teil der Internationalistischen Menschewiki den Kongress verlassen habe, der Rest werde bleiben. „Wir erachten die Übernahme der Macht durch die Sowjets für gefährlich, ja sogar für tödlich für die Revolution (lebhafte Zurufe); aber wir bleiben im Kongress, um hier gegen diese Übernahme zu stimmen."

Andere Redner folgten, offenbar ohne bestimmte Anweisungen, welche Stellung sie einnehmen sollten … Einige von der Front angekommene Soldaten überbrachten die begeisterten Grüße ihrer Regimenter. Und nun Lenin, die Hände fest an den Rand des Rednerpultes gekrampft, seine kleinen, blinzelnden Augen über die Menge schweifen lassend, wartend, bis der minutenlange, ihm offensichtlich gleichgültige Beifallssturm sich gelegt haben würde. Als er endlich beginnen konnte, sagte er einfach: „Wir werden jetzt mit dem Aufbau der sozialistischen Ordnung beginnen." Und wieder raste wilder Begeisterungssturm durch den Saal.

John Reed, Zehn Tage, die die Welt erschütterten, Wien/Berlin 1927, S. 138 ff.

a) Charakterisieren Sie aus Sicht der Zeitgenossen die Stimmungslage bei Gegnern und Befürwortern des revolutionären Umsturzes.
b) Prüfen Sie, ob in den zeitgenössischen Darstellungen der Ereignisse eine Parteinahme der Verfasser erkennbar ist.

25 Nach dem Sieg der Bolschewiki

a) Aufruf des 2. Sowjetkongresses (26. Oktober 1917):

An die Arbeiter, Soldaten und Bauern!
Der Zweite Allrussische Sowjetkongress der Arbeiter- und Soldatendeputierten ist eröffnet. Auf diesem Kongress ist die gewaltige Mehrheit der Sowjets vertreten. Auf dem Kongress ist auch eine Reihe von Delegierten der Bauernsowjets anwesend. Die Vollmachten des paktiererischen Zentralvollzugskomitees sind abgelaufen. Gestützt auf den Willen der gewaltigen Mehrheit der Arbeiter, Soldaten und Bauern, gestützt auf den in Petrograd vollzogenen siegreichen Aufstand der Arbeiter und der Garnison, nimmt der Kongress die Macht in seine Hände. Die Provisorische Regierung ist gestürzt. Die meisten Mitglieder der Provisorischen Regierung sind bereits verhaftet.

Die Sowjetmacht wird sofort allen Völkern einen demokratischen Frieden und den sofortigen Waffenstillstand an allen Fronten vorschlagen. Sie wird die entschädigungslose Übergabe der Gutsbesitzer-, Kron- und Klosterländereien in die Verfügungsgewalt der Bauernkomitees sicherstellen, die Rechte der Soldaten schützen, indem sie die volle Demokratisierung der Armee durchführt, sie wird die Arbeiterkontrolle über die Produktion einführen und die rechtzeitige Einberufung der Konstituierenden Versammlung gewährleisten, sie wird dafür sorgen, dass die Städte mit Brot und die Dörfer mit Gegenständen des dringendsten Bedarfs beliefert werden, sie wird allen in Russland lebenden Völkern das wirkliche Recht auf Selbstbestimmung sichern.

Der Kongress beschließt: Die ganze Macht geht überall an die Sowjets der Arbeiter-, Soldaten- und Bauerndeputierten über, die eine wirkliche revolutionäre Ordnung zu gewährleisten haben.

Der Kongress ruft die Soldaten in den Schützengräben zu Wachsamkeit und Standhaftigkeit auf. Der Sowjetkongress ist überzeugt, dass die revolutionäre Armee es verstehen wird, die Revolution gegen jegliche Anschläge des Imperialismus zu verteidigen, bis die neue Regierung den Abschluss eines demokratischen Friedens erzielt hat, den sie unmittelbar allen Völkern vorschlagen wird. Die neue Regierung wird alle Maßnahmen treffen, um durch eine entschlossene Politik von Requisitionen und Besteuerung der besitzenden Klassen die revolutionäre Armee mit allem Nötigen zu versorgen, und wird auch die Lage der Soldatenfamilien verbessern.

Die Kornilowleute – Kerenskij, Kaledin u. a. – versuchen, Truppen gegen Petrograd zu führen. Einige Truppenteile, die Kerenskij auf betrügerische Weise in Bewegung gesetzt hat, sind auf die Seite des aufständischen Volkes übergegangen.

Soldaten, setzt dem Kornilowmann Kerenskij aktiven Widerstand entgegen!
Seid auf der Hut!
Eisenbahner, haltet alle Truppentransporte an, die Kerenskij gegen Petrograd schickt! Soldaten, Arbeiter, Angestellte! Das Schicksal der Revolution und das Schicksal des demokratischen Friedens liegt in euren Händen!
Es lebe die Revolution!

Der Allrussiche Sowjetkongress
der Arbeiter- und Soldatendeputierten.
Die Delegierten der Bauernsowjets.

b) Aufruf des Komitees für die Rettung des Vaterlandes (27. Oktober 1917 – dem Komitee gehörten v. a. Sozialdemokraten und Menschewiki an):

An die Bürger der Russischen Republik!
Am 25. Oktober verhafteten die Bolschewiki gegen den Willen des revolutionären Volkes in verbrecherischer Weise einige Mitglieder der Provisorischen Regierung, lösten den Provisorischen Rat der Russischen Republik auf und riefen eine illegale Regierung aus. Gewalttätigkeit gegen die Regierung des revolutionären Russlands, begangen zu einer Zeit der größten Gefahr von Seiten des äußeren Feindes, ist ein unerhörtes Verbrechen am Vaterland.
Die Revolte der Bolschewiki fügt der Sache der Verteidigung einen tödlichen Schlag zu und wirkt sich gegen den von jedermann begehrten Frieden aus.
Der von den Bolschewiki begonnene Bürgerkrieg droht das Land in das unbeschreibliche Grauen der Anarchie und Konterrevolution zu werfen und die Konstituierende Versammlung zu beseitigen, die die republikanische Ordnung stärken und dem Volk das Land ein für alle Mal gewinnen helfen muss.
Zur Erhaltung der Fortdauer einer ungeteilten staatlichen Autorität ergreift das Allrussische Komitee für die Rettung des Vaterlandes und der Revolution die Initiative bei der Neuschaffung der Provisorischen Regierung, die, unterstützt von den Kräften der Demokratie, das Land der Konstituierenden Versammlung unterstellen und vor der Konterrevolution und Anarchie retten wird.
Das Allrussische Komitee für die Rettung des Vaterlandes und der Revolution fordert alle Bürger auf:
Erkennt die Autorität der Usurpatoren nicht an! Befolgt ihre Befehle nicht! Erhebt euch zur Verteidigung des Vaterlandes und der Revolution! Unterstützt das Allrussische Komitee für die Rettung des Vaterlandes und der Revolution!

a) und b): zit. nach: M. Hellmann, Die russische Revolution, a. a. O., S. 318 f. u. 322

Worin sehen die Verfasser der beiden Aufrufe jeweils die Legitimation für ihr Handeln?

26 Staatsstreich auf dem Lande

Eine russische Adlige berichtet:
Der September und ein großer Teil des Oktober gingen ohne besonderer Vorkommnisse vorbei. Aber die bolschewistische Revolution vom 25. Oktober 1917 [in unserem Landbezirk] spürten wir alle. Das Zerstören und Ausrauben der Landgüter begann, oft von Feuern begleitet. Und eines der ersten Güter, die angegriffen wurden, war das unseres Nachbarn Priklonskij. Sie suchten ihn und wollten ihn offenbar umbringen. Er hatte die Gegend jedoch schon mit seiner Familie verlassen. Von seinem Haus blieb nur Asche übrig.
Mein Vater weigerte sich irgendwohin wegzuziehen, er war überzeugt, dass ihn niemand anrühren werde. […] Aber dann tauchten gegen Abend einige Karren auf der Landstraße auf, die das Gut durchquerten und auf das alte [Guts-]Haus zusteuerten. Außer den Zwillingsschwestern, die auf die Reste von Großmutters Besitz aufpassten, lebte niemand mehr im alten Haus.
Die verängstigten Mädchen kamen zu uns gelaufen und erzählten, dass die Leute die Türen und Fensterläden eingeschlagen hätten. Man sei dabei, das Haus völlig auszuplündern. Und in der Tat drangen schon bald lautes Geschrei und das Geräusch von splitterndem Glas zu uns herüber. Eine Delegation von Bauern, an der Spitze die Dorfältesten, sprach bei meinem Vater vor. Sie rieten uns allen, unser Haus zu verlassen, und versprachen, das Gut und das Haus vor weiterer Zerstörung zu bewahren. Sie sagten, dass das alte Haus nicht von Bauern aus Obrochnoje, sondern von Bauern aus anderen Dörfern geplündert worden sei, und dass sie, was diese angehe, natürlich für nichts garantieren könnten.
Mein Vater war unter keinen Umständen bereit, unser Gut zu verlassen, er beschloss aber, die Frauen und Mädchen fortzuschicken. Ein riesiger, kräftiger Bursche, einer unserer Bauern aus Obrochnoje, wurde zu unserer Begleitung mitgeschickt. […] Und während wir aufbrachen, konnte man beinahe ununterbrochen das Lärmen von Stimmen und krachende Geräusche vom alten Haus her hören. Mit Schrecken dachten wir, was passieren würde, wenn die Bauern das Plündern aufgaben und uns verfolgten. Diese Furcht war unbegründet. Niemand interessierte sich für uns. Sie waren offensichtlich alle viel zu gefesselt von der Beute aus unserem alten Haus, von den Möbeln, dem Porzellan, der Kleidung und den anderen Sachen, die über Jahrhunderte angesammelt worden waren.

Elena Skrjabin, Von Petersburg bis Leningrad. Eine Jugend zwischen Monarchie und Revolution, Wiesbaden 1986, S. 86 f.

Worin sehen Sie die Ursachen für die Ausschreitungen auf dem Lande?

3. Oktoberrevolution

27 Konstituierende Versammlung

Aus dem Dekret vom 6. Januar 1918:
Im Laufe der ganzen ersten Periode der Russischen Revolution mehrten sich die Sowjets, wuchsen und erstarkten, überwanden auf Grund der eigenen Erfahrungen die Illusionen des Paktierens mit der Bourgeoisie, erkannten, dass die Formen des bürgerlich-demokratischen Parlamentarismus trügerisch sind, und zogen praktisch die Schlussfolgerung, dass die Befreiung der unterdrückten Klassen unmöglich ist ohne den Bruch mit diesen Formen und mit allen Kompromissen. Ein solcher Bruch war die Oktoberrevolution, die die ganze Macht in die Hände der Sowjets legte.

Die Konstituierende Versammlung, gewählt auf Grund von Kandidatenlisten, die vor der Oktoberrevolution aufgestellt worden waren, brachte das alte politische Kräfteverhältnis zum Ausdruck, aus einer Zeit, als die Kompromissler und die Kadetten an der Macht waren. Das Volk konnte damals, als es für die Kandidaten der Partei der Sozialrevolutionäre stimmte, nicht zwischen den Rechten Sozialrevolutionären, den Anhängern der Bourgeoisie, und den Linken Sozialrevolutionären, den Anhängern des Sozialismus, seine Wahl treffen. So kam es, dass diese Konstituierende Versammlung, die die Krönung der bürgerlichen parlamentarischen Republik sein sollte, sich der Oktoberrevolution und der Sowjetmacht unvermeidlich in den Weg stellen musste.

Die Oktoberrevolution rief dadurch, dass sie den Sowjets und durch die Sowjets den werktätigen und ausgebeuteten Klassen die Macht gab, den verzweifelten Widerstand der Ausbeuter hervor und erwies sich bei der Unterdrückung dieses Widerstandes vollauf als Beginn der sozialistischen Revolution. Die werktätigen Klassen mussten sich auf Grund der eigenen Erfahrung davon überzeugen, dass sich der alte bürgerliche Parlamentarismus überlebt hat, dass er mit den Aufgaben der Verwirklichung des Sozialismus absolut unvereinbar ist, dass nicht gesamtnationale, sondern nur Klasseninstitutionen (wie es die Sowjets sind) imstande sind, den Widerstand der besitzenden Klassen zu brechen und das Fundament der sozialistischen Gesellschaft zu legen.

Die am 5. Januar zusammengetretene Konstituierende Versammlung brachte aus den oben erwähnten Gründen der Partei der Rechten Sozialrevolutionäre, der Partei Kerenskijs, die Mehrheit. Natürlich hat diese Partei es abgelehnt, den absolut genauen, klaren, jede Missbilligung ausschließenden Antrag des Zentralvollzugskomitees der Sowjets, des obersten Organs der Sowjetmacht, zu beraten, das Programm der Sowjetmacht, die ‚Deklaration der Rechte des werktätigen und ausgebeuteten Volkes' und die Oktoberrevolution und die Sowjetmacht anzuerkennen. Damit hat die Konstituierende Versammlung alle Bande zwischen sich und der Sowjetrepublik Russland zerrissen. Es war daher unvermeidlich, dass die Fraktion der Bolschewiki und die der Linken Sozialrevolutionäre, die jetzt offenkundig die ungeheure Mehrheit in den Sowjets bilden und das Vertrauen der Arbeiter und der Mehrheit der Bauern genießen, diese Konstituierende Versammlung verließen.

In der Tat führen die Parteien der Rechten Sozialrevolutionäre und der Menschewiki außerhalb der Konstituierenden Versammlung den erbittertsten Kampf gegen die Sowjetmacht, fordern in ihrer Presse offen zum Sturz der Sowjetmacht auf, bezeichnen die zur Befreiung von der Ausbeutung notwendige gewaltsame Unterdrückung des Widerstandes der Ausbeuter durch die werktätigen Klassen als Willkür und Ungesetzlichkeit, nehmen die im Dienste des Kapitals stehenden Saboteure in Schutz und gehen so weit, dass sie unverhüllt zum Terror aufrufen, mit dessen Anwendung „unbekannte Gruppen" bereits begonnen haben. Es ist klar, dass der übrig gebliebene Teil der Konstituierenden Versammlung infolgedessen nur die Rolle einer Kulisse spielen könnte, hinter der der Kampf der Konterrevolutionäre für den Sturz der Sowjetmacht vor sich gehen würde.

Deshalb beschließt das Zentralvollzugskomitee: Die Konstituierende Versammlung wird aufgelöst.

zit. nach M. Hellmann, Die russische Revolution, a.a.O., S. 347f.

a) Erörtern Sie die Argumente, mit denen die Auflösung der Konstituierenden Versammlung gerechtfertigt wird.
b) Der Abgang der Konstituante rief keinen Widerstand, nicht einmal Empörung hervor. Wie erklären Sie sich diesen Umstand?

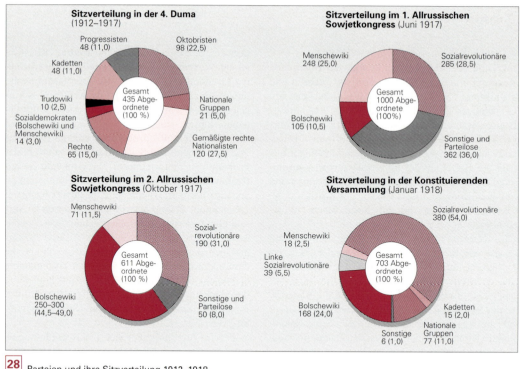

28 Parteien und ihre Sitzverteilung 1912–1918

Zur Diskussion

Ohne Lenin und Trotzki keine Oktoberrevolution?

Auch nach dem Ende der Sowjetunion fragen Historikerinnen und Historiker immer wieder nach dem Anteil Lenins und Trotzkis an der Machteroberung der Bolschewiki. Zwei Historiker geben eine Antwort:

a) Manfred Hildermeier (1989):
Von selbst versteht sich dabei, dass die gesamte außerordentliche politische, organisatorische und militärische Leistung der jungen Sowjetmacht ohne herausragende Persönlichkeiten nicht denkbar war. Kaum eine Frage ist häufiger aufgeworfen als die nach der Bedeutung vor allem Lenins und Trotzkis für die Möglichkeit des Oktober und seiner Folgen. Ohne die äußeren Belastungen, die Strukturprobleme und die schlimmen Fehler der Provisorischen Regierung zu unterschätzen, kann die Antwort nur lauten: Zweifellos haben hier „Männer Geschichte gemacht". Weder die politische und technische Vorbereitung des Aufstandes noch die schnelle Liquidierung der zweiten plebiszitären Revolution und deren Ersetzung durch Versorgungsdiktatur und Kommissarherrschaft sind ohne ihre Direktiven und Durchsetzungsfähigkeit vorstellbar. Niemand anders als Lenin konnte in einer Partei, die so sehr sein Geschöpf war, die Aprilthesen verkünden und gegen heftigen Widerstand zur verbindlichen Taktik erheben. Kein anderer war sichtbar, der ihn in der Zeit des erzwungenen Rückzugs aus der Öffentlichkeit so vollwertig hätte ersetzen und nach dem Oktoberaufstand so kraftvoll und eigenständig hätte ergänzen können wie Trotzki. Dennoch stellt die Frage falsch, wer daraus ein Argument für die bloß subjektive Verursachung von Putsch und Rätemacht beziehen möchte. Der Oktober war gewiss nicht unvermeidbar, aber auch kein Produkt des Zufalls und der Machinationen ebenso herkulischer wie irregeleiteter Ideologen. Er war beides. Ergebnis gezielter Strategie einer Minderheit und die Verwirklichung einer von mehreren Optionen. […]

Manfred Hildermeier, Die Russische Revolution 1905–1921, Frankfurt/M. 1989, S. 301 f.

3. Oktoberrevolution

b) Martin Malia (1994):

Die Tatsachen, dass die Bolschewistische Partei im Wesentlichen Lenins persönliche Schöpfung war und sein unnachgiebiges Beharren auf einem bewaffneten Aufstand als die treibende Kraft gelten muss, die zum Oktoberumsturz führte, könnte den Schluss nahe legen, dass es ohne Lenin keine bolschewistische Machtergreifung und folglich kein Sowjetregime gegeben hätte.

Diese überspitzte Version der Theorie von der entscheidenden geschichtlichen Leistung des „großen Einzelnen" ist wiederholt vorgetragen worden. Selbst Trotzki, der als Marxist dem Primat der objektiven sozialen Gesetzmäßigkeit des geschichtlichen Fortschritts verpflichtet war, schien geneigt, den bolschewistischen Sieg ausschließlich Lenin zugute zu halten. Die Ereignisse des Jahres 1917 – vom „Befehl Nr. 1" im Februar bis zum Auftauchen der Linken Sozialrevolutionäre im Oktober – hätten Trotzki zur Vorsicht mahnen sollen: Die russische Linke, das zeigte sie deutlich genug, bot auch ohne Lenin breiten Raum für eine radikale Partei, die auf „Revolution jetzt" drängte. Darüber hinaus ist zu bedenken, dass Lenins Partei vor dem Oktober zwar die straffste Hierarchie unter den russischen Parteien aufwies, aber noch nicht der spätere monolithische Apparat war, den die Führungsspitze nach ihrem Gutdünken steuerte.

Gerade Trotzkis eigene geschichtliche Rolle ist geeignet, ihn Lügen zu strafen, wenn er Lenin die alles entscheidende Bedeutung zuschreibt, und sie weist überdies auf die Durchlässigkeit der Partei von 1917 hin. Der Menschewist Trotzki, der sich erst im Juni den Mehrheitssozialisten anschloss, war im Oktober mit der Organisation des Machtwechsels betraut. Er handelte sogar im Widerspruch zu Lenins ungeduldigen Direktiven, als er im Bemühen um ein „proletarisches" Alibi die Machtübernahme mit dem Rätekongress synchronisierte. So viel Lenin zum Anschub des Unternehmens beigetragen hatte, mit der Durchführung hatte er nichts zu tun – als die Ereignisse ihren Anfang nahmen, weilte er in seinem Versteck in Finnland. Schon eher ist man geneigt, ihm in seiner langjährigen Rolle als Architekt der Parteiorganisation Unersetzlichkeit zuzubilligen; doch selbst hier gab es 1917 bereits kleine Lenins, wie Ivan Smilga an der Nordfront (mit dem Lenin gegen sein gemäßigteres Zentralkomitee konspirierte), die möglicherweise eine ähnliche maximalistische Politik verfolgt hätten.

Entscheidender ist allerdings, dass die im April formulierte Strategie des Alles oder Nichts nur in den außergewöhnlichen gesellschaftlichen Verhältnissen greifen konnte, die die Kriegsjahre in Russland geschaffen hatten. War die stützende Nabe des extrem zentralisierten autokratischen Systems einmal entfernt, brachen sämtliche abhängigen Strukturen des alten Reichs zusammen – das ist die zentrale politische Tatsache des Jahres 1917. Armee und Industrie, die ländliche Sozialstruktur, das Verwaltungssystem des Reichs in den großrussischen Gouvernements sowie an der Peripherie lösten sich so weit auf, dass das Land zu Ende des Jahres 1917 keine funktionierenden Organisationsstrukturen mehr besaß. Das Ergebnis war ein allgemeines Machtvakuum, ein universelles Interregnum in allen Belangen des nationalen Lebens. Das heißt, im Oktober standen die Reste des russischen Reichs zur Disposition, leichte Beute für jede politische Kraft, die über den Willen und die organisatorische Fähigkeit verfügte, sie zu übernehmen.

Martin Malia, Vollstreckter Wahn – Rußland 1917–1991, Stuttgart 1994, S. 117 f.

Den vorliegenden Einschätzungen liegen unterschiedliche Beurteilungsmaßstäbe zugrunde. Erarbeiten Sie diese und versuchen Sie eine eigene Beurteilung.

1. Nennen Sie die wesentlichen Gründe, die zum Zusammenbruch der Zarenherrschaft führten.
2. Charakterisieren Sie das System der Doppelherrschaft.
3. Inwiefern entwickelte sich das Problem der Fortsetzung des Krieges zum zentralen Thema der Auseinandersetzungen zwischen den Bolschewiki und der Provisorischen Regierung?
4. Untersuchen Sie die Ursachen, die zum Autoritätsverfall der Provisorischen Regierung zwischen Frühjahr und Herbst 1917 führten.
5. Kennzeichnen Sie die wesentlichen Unterschiede zwischen der Februar- und Oktoberrevolution.
6. Vergleichen Sie die Strategie der Bolschewiki vor und nach der Oktoberrevolution. Prüfen Sie dabei, ob die programmatischen Vorstellungen realisiert worden sind. Beziehen Sie in Ihre Prüfung auch die Auflösung der Konstituierenden Versammlung ein.

III. Sicherung und Ausbau der bolschewistischen Herrschaft

Nach ihrem Sieg war die bolschewistische Führung fest davon überzeugt, dass die Oktoberrevolution in Russland eine Signalwirkung für ganz Europa haben werde. Lenin und Trotzki erwarteten nicht nur ein baldiges Ende des imperialistischen Krieges, sondern rechneten damit, dass es in den fortgeschrittenen Ländern Westeuropas zu einer Machtübernahme durch Räteregierungen kommen werde. Damit sei das Ende des Kapitalismus besiegelt.

Als Monate vergingen und das revolutionäre Ende des imperialistischen Krieges sich nicht einstellte, standen die neuen Machthaber in Russland vor ihrer eigentlichen Bewährungsprobe. Für die Bevölkerung begann ein Leidensweg, der erst nach dem Bürgerkrieg und der Hungersnot 1921/22 enden sollte. Mit welchen Mitteln konnte es dem bolschewistischen Regime dennoch gelingen, seine Herrschaft zu behaupten und zu stabilisieren?

1918	Beginn des Bürgerkrieges zwischen den bürgerlichen Kräften („Weiße") und den Bolschewiki („Rote") Ende Januar. Der VII. Parteikongress der Bolschewiki billigt den Friedensvertrag von Brest-Litowsk (6.–8. März). Die Westmächte fassen den Entschluss zur Unterstützung der „Weißen" im Bürgerkrieg.
	Die gemäßigten Sozialrevolutionäre und Menschewiki werden wegen „konterrevolutionärer Aktivitäten" aus allen Sowjetorganen ausgeschlossen (14. Juni).
	Zar Nikolaus II. und seine Familie werden erschossen (16./17. Juli).
1919	Delegierte aus 30 Ländern treffen sich in Moskau zum Gründungskongress der „Kommunistischen Internationale" (Komintern) (2.–6. März).
	Der Oberste Rat der Alliierten stellt angesichts der Niederlagen der „Weißen" seine Militärhilfe ein und zieht seine Truppen zurück.

1. Bürgerkrieg und Kriegskommunismus

Das Sowjetregime: Kampf ums Überleben

Seit dem Frühjahr 1918 entwickelte sich der Konflikt zwischen dem Sowjetregime und seinen Feinden zu einem der blutigsten Bürgerkriege des 20. Jahrhunderts, der das Land noch weiter ruinierte. Dabei hatte sich die bolschewistische Führung zeitgleich an mindestens vier Fronten zu behaupten:

– Mit den Mittelmächten Deutschland und Österreich-Ungarn war Ende 1917 ein Waffenstillstand vereinbart worden. Noch im Dezember 1917 begannen Friedensverhandlungen, die von deutscher Seite mit harten Bedingungen verbunden waren. Gegen heftigen Widerstand in den eigenen Reihen bestand Lenin darauf, den demütigenden Frieden von Brest-Litowsk zu unterzeichnen (Russland musste u. a. auf Polen, Litauen, Estland, Lettland, Finnland und die Ukraine verzichten und rund 30% seiner Bevölkerung samt Rohstoff- und Industriepotential vorläufig preisgeben). Er rechtfertigte den Sonderfrieden mit dem Argument, zur Sicherung des Erreichten benötige das Sowjetregime eine „Atempause". Da deutsche Truppen ab April unter Verletzung des Friedensvertrages erneut vorrückten, stand das Regime weiterhin unter Druck.

– Anhänger der untergegangenen Zarenmacht, aber auch viele andere Gegner des bolschewistischen Staatsreiches begannen den Widerstand gegen die neuen Machthaber zu organisieren. Unter der Führung zaristischer Generale wurden aus

1. Bürgerkrieg und Kriegskommunismus

Teilen der alten Armee Freiwilligenverbände aufgestellt („die Weißen"), die den Kampf gegen die Bolschewiki („die Roten") aufnahmen.
– Seit dem Frühsommer 1918 bekämpften alliierte Truppenverbände aus England und Frankreich, unterstützt von Japan und den USA, die bolschewistische Herrschaft. Die westlichen Länder rechtfertigten ihr militärisches Engagement auf der Seite der „Weißen" vor allem mit dem Argument, sie seien nicht bereit, die von den Bolschewiki verfügte Streichung der Auslandsschulden und die Verstaatlichung der Industrie hinzunehmen, zumal Russlands Industrialisierung zu großen Teilen mit ihrem Kapitel finanziert worden sei.
– Nach der Ankündigung der Bolschewiki, allen Völkern des Reiches werde das Recht auf nationale Selbständigkeit zugestanden, entwickelten sich in vielen Regionen (Ukraine, Weißrussland, Kaukasus) Unabhängigkeitsbewegungen, die die Gefahr heraufbeschworen, den Zusammenhalt des Vielvölkerstaates zu gefährden.

Um die Macht nicht wieder zu verlieren, entschloss sich die Parteiführung zu einer konsequenten Gegenwehr. Nach Einführung der allgemeinen Wehrpflicht gelang es den Bolschewiki in kurzer Zeit, eine schlagkräftige Armee aufzubauen und alle Ressourcen des Landes für die Kriegführung zu mobilisieren. Unter Trotzkis Leitung wurde die Rote Armee von 200 000 (April 1918) auf 5 Millionen Soldaten (Ende 1920) ausgebaut. Die nach der Oktoberrevolution verfügte Wahl der Offiziere durch die Soldaten schaffte Trotzki wieder ab und setzte eine strenge Disziplinarordnung durch. Auch auf die alten Offiziere aus der Zarenzeit griff die Parteiführung zurück, da man glaubte, auf deren militärischen Sachverstand nicht verzichten zu können. Allerdings stellte Trotzki ihnen bolschewistische Kriegskommissare zur Seite, die darauf zu achten hatten, dass bei der Ausübung der Kommandogewalt die Parteianordnungen in der Armee auch durchgeführt wurden.

Die Rote Armee

Der Bürgerkrieg, in dem es keine zusammenhängenden Fronten gab, zog sich bis Ende 1920 hin. Die Bevölkerung war dem rücksichtslosen Terror, bei dem rote wie weiße Truppen sich in nichts nachstanden, hoffnungslos ausgeliefert. Gefangene wurden in der Regel auf beiden Seiten sofort umgebracht. Man schätzt, dass der Bürgerkrieg weit über 10 Millionen Menschen das Leben kostete, teils waren sie Opfer direkter Kriegshandlungen, teils starben sie an den Folgen von Epidemien und Hungersnöten. Da die „Weißen" weder über eine einheitliche Strategie verfügten noch ein konstruktives Programm vorzuweisen hatten und bei vielen Arbeitern und Bauern zudem die Sorge bestand, dass nach der Vertreibung der Bolschewiki die alten Zustände zurückkehren könnten, gewann die Rote Armee zunehmend die Oberhand. Als die westlichen Interventionstruppen den Rückzug antraten und die „Weißen" von dieser Seite keine Unterstützung mehr erfuhren, war damit die militärische Entscheidung zugunsten der „Roten" gefallen.

Niederlage der „Weißen"

Die Bolschewiki verloren keine Zeit, Staat und Gesellschaft nach ihren Vorstellungen umzugestalten. Im Frühjahr wurde Moskau zur neuen Hauptstadt der Sowjetrepublik erklärt, im Sommer 1918 verabschiedete der V. Allrussische Sowjetkongress die erste Verfassung. Von jetzt an war Russland eine Sozialistische Föderative Sowjetrepublik, in deren Verfassung die Diktatur des Proletariats fest verankert wurde. Obwohl der Sowjetkongress als höchstes gesetzgebendes und kontrollierendes Organ bestätigt wurde, tagte er in Zukunft nur noch einmal im Jahr und überließ damit faktisch der Partei die wesentlichen politischen Entscheidungen. Als im Sommer 1918 ein Aufstandsversuch von linken Sozialrevolutionären gegen die sich verfestigende Einparteienherrschaft scheiterte, wurden alle antibolschewistischen Kräfte aus den Entscheidungsgremien der Partei ver-

Ausbau des Parteiapparates

drängt, die sich nun „Russische Kommunistische Partei" nannte. Schon im Dezember 1917 war eine „Außerordentliche Kommission zur Abwehr von Konterrevolution und Sabotage" (Tscheka) gegründet worden. Während des Bürgerkrieges organisierte die Tscheka den roten Terror gegen alle Gegner der Partei. Zum Schutz des Sowjetstaates wurden Konzentrationslager eingerichtet. Mit Billigung der Parteiführung spürte die Tscheka „Klassenfeinde" auf, viele wurden inhaftiert oder umgebracht. Im Juli 1918 fielen Zar Nikolaus II. und seine gesamte Familie einer Mordaktion der Tscheka zum Opfer.

Kriegs-
kommunismus

Angesichts der prekären Versorgungslage ergriff die Parteiführung während des Bürgerkrieges eine Reihe von Zwangsmaßnahmen, für die Lenin den Begriff „Kriegskommunismus" prägte. Um die Rote Armee zu ernähren und die Grundversorgung in den Städten sicherzustellen, legte die Regierung den staatlichen Bedarf an Getreide und Futtermitteln fest und ging – gegen den erbitterten Widerstand der Bauern – dazu über, Naturalien in den Dörfern einzutreiben und Getreidevorräte zu beschlagnahmen. Um den Übergang zum Kommunismus zu beschleunigen, verstaatlichte die Parteiführung Industriebetriebe bis hin zu Kleinstunternehmen und unterstellte sie der Arbeiterkontrolle. Da die Arbeiter im Allgemeinen aber über keine betriebswirtschaftlichen Erfahrungen verfügten, schrumpfte vielerorts die Produktion auf ein Drittel des Vorkriegsniveaus. Schließlich beschloss die Regierung, den gesamten Warenverkehr in staatliche Regie zu übernehmen, die Mieten abzuschaffen und auf Gebühren für staatliche Dienstleistungen (Wasser, Gas, Strom) zu verzichten. Sogar Massengebrauchsartikel wurden kostenlos verteilt.

Am Ende des Bürgerkrieges befand sich Russland in einem desolaten Zustand. Revolution und Bürgerkrieg hatten mit 10 Millionen Toten viermal so viele Opfer gefordert wie der Weltkrieg. Die Wirtschaft des Landes war ruiniert. Die Kritik an den Zwangsmaßnahmen der Bolschewiki schlug sich in Bauernunruhen und Arbeiterprotesten nieder.

29 Nach sieben Jahren Krieg und Bürgerkrieg reichten die Nahrungsmittel nicht mehr zur Versorgung der Bevölkerung. Darüber hinaus verwüstete im Süden und Südosten der Wolga-Region eine katastrophale Dürre die Felder.
Das Foto zeigt eine vom Hungertod bedrohte Bauernfamilie in Südrussland im Jahr 1921.

1. Bürgerkrieg und Kriegskommunismus

30 Machtsicherung im Bürgerkrieg

a) Verordnung des 5. Allrussischen Sowjetkongresses (10. Juli 1918):
1. Die Russische Sowjetrepublik gleicht einer von allen Seiten von imperialistischen Heeren belagerten Festung. Die Sowjetrepublik braucht eine starke Revolutionsarmee, die fähig ist, die Gegenrevolution der Bourgeoisie und der Grundbesitzer zu vernichten und dem Vorstoß der imperialistischen Banditen Widerstand entgegenzusetzen. [...]
8. Für die Bildung einer zentralisierten, gut ausgebildeten und ausgerüsteten Armee ist es unumgänglich, die Erfahrungen und Sachkenntnisse zahlreicher Militärspezialisten aus den Reihen der Offiziere der ehemaligen Armee zu verwerten. Sie müssen alle registriert werden und sich verpflichten, die Posten anzutreten, die ihnen von der Sowjetmacht zugeteilt werden. Jeder Militärspezialist, der ehrlich und gewissenhaft an der Entwicklung und Festigung der Militärmacht der Sowjetischen Republik arbeitet, besitzt das Recht auf Achtung seitens der Arbeiter- und Bauernarmee und auf Unterstützung seitens der Sowjetmacht. Versucht ein Militärspezialist seinen verantwortungsvollen Posten treubrüchig für eine konterrevolutionäre Verschwörung oder für einen Verrat an ausländischen Imperialisten zu nutzen, so muss er mit dem Tod bestraft werden.
9. Die Kriegskommissare sind die Hüter einer engen und unzerstörbaren inneren Verbundenheit der Roten Armee mit der Arbeiter- und Bauernregierung insgesamt. Die Posten der Kriegskommissare, in deren Hände das Schicksal der Armee gelegt wird, müssen ausschließlich mit makellosen Revolutionären, standhaften Kämpfern für die Sache des Proletariats und der Dorfarmut besetzt werden.
10. Eine außerordentlich wichtige Aufgabe bei der Aufstellung der Armee ist die Schulung eines neuen Kommandobestandes, der völlig von den Ideen der Arbeiter- und Bauernrevolution durchdrungen ist. Der Kongress verpflichtet den Volkskommissar für Militärfragen dazu, seine Anstrengungen auf diesem Weg durch die Errichtung eines breit angelegten Netzes von Instruktorenschulen und durch Heranziehen begabter, energischer und mutiger Soldaten der Roten Armee in diesen Schulen zu verdoppeln.
11. Die Rote Armee der Arbeiter und Bauern muss auf der Grundlage eiserner Revolutionsdisziplin aufgebaut sein. Jeder Bürger, der von der Sowjetmacht eine Waffe zur Verteidigung der Interessen der werktätigen Massen erhalten hat, ist verpflichtet, sich den Forderungen und Befehlen der von der Sowjetmacht aufgestellten Kommandeure widerspruchslos unterzuordnen. [...]

31
„Und du? Hast du dich schon freiwillig gemeldet?"
Mit diesem Plakat warb die Rote Armee 1920 um Freiwillige. Der ursprüngliche Gedanke an eine Armee, die ausschließlich aus Freiwilligen bestehen sollte, wurde bereits im Frühjahr 1918 fallen gelassen.

b) Versprechen der Soldaten der Roten Armee (April 1918):
1. Ich, ein Sohn des werktätigen Volkes, Bürger der Sowjetrepublik, nehme den Ehrentitel eines Kämpfers der Arbeiter- und Bauernarmee an.
2. Vor dem Angesicht der werktätigen Klassen Russlands und der ganzen Welt verpflichte ich mich, diesen Namen mit Ehre zu tragen, gewissenhaft das Kriegshandwerk zu erlernen und wie meinen Augapfel das Volks- und Militärvermögen vor Verderben und Diebstahl zu hüten.
3. Ich verpflichte mich, streng und unablässig die revolutionäre Disziplin zu wahren und unbedingt alle Befehle der Kommandeure, die von der Macht der Arbeiter- und Bauernregierung eingesetzt worden sind, zu befolgen.
4. Ich verpflichte mich, mich jedweder Handlungen zu enthalten, die die Würde eines Bürgers der Sowjetrepublik in üblen Ruf bringen und erniedrigen,

und meine Genossen von derartigen Handlungen abzuhalten sowie all mein Tun und Denken auf das große Ziel der Befreiung aller Werktätigen zu richten.

5. Ich verpflichte mich, auf den ersten Ruf der Arbeiter- und Bauernregierung hin zur Verteidigung der Sowjetrepublik vor jeglichen Gefahren und Anschlägen von Seiten aller ihrer Feinde auszurücken und im Kampf für die Russische Sowjetrepublik, für die Sache des Sozialismus und die Brüderschaft der Völker weder meine Kräfte noch selbst mein Leben zu schonen.

6. Sollte ich in böser Absicht von diesem meinem feierlichen Versprechen abweichen, so sei mein Los die allgemeine Verachtung und es treffe mich der Arm des revolutionären Gesetzes.

a) und b): Helmut Altrichter (Hg.), Die Sowjetunion, Bd. 1, München 1987, S. 110/112 f., S. 105 f.

a) Erarbeiten Sie aus den vorliegenden Dokumenten Leitgedanken, die aus Sicht der Sowjetführung beim Aufbau der Roten Armee zu beachten sind.
b) Diskutieren Sie in diesem Zusammenhang die Rolle der Kriegskommissare.

32 „Versorgungsdiktatur"

a) Dekret des Allrussischen Zentralen Exekutivkomitees (13. Mai 1918):
Der unheilvolle Zerfallsprozess in der Versorgung des Landes, auch eine Folge des vierjährigen Krieges, setzt sich immer weiter fort, weitet sich aus, spitzt sich zu. Zu einer Zeit, da die getreidearmen Gouvernements hungern, gibt es in den Getreide produzierenden Gouvernements gleichzeitig wie eh und je große Vorräte, sogar an noch nicht gedroschenem Getreide der Ernten 1916 und 1917. Dieses Getreide befindet sich in den Händen der dörflichen Großbauern (kulaki) und Reichen, in den Händen der dörflichen Bourgeoisie. Satt und wohlgenährt, mit riesigen Geldmengen, die sie in den Kriegsjahren verdient haben, bleibt die Dorfbourgeoisie vollkommen taub und gleichgültig gegenüber dem Stöhnen der hungernden Arbeiter und der armen Bauern, führte kein Getreide an die Sammelstellen ab, um den Staat zu immer höheren Getreidepreisen zu zwingen, und verkauft zur gleichen Zeit vor Ort Getreide zu Wucherpreisen an Getreidespekulanten und -schieber, die Sackträger.

Der Starrköpfigkeit der habsüchtigen Dorfkulaken und -reichen muss ein Ende gemacht werden. Die Versorgungspraxis der zurückliegenden Jahre hat gezeigt, dass ein Abweichen von den Getreidefestpreisen und eine Aufgabe des Getreidemonopols dem Haufen unserer Kapitalisten das üppige Leben erleichtert, Getreide für die Millionenmassen der Werktätigen aber unerreichbar machen würde und sie dem unvermeidlichen Hungertod preisgäbe. Das Allrussische Zentrale Exekutivkomitee verurteilt die entstandene Lage und verordnet, angesichts der Tatsache, dass Russland nur bei strengster Buchführung und gleichmäßiger Verteilung aller Getreidevorräte einen Ausweg aus der Versorgungskrise findet:

1. Die Unerschütterlichkeit des Getreidemonopols und der Festpreise wird bekräftigt, ebenso die Notwendigkeit eines bedingungslosen Kampfes gegen Spekulantenschieber; gleichzeitig wird jeder Getreidebesitzer verpflichtet, alle Überschüsse – über das hinaus, was für die Aussaat und den persönlichen Konsum entsprechend den festgesetzten Normen bis zur neuen Ernte unverzichtbar ist – innerhalb von Wochenfrist nach Veröffentlichung dieser Verordnung in jedem Amtsbezirk zur Ablieferung zu melden. [...]

2. Alle Werktätigen und nicht vermögenden Bauern sind aufgerufen, sich rasch zum bedingungslosen Kampf gegen die Kulaken zusammenzuschließen.

3. Alle, die Getreideüberschüsse haben und sie nicht zu den Sammelstellen bringen, sowie diejenigen, die Getreidevorräte für Schwarzbrennereien verschwenden, sind zu Volksfeinden zu erklären, dem revolutionären Gericht zu übergeben und mindestens 10 Jahre ins Gefängnis zu sperren; ihr ganzes Vermögen ist zu konfiszieren und sie sind für immer aus der Landgemeinde auszuschließen; Schwarzbrenner sind darüber hinaus zu öffentlichen Zwangsarbeiten zu verurteilen.

Im Falle, dass bei irgendjemandem Getreideüberschüsse, die nicht gemäß Punkt 1 der Ablieferung gemeldet sind, entdeckt werden, wird ihm das Getreide entschädigungslos weggenommen: Der Wert (nach Festpreisen) der nicht deklarierten Überschüsse wird, nach Abschluss ihrer Überführung zu den Sammelstellen, zur Hälfte der Person ausgezahlt, die den Hinweis auf die versteckten Überschüsse gab, zur anderen Hälfte aber der Dorfgemeinde. Anzeigen über versteckte Überschüsse werden bei den örtlichen Versorgungsorganisationen gemacht.

Helmut Altrichter, Heiko Haumann (Hg.), Die Sowjetunion, Bd. 2, München 1987, S. 56 ff.

1. Bürgerkrieg und Kriegskommunismus

33 „Denk an die Hungernden!", Plakat von D. Moor, 1921
Ausländische Hilfsorganisationen schickten Nahrungsmittel und Medikamente. Für Millionen Menschen kam die Hilfe aber zu spät.

b) In Michail Scholochows Erzählung „Der Erfassungskommissar" findet sich die folgende Szene aus dem Bürgerkrieg (ca. 1920):
Als Vorsitzender des Tribunals saß ein ehemaliger Böttcher auf der niedrigen Tribüne des Volkshauses. Als schlüge er einen hell klingenden Eisenreifen über einen Zuber, warf er hin: „Erschießen".
Zwei wurden zur Tür geführt. Im hinteren erkannte Bodjagin den Vater: Sein roter Bart war nur seitlich mit grauen Fäden durchzogen. Keinen Blick wandte Bodjagin von dem runzligen, schwarz gebrannten Hals und ging hinterdrein.
Auf der Treppe sagte er zur Wache: „Ruf mir den daher, den Alten." Der Alte kam, gebeugt und mit schweren Schritten. Als er den Sohn erkannte, blitzte in seinen Augen ein Funke auf, der aber sogleich wieder erlosch. Die struppigen, quittgelben Brauen verbargen seinen Blick.
„Bei den Roten bist du, Söhnchen?"
„Ja, Väterchen, bei den Roten."
„So-o ..."
Sie schwiegen.
„Sechs Jahre haben wir uns nicht gesehen und zu sagen hätten wir uns nichts?"

Trotzig und erbost rümpfte der Alte die Nase.
„Dabei käme eh nichts raus. Unsere Wege sind auseinander gegangen. Weil ich Erworbenes zusammenhalte, muss ich erschossen werden, weil ich mir nicht in meinem Speicher rumschnüffeln lasse, also bin ich kontra. Aber wer fremde Kornkammern durchstöbert, handelt der nach dem Gesetz? Raubt nur und plündert, ihr habt die Macht!" Bodjagins Haut über den scharfkantigen Backenknochen wurde aschgrau.
„Die Armen plündern wir nicht, aber wo einer an fremdem Schweiß sich bereichert hat, der hat wohl sein gerüttelt Maß verdient. Du stehst an erster Stelle von denen, die die Knechte ausgesogen haben ihr Lebtag lang."
„Ich hab mitgearbeitet Tag und Nacht und bin nicht in der Welt rumgestrolcht wie du!"
„Wer gearbeitet hat, steht zur Macht der Arbeiter und Bauern, aber du hast uns mit dem Knüppel empfangen. Hast die unsrigen nicht mal zum Zaun rangelassen. Dafür tust du jetzt den letzten Gang."
Des Alten Atem ging stoßweise und rasselnd. Als er antwortete, war seine Stimme brüchig wie der Faden, der sie bislang miteinander verbunden: „Du bist mir kein Sohn mehr, ich will dir kein Vater mehr sein. Dreimal verflucht sei für solch Wort zum Vater, Verdammter!"
Er spuckte aus und ging schweigend davon. Plötzlich kehrte er sich um und schrie mit unverhohlenem Triumph: „Aber hüte dich, Ignaschka (Igorlein)! Wenn wir uns auch nicht wiedersehen, dreimal Verfluchter! Von Chopjor sind Kosaken unterwegs, um eure Macht zu stürzen. Sollt ich mit dem Leben davonkommen, die Mutter Gottes mich in ihren Schutz nehmen, mit diesen meinen Händen reiß ich dir die Seele aus dem Leib!"

Michail Scholochow, Der Erfassungskommissar, in: Frühe Erzählungen, Berlin (Ost) 1965, S. 18 ff.

c) Die Zeitzeugin Elena Skrjabin berichtet 1986:
Ich erinnere mich an diesen Zeitabschnitt wegen einer weiteren Maßnahme des Sowjetregimes: dem „Auspumpen des Goldes".
Sie begannen Zahnärzte und ehemalige Händler zu verhaften, die in dem Verdacht standen, riesige Goldvorräte zu haben. Man sperrte sie gewöhnlich ohne viel Federlesens für vierundzwanzig Stunden oder länger ein; es hing davon ab, wann sie gestanden und das Gewünschte heranschafften.
Die Haftbedingungen waren besonderer Art: Man brachte sie in unglaublich überheizten Räumen unter, wo man nur mit Mühe atmen konnte. Nur selten hielt das jemand länger als vierundzwanzig Stunden aus und brachte es fertig, nicht absolut alles

herauszurücken, was er zu Recht oder zu Unrecht hatte aufbewahren können.

Einige, die man verdächtigte, nicht alles hergegeben zu haben, wurden erneut eingesperrt. Die Leute, die in diesen „türkischen Bädern" gesessen hatten, berichteten, dass es unmöglich sei, diese Tortur auszuhalten. Es gab weder Betten noch Stühle in diesen Räumen: Jeder musste stehen. Schweißüberströmt standen die Gefangenen dicht aufeinander gedrängt, konnten noch nicht einmal den Arm bewegen, weil es so voll war. Ihnen wurde nichts vorgeworfen außer einem: der Besitz von Gold, das sie freiwillig dem Staat hätten geben sollen.

Ich erinnere mich, dass ich während dieser Zeit aufhörte, meinen goldenen Ehering zu tragen; denn der Werksleiter der Fabrik [...] hatte bei verschiedenen Gelegenheiten angemerkt, dass es ein bourgeoises Vorurteil sei, einen Ehering zu tragen. Er sagte, es sei viel anständiger, das Gold der Regierung zu geben, die es für die Wiederherstellung der Volkswirtschaft brauchte, die so sehr unter dem Krieg mit den Volksfeinden der Weißen Armee gelitten habe. Um mich zu schützen, musste ich ihn damit täuschen, dass ich sagte, ich hätte den Ring hergegeben. In Wahrheit hatte ich ihn natürlich versteckt.

Elena Skrjabin, Von Petersburg bis Leningrad. Eine Jugend zwischen Monarchie und Revolution, Wiesbaden/München 1986, S. 120 ff.

a) Diskutieren Sie die Maßnahmen der Regierung, einen Ausweg aus der Versorgungskrise zu finden.
b) Inwiefern vermitteln die fiktive Szene aus Scholochows Erzählung und der Bericht der Zeitzeugin realistische Einblicke in die Bürgerkriegszeit?

2. Neue Ökonomische Politik

Kronstädter Matrosenaufstand

Als im März 1921 Matrosen der Petrograder Inselfestung Kronstadt – in Revolutionstagen die zuverlässigste Stütze der Bolschewiki – offen gegen die Parteidiktatur revoltierten, eine bessere Versorgung der Bevölkerung forderten und als Sofortmaßnahme unverzüglich Neuwahlen zu den Räten verlangten, ließ die Regierung den Aufstand mit aller Härte niederschlagen und die Rädelsführer hinrichten. Lenin nahm den Vorfall zum Anlass, für die Zukunft noch entschiedener jede Fraktionsbildung in den eigenen Reihen zu unterdrücken, und sagte allen Abweichlern vom offiziellen Parteikurs den Kampf an.
Die deutsche Sozialistin Rosa Luxemburg hatte bereits im Herbst 1918 Lenins zentralistisch-bürokratisches Vorgehen heftig kritisiert. Immer deutlicher zeigte sich jetzt, dass an die Stelle der Diktatur des Proletariats die Diktatur des Parteiapparates getreten war.

Rückkehr zum Kapitalismus?

Das offensichtliche Scheitern des Kriegskommunismus veranlasste Lenin, auf dem X. Parteitag im März 1921 das Ende der Verteilungswirtschaft zu verkünden und – gegen parteiinterne Vorbehalte – unter dem Schlagwort „Neue Ökonomische Politik" (NEP) einen wirtschaftspolitischen Kurswechsel einzuleiten. Das Zwangssystem der staatlichen Lebensmittelbeschaffung wurde per Dekret abge-

Fraktionsbildung: Um die innerparteiliche Disziplin zu sichern, hatte Lenin bereits auf dem X. Parteitag 1921 das Verbot der Fraktionsbildung innerhalb der Partei durchgesetzt und als Strafe für „fraktionelles Verhalten" den Parteiausschluss angedroht. Da jede Spaltung in den eigenen Reihen „objektiv" zu einer Stärkung der gegnerischen Kräfte führen müsse, solle für die Zukunft gelten: Nichtfraktionelle Diskussion vor jeder wichtigen Entscheidung, absolute Konformität der Parteimitglieder mit der neuen Parteilinie nach der Entscheidung. Obwohl das Fraktionsverbot anfangs noch wenig beachtet wurde, verfolgte Stalin die Fraktionsausschaltung konsequent zur Festigung seiner eigenen Position. Bis 1929 hatte er alle politischen Gegner seines Kurses entmachtet.

2. Neue Ökonomische Politik

schafft. Sogar die Besitzer von Kaufhäusern und größeren Unternehmen, die vielfach ins Ausland geflohen waren, wurden aufgefordert, in die Heimat zurückzukehren und ihre alten Stellungen wieder einzunehmen. Die Unternehmen wies die Parteileitung an, in Zukunft kostendeckend zu produzieren. Unter der Devise „Mehr Markt und Wettbewerb" vollzog sich eine deutliche Abkehr vom Kriegskommunismus.

Doch an ihrer Entschlossenheit, die erworbene Machtstellung nicht in Frage stellen zu lassen, sollten aus Sicht der Parteiführung keine Zweifel aufkommen. Nur aus der Notwendigkeit, die katastrophale Versorgungslage zu überwinden, wurden Markt und Wettbewerb in überschaubarem Rahmen zugelassen. Selbstverständlich behielt die Regierung die Schaltstellen der Macht (Großindustrie, Banken, Außenhandel) fest unter ihrer Kontrolle. Obwohl der Erfolg der NEP zunächst ausblieb, weil eine schwere Missernte im Jahre 1921 zu einer katastrophalen Hungersnot führte – nach amtlicher Statistik fielen ihr 5 Millionen Menschen zum Opfer –, erholte sich die Wirtschaft Russlands in den nächsten Jahren. 1925/26 erreichte die Produktivität des Landes in wichtigen Bereichen wieder das Vorkriegsniveau.

Die Anfang 1922 verfügte Auflösung der Tscheka war allerdings kein Zeichen allgemeiner Liberalisierung. Unter dem unverdächtigen Namen „Staatliche Politische Verwaltung" (GPU) erhielt die Sonderabteilung im Volkskommissariat des Innern sogleich außerordentliche Vollmachten, um gegen Oppositionelle auch innerhalb der kommunistischen Partei vorgehen zu können.

Gesellschaft im Wandel

Um den Sozialismus in der Gesellschaft zu verankern, hatte die Partei bereits in der Bürgerkriegszeit begonnen, Veränderungen einzuleiten. Mit einer breit angelegten Alphabetisierungskampagne sollte besonders das Bildungsniveau der Landbevölkerung gehoben werden. Da auf dem Lande nur jeder Fünfte lesen und schreiben konnte, wurden Lehrerinnen und Lehrer rekrutiert, die in den Dörfern Schreib- und Lesekurse durchzuführen hatten. Mit Erfolg warb die Führung auch bei den Intellektuellen um Unterstützung. Viele Künstler stellten der Partei ihre Dienste zur Verfügung. Um die Vorzüge des Sozialismus einer breiten Bevölkerungsschicht zukommen zu lassen, richtete man Werkshallen für Theateraufführungen, Vorträge und Konzerte her. Daneben nutzte die Partei jede Möglichkeit, mit revolutionärer Kunst auch international Sympathiewerbung für den Sowjetstaat zu betreiben.

Gleichstellung von Mann und Frau

Bereits im Oktober 1917 hatte Lenin mit Alexandra Kollontaj eine Frau als Volkskommissarin für soziale Fürsorge in seine Regierung übernommen. Unter ihrer Verantwortung wurden die Ehegesetze radikal geändert. Ab Dezember 1917 galt das neue Familienrecht, das die Ehe zur Privatangelegenheit erklärte. Von jetzt ab war es den Partnern freigestellt, ob sie ihre Lebensgemeinschaft in einer offiziell registrierten Ehe planen wollten oder nicht. Das Gesetz erkannte beiden Partnern dieselben Rechte und Pflichten zu. Für die Erziehung der Kinder sollte in Zukunft der Staat zuständig sein. Kommunistisch gelenkte Jugendorganisationen übernahmen die Betreuung der Kinder.

Vor dem Gesetz erlangten die Frauen die volle Gleichberechtigung. Offiziell hatten sie Zugang zu allen Berufen und waren auch in der Bezahlung den Männern gleichgestellt. Um aber auch in der Praxis den Rechtsanspruch durchzusetzen, richtete die Parteiführung nach dem Beschluss des 1. Allrussischen Frauenkongresses (1918) im November 1919 Frauenabteilungen innerhalb der KP ein. Viele männliche Parteimitglieder beobachteten die Aktivitäten der Frauen in der Partei mit Misstrauen und versuchten zu bremsen, wo immer sie konnten. Schließlich löste die Parteiführung 1930 die Frauenabteilungen wieder auf.

34 Staat und Religion
Links: Plakat 1924, Unterschrift: „Warum leben die Popen gut und hungern nicht? Weil die Bauern, die am Sonntag in die Kirche kommen, an ihrer Stelle fasten."
Rechts: Um die Befreiung der Frau von alten Zwängen durchzusetzen, organisierte die Regierung in den islamischen Gebieten der Sowjetunion Veranstaltungen (hier in Usbekistan), auf denen Schleier und Kopftücher öffentlich verbrannt wurden.

Kirchenkampf

Zur Befreiung von alten Zwängen gehörte von Anfang an für die sich zum Atheismus bekennenden Bolschewiki auch der Kampf gegen die orthodoxe Kirche, die über die Jahrhunderte eng mit dem Zaren und dem Adel verbunden war. Nachdem schon während der Oktoberrevolution die Enteignung des Kirchenbesitzes angeordnet war, verfügte die Regierung im Januar 1918 die strikte Trennung von Staat und Kirche und verschärfte nach Einsetzung eines „Kommissars für antireligiöse Angelegenheiten" den Kirchenkampf. Bis 1925 wurden mehr als 1 000 Kirchen beschlagnahmt und meist zu Schulungsstätten für kommunistische Jugendorganisationen oder zu Kulturhäusern umfunktioniert.

Vom antireligiösen Kampf waren auch das orthodoxe Judentum und der Islam betroffen. Obwohl sich die Regierung vom Antisemitismus offiziell distanzierte, verlangte sie von den Juden eine Abkehr von der jüdischen Religion und ging gegen alle vor, die dennoch an ihrem Glauben festhielten. In ähnlicher Weise verbot die Partei die Ausübung moslemischer Bräuche und ließ Moscheen und Koranschulen schließen.

Atheismus (griech. atheos = ohne Gott): Bis zum Ende der 80er Jahre gehörte der Atheismus zum festen Bestandteil der Ideologie des Marxismus-Leninismus. In der Nachfolge von Marx (Religion ist „Opium des Volkes") sah Lenin in der Religion eine falsche Bewusstseinsform, die bei der sozialistischen Umgestaltung von Staat und Gesellschaft bekämpft werden müsse. Für Parteimitglieder war der Atheismus seit den 20er Jahren verpflichtend, offiziell proklamierte der Staat Neutralität gegenüber den Religionsgemeinschaften. Besonders in den 20er und 30er Jahren kam es in der Sowjetunion zur Verfolgung und Diskriminierung von Mitgliedern der Religionsgemeinschaften. Im „Großen Vaterländischen Krieg" betrieb Stalin eine Wiederaufwertung der Kirche.

Islam: In den Ländern Zentralasiens, im Nordkaukasus und in Aserbaidschan hatte der Islam als Religionsgemeinschaft eine große Bedeutung. Da es den Gläubigen nur selten möglich war, nach Mekka zu pilgern, entwickelten sich die Gräber der Imame (Vorbeter beim Gebet), die im 19. Jahrhundert gegen die russischen Eroberer gekämpft hatten, vielfach zu Pilgerstätten für die Gläubigen. 1913 gab es im Russischen Reich noch 26 000 Moscheen, Ende der 30er Jahre war ihre Zahl auf 1 300 zurückgegangen.

35 Stimmungslage im Frühjahr 1921

Ein Sozialdemokrat (Menschewist) erinnert sich: […] Die Wirtschafts- und Versorgungslage Petrograds war zu dieser Zeit hoffnungslos. Im November/Dezember waren entsprechend dem „Wirtschaftsprogramm" viele Fabriken und Betriebe in Gang gesetzt worden. Es wurden Energie und Rohstoffe „freigegeben", aber es vergingen keine zwei Monate, bis sich – wie gewöhnlich – herausstellte, dass im „Programm" ein „kleiner Fehler" unterlaufen war, die „freigegebenen" Roh- und Brennstoffe für etwas anderes bestimmt waren und ihre Lieferung folglich gestoppt werden musste. Es gab sie nur auf dem Papier. Die Betriebe veranstalteten „Brennstoffwochen", doch sie allein konnten das Problem nicht lösen: Sie machten nur die Arbeiter wütend, die man Dutzende von Werst in den Wald hinausjagte, ohne warme Kleidung, ohne Brot, ohne Äxte und Sägen, ohne Hoffnung, das Wenige, was sie kleinmachten, auch herauszubringen.

Die Versorgungslage verschlechterte sich ebenfalls von Tag zu Tag. Brot (je ein halbes bis ein ganzes Pfund) und selten genug etwas Streuzucker – das war alles, was auf Karten ausgegeben wurde. Auch dieses Brot gab es längst nicht jeden Tag.

Die Arbeiter hungerten. Es hungerten auch die Rotarmisten. Ich musste bei meinem Gang zum Dienst an einer Kaserne vorbei. Und jedes Mal wurde ich auf den angrenzenden Straßen zehnfach von Rotarmisten angehalten, die buchstäblich um ein „Stückchen Brot" bettelten oder im Austausch gegen Brot ein Paar Zuckerstücke aus ihrer bescheidenen Lebensmittelration anboten.

In Fabriken und Betrieben erhob sich dumpfe Unruhe. Die Arbeiter versammelten sich zur Besprechung der Lage und alle ihre Forderungen drehten sich um die Frage einer Aufhebung der Sperrketten und die Zulassung des freien Handels mit Mundvorräten. Die Kommunisten, die in Fabriken und Betrieben auftraten, wollte man nicht hören. Auf den Straßen holte man sie aus Automobilen. Einigen drohte man Prügel an. Im letzten Drittel des Februar nahm die Bewegung die Form eines Generalstreiks an. Die bolschewistische Presse war sorgsam bemüht, die Bewegung anfangs totzuschweigen, danach ihr tatsächliches Ausmaß und ihren Charakter zu verbergen. Anstatt einen Streik zu nennen, kreierte man irgendwelche neuen Termini: Windmacherei, Krakeelen und dergleichen. Die Zeitungen druckten Protestresolutionen gegen die Bewegungen ab, die von „Roten Kriegsschülern" ausgingen. Sie glaubten, dass die ganze „Windmacherei" auf Missverständnissen beruhe, dass alles, was die Arbeiter wollten, nur die Vermehrung der Rajonsläden (Rajons = Verwaltungsbezirke) sei, damit man nicht so lange Schlange stehen müsse; dass nur die Menschewiki den Arbeitern ihre Losungen aufdrängten und sie hinters Licht führten.

Freilich, diese staatliche Lüge konnte die Bewegung nicht zum Stehen bringen und sie begann – besonders auf der Vasil'evskij-Insel – nach außen, auf die Straße zu gehen: Riesige Scharen von Arbeitern versammelten sich, vermischt mit Matrosen von den Kriegsschiffen, die an der Neva vor Anker gegangen waren (unter ihnen auch die bekannte „Aurora", die in den Oktobertagen 1917 den Winterpalast beschossen hatte), und mit Rotarmisten. Zufallsredner gaben Stellungnahmen ab, die Masse ging zu denen, die noch in den Fabriken arbeiteten, um sie abzuziehen. Zusammen mit der Forderung nach freiem Handel begannen sich Schritt für Schritt auch andere Losungen herauszuschälen: Beseitigung der kommunistischen Zellen in den Fabriken und Betrieben, die eine rein polizeiliche Rolle spielten und von den Arbeitern den Spitznamen kommunistischer Spürhund erhalten hatten; Freiheit des Wortes; freie Wahlen in die Sowjets usw. Die Bewegung hatte einen solchen Massencharakter, dass sie sich in der ganzen Stadt bemerkbar machte. Auf dem Nevskij begannen sich, wie in den vergangenen Tagen der Revolution, kleine Gruppen zu bilden, in denen mit bis dahin nicht gezeigtem Mut lautstark das bolschewistische Regime kritisiert wurde. Expansive Leute glaubten sogar, dass etwas vom „Februar 1917" in der Luft läge. […]

F. Dan, Dva goda skitanij (1919–21), Berlin 1922, S. 104 ff.; zit. nach: Helmut Altrichter, Heiko Haumann (Hg.), Die Sowjetunion, Bd. 2, München 1987, S. 124 ff.

Erörtern Sie aus der Sicht des Zeitzeugen den Zusammenhang zwischen katastrophaler Versorgungslage und Planungsfehlern der Parteiführung.

36 Neue Ökonomische Politik

a) Dekret des Allrussischen Zentralen Exekutivkomitees (21. März 1921):
1. Zur Sicherstellung einer regelmäßigen und ungestörten Wirtschaftsführung, die es dem Landwirt erlaubt, freier über die Produkte seiner Arbeit und über seine Produktionsmittel zu verfügen, zur Stärkung der bäuerlichen Wirtschaft und zur Hebung ihrer Produktivität, aber auch mit dem Ziel einer Präzisierung der auf die Landwirte zukommenden staatlichen Verpflichtungen wird die Beschaffung (razverstka), als staatliches Mittel zur Aufbringung und Verteilung von Lebensmitteln, Rohstoffen und Futtermitteln, durch die Naturalsteuer ersetzt.
2. Diese Steuer muss niedriger sein als die bisher durch die Beschaffung auferlegte Steuerlast. […]
3. Die Steuer wird erhoben als Prozent- oder Quotenabgabe von den in der Wirtschaft hergestellten Produkten, ausgehend von einer Berechnung der Erntemenge, der Zahl der Esser und des in der Wirtschaft vorhandenen Viehs.
8. Alle Vorräte an Lebensmitteln, Rohstoffen und Futtermitteln, die bei den Landwirten nach Ableistung ihrer Steuerpflicht verbleiben, stehen ihnen in vollem Umfang zur Verfügung und können zur Verbesserung und Stärkung ihrer Wirtschaft, zur besseren Befriedigung eigener Konsumbedürfnisse oder zum Austausch gegen Produkte der Industrie, des Handwerks und der Landwirtschaft verwendet werden.
Der Austausch wird im Rahmen des lokalen Warenumsatzes zugelassen, sei es, dass er durch Genossenschaftsorganisationen oder auf Märkten und Basaren durchgeführt wird.

b) Dekret des Allrussischen Zentralen Exekutivkomitees (7. Juli 1921):
Zur Produktivitätssteigerung der Handwerks- und kleinen Industriebetriebe und in Fortsetzung ihrer Entschließung vom 17. Mai 1921 verfügen das Allrussische Zentrale Exekutivkomitee und der Rat der Volkskommissare:
1. Jeder Staatsbürger kann frei ein Handwerk ausüben, aber auch ein kleines Industrieunternehmen gründen.
Anmerkung: Kleine Industriebetriebe können nur von Staatsbürgern gegründet werden, die mindestens 18 Jahre alt sind, wobei jeder Staatsbürger nicht mehr als ein Unternehmen besitzen darf.
2. Als kleine Industrieunternehmen gelten Betriebe, die nicht mehr als 10 oder 20 Lohnarbeiter beschäftigen, einschließlich der Heimarbeiter. […]
3. Kleine Industriebetriebe, die Lohnarbeiter beschäftigen, müssen in den lokalen Volkswirtschaftsräten registriert werden; diese sind verpflichtet, sie binnen Wochenfrist ins Register einzutragen.
4. Handwerker und Besitzer kleiner Industrieunternehmen haben das Recht, frei über die von ihnen hergestellten Produkte und Erzeugnisse zu verfügen und in den Grenzen der geltenden Vorschriften Rohstoffe, Materialien, Werkzeuge und Ausstattung zu erwerben.
5. Kleine Industriebetriebe unterliegen weder der Nationalisierung noch der Munizipalisierung. Produkte und Erzeugnisse eigener Herstellung, die sich in der Verfügungsgewalt der Handwerker und kleinen Industrieunternehmen befinden, aber auch von ihnen für ihre Produktionen erworbenen Materialien, Rohstoffe, Werkzeuge und andere Ausstattung können nicht anders requiriert (Beschlagnahmung mit Bezahlung des Wertes) oder konfisziert (entschädigungslose Beschlagnahme) werden als auf Anordnung eines Gerichtes oder aufgrund besonderer, dazu erlassener Verordnungen des Rates der Volkskommissare.

a) u. b): Helmut Altrichter, Heiko Haumann (Hg.), Die Sowjetunion, Bd. 2, a. a. O., S. 136 f., 140 f.

c) Lenin äußert sich zur Neuen Ökonomischen Politik (12. Januar 1922):
Die Neue Ökonomische Politik führt zu einer Reihe wesentlicher Veränderungen in der Lage des Proletariats und folglich auch der Gewerkschaften. Die überwiegende Masse der Produktionsmittel auf dem Gebiete der Industrie und des Verkehrswesens bleibt in Händen des proletarischen Staates. Zusammen mit der Nationalisierung des Grund und Bodens zeigt dieser Umstand, dass die Neue Ökonomische Politik das Wesen des Arbeiterstaates nicht verändert, die Methoden und Formen des sozialistischen Aufbaus jedoch wesentlich ändert, weil sie den ökonomischen Wettstreit zulässt zwischen dem im Aufbau befindlichen Sozialismus und dem zur Wiederherstellung strebenden Kapitalismus auf der Basis einer Befriedigung der vielmillionenköpfigen Bauernschaft durch Vermittlung des Marktes.
Die Änderungen der Form des sozialistischen Aufbaus werden durch den Umstand hervorgerufen, dass in der gesamten Politik des Überganges vom Kapitalismus zum Sozialismus die Kommunistische Partei und die Sowjetmacht jetzt besondere Methoden dieses Übergangs verwirklichen, in vieler Bezie-

2. Neue Ökonomische Politik

hung auf eine andere Art vorgehen als früher, eine Reihe von Positionen durch eine sozusagen „neue Umgehung" erobern, einen Rückzug durchführen, um besser vorbereitet wieder zur Offensive gegen den Kapitalismus überzugehen. Insbesondere sind gegenwärtig freier Handel und Kapitalismus, die der staatlichen Regulierung unterstehen, zugelassen und sie entwickeln sich, während andererseits die sozialisierten staatlichen Betriebe auf das so genannte Prinzip der Rentabilität, d. h. auf kommerzielle Grundlage übergeführt werden, was bei der allgemeinen kulturellen Rückständigkeit und Erschöpfung des Landes unvermeidlich in größerem oder geringerem Maße dahin führen wird, dass im Bewusstsein der Massen die Verwaltung der gegebenen Betriebe und die in ihnen beschäftigten Arbeiter einander entgegengestellt werden.

Ohne sein Wesen zu ändern, kann der proletarische Staat die Freiheit des Handels und die Entwicklung des Kapitalismus nur bis zu einem bestimmten Grade zulassen und nur unter der Bedingung der staatlichen Regulierung (Aufsicht, Kontrolle, Festsetzung der Formen, der Ordnung usw.) des Privathandels und des privatwirtschaftlichen Kapitalismus. Der Erfolg einer solchen Regulierung hängt nicht nur von der Staatsmacht ab, sondern noch mehr vom Grad der Reife des Proletariats und der werktätigen Massen im Allgemeinen, sodann vom Kulturniveau usw. Aber selbst bei vollem Erfolg einer solchen Regulierung bleibt der Gegensatz zwischen den Klasseninteressen der Arbeit und des Kapitals unbedingt bestehen.

zit. nach: Iring Fetscher (Hg.), W. I. Lenin, Theorie, Ökonomie, Politik, Stuttgart 1974, S. 377 ff.

a) Stellen Sie dar, in welcher Weise plan- und marktwirtschaftliche Elemente in der NEP-Periode miteinander verbunden werden.
b) Diskutieren Sie Lenins Auffassung, die Neue Ökonomische Politik verändere nur die „Methoden", aber nicht „das Wesen des Arbeiterstaates".

37 Bildungsoffensive

Links: „Agitationsporzellan": „Wissen erleichtert die Arbeit" (R.F. Wilde, 1921);
rechts: „Der Analphabet ist wie ein Blinder – überall erwarten ihn Misserfolg und Unglück." Plakat (1920).
Vor dem Ersten Weltkrieg waren mehr als 70% der Bevölkerung Russlands des Lesens und Schreibens unkundig. Der Kampf gegen das Analphabetentum wurde nach 1917 zum bildungspolitischen Hauptziel erklärt.
Welcher künstlerischen Ausdrucksmittel bedienten sich die Künstler?

38 Familie und Alltagsleben

1923 ließ Leo Trotzki unter Moskauer Parteifunktionären eine Umfrage zu den Veränderungen im Alltagsleben durchführen. Er fragte u. a.: „Hat die Revolution Veränderungen in das Familienleben des Arbeiters und in seine Ansichten über das Familienleben hineingetragen?"
Einige Antworten:

Finkowski (Student, Agitator beim Moskauer Komitee):

Es ist eine Tatsache, dass die Revolution etwas Neues in das Familienleben des Arbeiters hineingetragen hat. Zerrüttung, Hungersnot, Mangel haben der Familie einen harten Schlag versetzt, sie gezwungen sich einzuschränken, zu sparen, mit Mühe und Not und unter Hungern auszukommen, und sie brachen als schwere Last hauptsächlich über die Frau herein. Ich bin der Meinung, dass ihre Lage sich faktisch derart verschlechtert hat, dass die beständigen Gespräche, das Gerede usw. hierüber vielleicht der Hauptgrund dafür sind, dass der Arbeiter sich nicht entschließen kann, in die Partei einzutreten. Gespräche über dieses Thema werden deshalb selten begonnen, weil sie alle zu nahe angehen. […] Man hat sie bisher meines Erachtens deshalb nicht begonnen, um sich nicht zu ärgern. […] Alle verstehen, dass ein Ausweg aus der Lage dadurch geschaffen werden könnte, dass der Staat die Erziehung und den Unterhalt aller Arbeiterkinder vollständig auf sich nimmt (indem sie in der Nähe der Eltern bleiben), dass die Frau von der Küche befreit wird usw. Die Kommunisten berufen sich gewöhnlich auf diese schöne Zukunft und entziehen dadurch diese akute Frage der weiteren Besprechung.

Die Arbeiter wissen, dass es in dieser Frage in der Familie des Kommunisten noch schlimmer steht als bei ihnen selbst. Wenn der Mann der Partei angehört, so wird er also für die Familie keinen Finger rühren (er hat keine Zeit, ist mit Geschäften überbürdet, mit hohen Materien beschäftigt), während seine Frau wie ein Pferd arbeiten muss und sich auch noch Verweise für unkommunistische Handlungen gefallen lassen muss, die das kommunistische Prestige des der Partei angehörenden Mannes herabsetzen.

Kuljow (Sekretär einer Fabrik-Zelle):

Die Revolution hat zweifellos eine Veränderung in das Familienleben, in die Ansichten über die Familie und sogar in das Verhalten zur Emanzipation der Frau hineingetragen. Der Mann ist gewohnt, sich als Haupt der Familie zu fühlen. Die Frau macht sich mit den Kindern, dem Kochen und Waschen zu schaffen. Der Mann nimmt sich die Zeit, um in eine Versammlung, in einen Vortrag zu gehen, liest die Zeitung; hiermit beginnt die Unterweisung der Frau, was man tun soll, wie man die Kinder pflegen, die Wäsche waschen soll, zuweilen sogar wie das Essen zuzubereiten ist, dass man die Fenster öffnen soll, wie man sich zur Familie, zu den Kindern und zu den zu Besuch kommenden Genossen verhalten soll. Hinzu kommt die religiöse Frage, die Verweigerung kleinbürgerlicher Bedürfnisse für die Frau – da sich aber mit den vorhandenen Mitteln nicht viel durchführen lässt, so beginnen Skandale. Die Frau stellt ihrerseits die Forderung, freier zu sein, die Kinder irgendwohin abzugeben, öfter mit dem Manne dort zu sein, wo er sich aufzuhalten pflegt. Hier gerade beginnen alle möglichen Skandale und Szenen. Daher die Ehescheidung, die Heirat des Sohnes, der Tochter.

Die Kommunisten antworten gewöhnlich auf solche Fragen, dass die Familie, im besonderen Streitigkeiten zwischen Mann und Frau, Privatsache sei.

Lagutina und Kasanski (Mitglieder einer Fabrik-Zelle):

Dort, wo die Frau genug Kräfte hat oder die Verhältnisse einigermaßen günstig für sie sind, führt sie in hartnäckiger und praktischer Weise neue Ideen und Verhältnisse durch. In einer ganz unvorteilhaften Lage befindet sich der Mann – der Ehemann und Vater. Es sind Fälle bekannt, dass Kommunistinnen aus der Partei austraten, weil der Mann beharrlich darauf bestand, dass die Frau „zum häuslichen Herd, zur Küche und zur Versorgung des Mannes" zurückkehre. Für die Mehrzahl der Arbeiter ist die Ehefrau das „Weib". Der Vater denkt oftmals in alter Weise: Die Kinder nicht zu prügeln, bedeutet Vernachlässigung derselben. Die Kinder werden geprügelt, da man diese Erziehungsmethode als bewährt und erprobt betrachtet.

Zeitlin (Leiterin der Frauenabteilung des Moskauer Komitees):

In der Literatur wird die Frage der Ehe und Familie, die Frage der Beziehungen zwischen Mann und Frau gar nicht erörtert. Indessen sind dies gerade die Fragen, die die Arbeiter und Arbeiterinnen interessieren. Wenn wir solche Fragen zum Gegenstand unserer Versammlungen machen, so wissen die Arbeiter und Arbeiterinnen hiervon und füllen unsere Versammlungen. Außerdem fühlt die Masse, dass wir diese Fragen mit Schweigen übergehen und wir übergehen sie tatsächlich gewissermaßen mit Schweigen. Ich weiß, dass einige davon sprechen, dass die kommunistische Partei keine bestimmte Meinung über diese Fragen habe und sie auch nicht haben könne. Ich kenne Agitatoren, die auf diese Fragen nach den Thesen der Genossin Kollontai (s. S. 53) antworten. Dort fehlt aber z.B. die Frage der Verantwortlichkeit von Vater und Mutter gegenüber dem Kind und auf dieser Grundlage entwickelt sich das Unterschieben fremder Kinder. Das ist gegenwärtig in Moskau eins der schlimmsten Übel. Diese Frage wird nicht behandelt und die Arbeiter und Arbeiterinnen stellen diese Fragen oftmals und finden keine Antwort auf sie.

zit. nach: Leo Trotzki, Fragen des Alltagslebens (1923). Köln 1977. S. 117

a) Analysieren Sie die Antworten der Umfragen und fassen Sie die Ergebnisse in einem Protokoll zusammen.
b) Entwerfen Sie vor dem Hintergrund der Umfrageergebnisse einen Forderungskatalog an die Parteiführung.

39 Kirchenkampf

Geheimer Rundbrief Lenins an die Mitglieder des Politbüros (19. März 1922):
An den Genossen Molotow.
Für die Mitglieder des Politbüros.
Streng geheim.
Es wird gebeten, auf keinen Fall Kopien herzustellen; jedes Mitglied des Politbüros (auch Gen. Kalinin) möge seine Bemerkungen auf das Dokument setzen.
[…] Für uns ist gerade der jetzige Zeitpunkt der einzige, wo wir mit 99%iger Erfolgschance unserem Feind aufs Haupt schlagen und unsere Positionen auf viele Jahrzehnte hinaus sichern können. Gerade jetzt, da es in den Hungergebieten zur Menschenfresserei kommt und die Leichen zu Hunderten, wenn nicht zu Tausenden auf den Straßen herumliegen, können (und müssen) wir die Konfiszierung der kirchlichen Wertgegenstände auf härteste und schonungsloseste Weise durchführen. Um jeden Preis müssen wir diesen Fonds von einigen Hundert Millionen Goldrubeln in unsere Hand bekommen. […]
Aller Wahrscheinlichkeit nach wird es oder kann es sich auf Grund der internationalen Lage Russlands ergeben, dass harte Maßnahmen gegen die Geistlichkeit später politisch unzweckmäßig, vielleicht sogar äußerst gefährlich sein werden. Jetzt aber ist der Sieg über die reaktionäre Geistlichkeit völlig sicher. Daher komme ich zu dem zwingenden Schluss, dass wir gerade jetzt der reaktionär gesonnenen Geistlichkeit die erbittertste und schonungsloseste Schlacht liefern und ihren Widerstand mit einer Grausamkeit brechen müssen, die sie jahrzehntelang nicht vergessen wird.
Nach Schuja [Ort massiven Widerstandes gegen die Beschlagnahmungen] ist eines der energischsten Mitglieder des Allrussischen Zentralen Exekutivkomitees zu entsenden mit der mündlichen Instruktion, in Schuja möglichst viele, mindestens einige Dutzend Vertreter der Ortsgeistlichkeit, des Kleinbürgertums und der Bourgeoisie wegen Verdachts auf direkte oder indirekte Teilnahme am gewaltsamen Widerstand gegen das Dekret zu verhaften. Auf Grund des Berichtes wird das Politbüro den Gerichtsbehörden eine detaillierte, ebenfalls mündliche Direktive geben, den Prozess gegen die Rebellen von Schuja, die sich der Hungerhilfe widersetzt haben, so schnell wie möglich abzuwickeln und ihn nicht anders zu beenden als mit Erschießung einer sehr großen Zahl der einflussreichsten und gefährlichsten Reaktionäre der Stadt Schuja, nach Möglichkeit auch Moskaus und anderer kirchlicher Zentren.
Je größer die Zahl von Vertretern der reaktionären Bourgeoisie und Geistlichkeit ist, die es uns bei dieser Gelegenheit zu erschießen gelingt, desto besser. Gerade jetzt muss diesen Leuten eine solche Lektion erteilt werden, dass sie auf Jahrzehnte hinaus nicht wagen, an einen Widerstand auch nur zu denken.

Gerd Stricker, Religion in Russland, Gütersloh 1993, S. 84 f.

Wie erklären Sie die Unerbittlichkeit, mit der Lenin im Geheimbrief zum Vorgehen gegen die Geistlichkeit auffordert?

3. Gründung der Sowjetunion

Anfänge der RSFSR

Zu den populären Losungen, mit denen die Bolschewiki vor der Oktoberrevolution Sympathiewerbung bei den Arbeitern und Bauern betrieben, gehörte auch die Forderung nach nationaler und kultureller Freiheit für die Völker des ehemaligen Zarenreiches. Noch im November 1917 bekräftigte die neue Regierung das „Recht der Völker auf freie Selbstbestimmung bis zur Sezession". Lenin war fest davon überzeugt, dass nationalpolitische Zugeständnisse an die Völker geeignet seien, ein Auseinanderbrechen des Reiches zu verhindern. Als vor dem Hintergrund des heraufziehenden Bürgerkrieges der Zerfall des Vielvölkerreiches drohte, beschloss der Sowjetkongress die Gründung der „Russischen Sozialistischen Föderativen Sowjetrepublik" (RSFSR).

Im Juli 1918 erhielt der neue Staat seine erste Verfassung. Der Allrussische Rätekongress und das von ihm gewählte Allrussische Exekutivkomitee (ca. 250 Personen) waren die höchsten Organe. Das Exekutivkomitee bildete die Regierung (Rat der Volkskommissare) und war für Gesetzgebung und Regierungskontrolle zuständig.

Sowjetisierung der nichtrussischen Völker

In der Gründungsphase der RSFSR reichte der Einfluss der Bolschewiki kaum über Zentralrussland hinaus. Während des Bürgerkrieges hatten sich zahlreiche Völker vom russischen Staatsverband losgesagt und ihre Unabhängigkeit erklärt (u. a. die baltischen Staaten, Weißrussland, Ukraine, Georgien, Armenien und Aserbaidschan). Nach dem Sieg der Roten Armee im Bürgerkrieg verloren unter dem politisch-militärischen Druck der RSFSR alle selbständig gewordenen Völker des ehemaligen Zarenreiches bis auf Polen, Finnland und die baltischen Staaten ihre Unabhängigkeit. Gegenüber dem neu gegründeten polnischen Staat musste die Sowjetregierung nach dem russisch-polnischen Krieg (1920/21) territoriale Zugeständnisse machen. Im Friedensvertrag von Riga (1921) gingen Teile von Weißrussland und der Ukraine an Polen. Im Übrigen sorgten die Bolschewiki zielstrebig dafür, dass die zuvor gebildeten Regierungen verdrängt und nach und nach durch bolschewistisch dominierte Räteregierungen ersetzt wurden.

Obwohl beispielsweise die Sowjetregierung noch im Mai 1920 mit der Unterschrift Lenins die Unabhängigkeit Georgiens garantiert hatte, bot sie im Februar 1921 200 000 Soldaten der Roten Armee auf, um einem „Hilferuf bedrängter Bolschewiki" in Georgien nachzukommen. Mit dem Argument, nationale Belange seien in einem sozialistischen Russland ohnehin von untergeordneter Bedeutung, setzte Stalin, der Volkskommissar für Nationalitätenfragen, die gewaltsame Unterwerfung Georgiens und der anderen Nationalitäten unter die zentrale Führung der Bolschewiki durch.

Gründung der UdSSR

Im Dezember 1922 entstand aus dem Zusammenschluss der 1918 gebildeten RSFSR mit den Republiken Ukraine, Weißrussland sowie Armenien, Georgien und Aserbaidschan formell die „Union der Sozialistischen Sowjetrepubliken" (UdSSR). Obwohl in der Verfassung (Juli 1923) zwischen den Rechten der Union (zuständig für Außenpolitik, Außenhandel, Heer und Marine, Verkehr, Post und Telegrafie) und denen der Einzelrepubliken (zuständig für Landwirtschaft, Justiz, Gesundheitswesen, Sozialfürsorge) unterschieden wurde, war die starke Stellung der Zentralgewalt sichergestellt. Die Regierungsgeschäfte wurden wie bisher dem gesamtstaatlichen Rat der Volkskommissare übertragen. Er empfing die maßgeblichen innen- und außenpolitischen Direktiven von den höchsten Instanzen der Partei, dem Zentralkomitee, Politbüro und Generalsekretariat. Hier liefen die entscheidenden Fäden zusammen, obwohl diese für die innen- und außenpolitischen Weichenstellungen ausschlaggebenden Gremien in der Unionsverfassung nicht erwähnt wurden.

3. Gründung der Sowjetunion

Zu den immensen Schwierigkeiten des neuen Staates im Innern kam anfangs die außenpolitische Isolierung. Da die Sowjetunion sich weiterhin beharrlich weigerte, die Auslandsschulden aus der Zarenzeit zu übernehmen oder für vollzogene Enteignungen eine Art Wiedergutmachung zu leisten, blieben die Beziehungen zum westlichen Ausland gespannt. Bis 1921 hatten sich England, Frankreich, die USA und auch Deutschland jeder Aufnahme von Wirtschaftsbeziehungen widersetzt. Erst im März 1921 sorgte ein Handelsabkommen mit Großbritannien für eine erste Entkrampfung der Beziehungen. 1924 erfolgte die formelle Anerkennung der Sowjetunion durch die Regierung Großbritanniens. Während mehrere europäische Länder und Kanada dem Beispiel Großbritanniens folgten, fanden sich die USA erst 1933 zur diplomatischen Anerkennung der Sowjetunion bereit.

Außenpolitische Isolierung

Große Hoffnungen setzte die Sowjetregierung darauf, dass nach Einführung der „Neuen Ökonomischen Politik" die westlichen Großmächte gewonnen werden könnten, sich am Wiederaufbau des Landes zu beteiligen. Als sich auf der internationalen Wirtschaftskonferenz in Genua 1922 herausstellte – erstmals nach Kriegsende konnten eine sowjetische und eine deutsche Delegation teilnehmen –, dass ein tragfähiger Kompromiss bei der Lösung der Wirtschafts- und Reparationsprobleme nicht zu erreichen war, kam es zur Überraschung der Weltöffentlichkeit im nahe gelegenen Rapallo zu einer deutsch-sowjetischen Verständigung: Beide Länder vereinbarten im Rapallovertrag die Aufnahme diplomatischer und konsularischer Beziehungen, verzichteten wechselseitig auf Erstattung von Kriegskosten und Reparationen und beschlossen eine Neuordnung ihrer Wirtschaftsbeziehungen auf der Grundlage der Meistbegünstigung. Wenn auch die Kapitalschwäche beider Länder einer Intensivierung der Wirtschaftsbeziehungen Grenzen setzte, verfolgten die Siegermächte die sich anbahnenden deutsch-sowjetischen Sonderbeziehungen doch mit großem Misstrauen.

Rapallo

40 Von der RSFSR zur UdSSR

a) Aus der Verfassung der RSFSR (10. Juli 1918):
[…] 13. Um den Arbeitenden wirkliche Gewissensfreiheit zu gewährleisten, wird die Kirche vom Staate und die Schule von der Kirche getrennt und die Freiheit der religiösen und der antireligiösen Propaganda wird allen Bürgern gewährt.
14. Um den Arbeitenden wirkliche Freiheit ihrer Meinungsäußerung zu sichern, beseitigt die Russische Sozialistische Föderative Räterepublik die Abhängigkeit der Presse vom Kapital und übergibt in die Hände der arbeitenden Klasse und der bäuerlichen Armut alle technischen und materiellen Mittel zur Herausgabe von Zeitungen, Broschüren, Büchern und aller anderen Druckerzeugnisse und gewährleistet ihnen freie Verbreitung im ganzen Lande.
15. Um den Arbeitenden wirkliche Versammlungsfreiheit zu sichern, stellt die Russische Sozialistische Föderative Räterepublik, in Anerkennung des Rechts der Bürger der Räterepublik auf freie Veranstaltung von Versammlungen, Meetings, Zusammenkünften und dgl., alle für die Abhaltung von Versammlungen tauglichen Räume einschließlich der Einrichtung, Beleuchtung und Beheizung in die Verfügungsgewalt der Arbeiterklasse und der armen Bauernbevölkerung.
16. Um den Arbeitenden wirkliche Freiheit der Vereinigung zu sichern, leistet die Russische Sozialistische Föderative Räterepublik, nachdem sie die wirtschaftliche und politische Macht der besitzenden Klassen niedergebrochen und dadurch alle Hindernisse beseitigt hat, die in der Bourgeoisiegesellschaft die Arbeiter und Bauern bis jetzt daran gehindert haben, frei zu handeln und sich zu organisieren, den Arbeitern und ärmsten Bauern jede materielle und sonstige Mitwirkung bei ihrer Vereinigung und Organisierung.
17. Um den Arbeitenden wirklichen Zutritt zu den Wissenschaften zu sichern, stellt sich die Russische Sozialistische Föderative Räterepublik zur Aufgabe, den Arbeitern und ärmsten Bauern volle, allseitige und unentgeltliche Bildung zu gewähren.
18. Die Russische Sozialistische Föderative Räte-

republik erklärt die Arbeit als Pflicht aller Bürger der Republik und verkündet die Losung: „Wer nicht arbeitet, hat kein Daseinsrecht."

19. Um die Errungenschaften der großen Arbeiter- und Bauernrevolution auf jede Weise zu wahren, erklärt die Russische Sozialistische Föderative Räterepublik es zur Pflicht aller Bürger der Republik, das sozialistische Vaterland zu schützen, und stellt die allgemeine Militärpflicht fest. Das Ehrenrecht, die Revolution mit der Waffe in der Hand zu schützen, steht nur den Arbeitenden zu; den nichtarbeitenden Elementen dagegen obliegt die Verrichtung anderer Militärobliegenheiten.

> *Erörtern Sie die organisatorischen Maßnahmen, mit denen die Republik den Aufbau der sozialistischen Gesellschaft einleitete. Diskutieren Sie das Spannungsverhältnis zwischen den Rechten und Pflichten der Bürger.*

b) Aus der Verfassung der UdSSR (6. Juli 1923):
2. Kapitel.
Über die Souveränen Rechte der Unionsrepubliken und über die Unionsstaatsbürgerschaft.
3. Souveränität der Unionsrepubliken ist nur innerhalb der durch diese Verfassung bestimmten Grenzen beschränkt und nur bezüglich jener Kompetenzen, für die die Union zuständig ist. Innerhalb dieser Grenzen gebraucht jede Republik ihre Staatsmacht selbständig; die UdSSR schützt die Souveränitätsrechte der einzelnen Republiken.
4. Jeder Unionsrepublik bleibt das Recht des freien Austrittes aus dem Bunde vorbehalten.
5. Die Unionsrepubliken ändern ihre Verfassungen aufgrund dieser Verfassung.
6. Das Gebiet der Unionsrepubliken kann nicht ohne ihre Zustimmung geändert werden, ebenso ist zur Änderung, Einschränkung oder Aufhebung des Punktes 4 die Zustimmung aller Mitgliederrepubliken der UdSSR notwendig.
7. Für die Bürger der Unionsrepubliken wird eine einheitliche Unionsstaatsbürgerschaft festgesetzt.
3. Kapitel.
Über den Rätekongress der Union der Sozialistischen Sowjetrepubliken.
8. Das oberste Machtorgan der Union der Sozialistischen Sowjetrepubliken ist der Rätekongress und in der Zwischenzeit zwischen den Kongressen das Zentrale Exekutivkomitee der UdSSR, das aus dem Unionsrat und dem Nationalitätenrat zusammengesetzt ist.
9. Der Rätekongress der UdSSR wird zusammengesetzt aus den Vertretern der städtischen Sowjets und der Sowjets der städtischen Siedlungen (im Verhältnis von einem Delegierten auf je 25 000 Wähler) und aus den Vertretern der Gouvernements-Rätekongresse (im Verhältnis von einem Delegierten auf je 125 000 Einwohner).
10. Die Delegierten des Unions-Rätekongresses werden auf den Gouvernements-Rätekongressen gewählt. In jenen Republiken, die nicht in Gouvernements eingeteilt sind, werden die Delegierten unmittelbar auf dem Rätekongress der betreffenden Republik gewählt.
11. Ordentliche Rätekongresse der UdSSR werden durch das Zentrale Exekutivkomitee der UdSSR einmal jährlich einberufen; außerordentliche Kongresse werden durch das Zentrale Exekutivkomitee

41 Lenin enthüllt das erste Marx-Engels-Denkmal in Moskau, 1921.

der UdSSR aufgrund eigenen Beschlusses oder auf Forderung des Unionsrates, des Nationalitätenrates oder aber auf Forderung zweier Unionsrepubliken einberufen.

12. Unter außerordentlichen Verhältnissen, die die rechtzeitige Einberufung des Unions-Rätekongresses verhindern, ist dem Zentralen Exekutivkomitee der Union das Recht der Aufschiebung der Einberufung des Kongresses eingeräumt.

4. Kapitel.
Über das Zentrale Exekutivkomitee der Union der Sozialistischen Sowjetrepubliken.

13. Das Zentrale Exekutivkomitee der UdSSR besteht aus dem Unionsrat und dem Nationalitätenrat.

14. Der Rätekongress wählt den Unionsrat aus den Vertretern der Unionsrepubliken im Verhältnis zur Bevölkerungszahl einer jeden Republik, im Ganzen 371 Mitglieder.

15. Der Nationalitätenrat wird gebildet aus den Vertretern der Unions- und autonomen sozialistischen Sowjetrepubliken, und zwar fünf Vertreter jeder Unions- und autonomen Republik und je ein Vertreter der autonomen Gebiete der RSFSR. Der Bestand des Nationalitätenrates wird im Ganzen durch den Rätekongress der UdSSR bestätigt.

17. Das Zentrale Exekutivkomitee der UdSSR gibt Gesetzbücher, Dekrete, Verordnungen und Verfügungen heraus, fasst die gesetzgeberische und Verwaltungsarbeit der UdSSR zusammen und bestimmt den Wirkungskreis des Präsidiums des Zentralen Exekutivkomitees und des Rates der Volkskommissare der UdSSR.

18. Alle Dekrete und Verordnungen, die die allgemeinen Regeln des politischen und wirtschaftlichen Lebens der UdSSR bestimmen, und auch jene, die die gegenwärtige Praxis der Staatsorgane der UdSSR grundsätzlich ändern, müssen unbedingt dem Zentralen Exekutivkomitee der UdSSR zur Revision und Bestätigung vorgelegt werden.

a) u. b): Helmut Altrichter (Hg.), Die Sowjetunion, Bd. 1, a. a. O., S. 143, 146 f., 165 ff.

Prüfen Sie, ob die Sowjetverfassung des Jahres 1923 die Forderung aus den Revolutionstagen eingelöst hat, die Räte hätten die wichtigsten Organe der proletarischen Selbstverwaltung zu sein.

Zur Diskussion

Warum konnten die Bolschewiki ihre Macht behaupten?

Mit dem Sieg in der Oktoberrevolution hatten die Bolschewiki in einem großen europäischen Staat die Macht erobert. Die Festigung ihrer Position und der Aufbau einer neuen Ordnung lagen noch vor ihnen. Unter den Bedingungen von Bürgerkrieg, Kriegskommunismus und Neuer Ökonomischer Politik standen die Bolschewiki in den ersten Jahren ihrer Herrschaft in einem permanenten Überlebenskampf. Doch anders als ihre Vorgängerin, die Provisorische Regierung, endete die neue Regierung unter der Last der zu bewältigenden Probleme nicht im Kollaps, im Gegenteil: Mit der Gründung der Sowjetunion hatten die Bolschewiki ihr Machtmonopol gegen alle Widerstände erfolgreich durchgesetzt. Wie ist das zu erklären?

a) Der Historiker Martin Malia (1994):
Nie zuvor war es in der europäischen Geschichte zu einer derart radikalen sozialen Nivellierung gekommen. Noch nie war eine Gesellschaft auf das Niveau vergleichbarer Rechtlosigkeit gegenüber dem Staat herabgesunken. Und dieser außerordentliche Bravourakt konnte den Bolschewisten nur unter der Voraussetzung der Unreife und Labilität der vorrevolutionären russischen Gesellschaft gelingen. Anders als die meisten westlichen und zentraleuropäischen Staaten verfügte das alte Russland nicht über den soliden Aufbau einer altehrwürdigen

bürgerlichen Gesellschaft mit einer Vielfalt verwurzelter Interessen und breiten Volkskreisen, die mehr zu verlieren hatten als ihre Ketten. Vor allem gab es zu viele Bauern, für die zu wenig auf dem Spiel stand. […] Die spezifisch russische Komponente des komplexen Phänomens Kommunismus ist die Schwäche der bürgerlichen Gesellschaft Russlands. Der totalitäre Charakter des Kommunismus lässt sich nicht aus der Verlängerung eines traditionellen russischen oder orientalischen Despotismus erklären. Und der kollektivistische Charakter der Sowjetgesellschaft ist nicht aus der traditionellen russischen Sozialkultur, Bauernkommune und Leibeigenschaft, abzuleiten. In der von den Bolschewisten nach 1917 verfolgten Politik lassen sich keine derartigen Schaltstellen zwischen dem alten und dem neuen Russland feststellen. Dagegen sind die Ursprünge dieser Politik in den sozialistischen Zielen der Partei Lenins ohne weiteres ersichtlich. Was aus russischer Überlieferung im leninistischen Projekt wirksam wurde, war das Fehlen widerstandsfähiger sozialer und kultureller Antikörper, ein Beitrag negativer Natur. Und so fand die erste sozialistische Gesellschaft ihren Ort in dem europäischen Land, von dem man allgemein annahm, es sei am wenigsten darauf vorbereitet, ihr zum Durchbruch zu verhelfen. Die sozialistische Idee war damals überall in Europa heimisch, doch nur Russland bot das soziale Vakuum, in dem ideologisch inspirierte Politiker sich erlauben konnten, sie zum Gesetz ihres Handelns zu machen. […] So setzte sich der Parteistaat, zumindest auf dem Papier, an die Stelle der lahm gelegten bürgerlichen Gesellschaft.

Martin Malia, Vollstreckter Wahn, Russland 1917–1991, Stuttgart 1994, S. 162 ff.

b) Der Historiker Heiko Haumann (1996):
Wenn die Mehrheit der Bolschewiki – aus welchen Gründen auch immer – so leicht den Weg der Überzeugung, der Kommunikation, des Dialogs, der ökonomischen und kulturellen Beziehungen verließ, so lässt sich daraus schließen, dass es ihnen schwer fiel, die „Fremdheit" den Bauern gegenüber zu überwinden, sich in deren Lebenswelten hineinzuversetzen. Dies scheint ein Grundzug bolschewistischen Denkens zu sein: sich in der Regel den Menschen „von außen" oder gar „von oben" zu nähern. Entsprach dann deren Verhalten nicht dem Bild oder der Erwartung, die man sich gemacht hatte, so trat der Aufbau eines Feind-Stereotyps ein. Man war davon überzeugt, die Wissenschaft und die Vernunft auf seiner Seite zu haben. Wer das nicht einsah, musste möglicherweise mit Zwang dazu gebracht werden […]. Ein solches Denken konnte leicht in Gewalt umschlagen. Es gelang nicht, die Ambivalenz der Lage zwischen hoch gesteckten Ansprüchen und der Not zu vermitteln – und die Bolschewiki versuchten es auch nicht in ausreichendem Maße. Als sich die Situation erneut verschlechterte, verwandelten sich Begeisterung und Hoffnung in Empörung und Enttäuschung. Je mehr sich Parteispitze und Bevölkerung entfremdeten, je weiter die Zielsetzungen und die praktischen Möglichkeiten, diese einzulösen, auseinander klafften, desto stärker wurden die Macht konzentriert und im Konfliktfall gewaltsame Mittel eingesetzt. Anfänglich als situationsbedingt angesehen, erschien Gewalt mehr und mehr als notwendig, bis in den zwanziger Jahren Militanz und Gewalttätigkeit zunehmend zum „Ersatzritus für das nicht Erreichbare" und während des Stalinismus zum Systemmerkmal gerieten. Nicht weil die Utopie keinerlei Bezugspunkt zu den Wirklichkeiten gehabt hatte, scheiterte das Experiment eines unmittelbaren Weges zum Sozialismus, sondern weil sie auch unter Einsatz von Gewalt erreicht werden sollte und damit einen Widerspruch zu ihrem eignen Anspruch darstellte.

Heiko Haumann, Geschichte Russlands, München 1996, S. 508 f.

Kennzeichnen Sie die vorliegenden Erklärungsansätze und setzen Sie sich mit ihnen auseinander.

1. *Kennzeichnen Sie die innen- und außenpolitischen Hauptprobleme, mit denen sich die Sowjetführung zwischen 1918 und 1924 auseinander zu setzen hatte.*
2. *Nennen Sie die wesentlichen Gründe für den Sieg der Bolschewiki im Bürgerkrieg.*
3. *Charakterisieren Sie die Methoden des Kriegskommunismus und stellen Sie seine wirtschaftlichen Konsequenzen dar.*
4. *Warum scheiterte aus Ihrer Sicht der Kriegskommunismus?*
5. *Mit welchen Argumenten rechtfertigte die Parteiführung die wirtschaftspolitische Kehrtwendung in der NEP-Periode?*

IV. Die Sowjetunion unter Stalin

Mit dem Machtantritt Stalins begann für die Sowjetunion eine 30-jährige Epoche, in der der Parteiapparat systematisch ausgebaut wurde. Nachdem es Stalin gelungen war, alle potentiellen Rivalen im Kampf um die Führung des Landes auszuschalten, galt er innerhalb des Parteiapparates als unumstrittene Autorität in allen ideologischen, politischen, wirtschaftlichen und kulturellen Fragen. Mit der Alleinherrschaft des Diktators begann eine neue Ära der sowjetischen Geschichte, die geprägt war durch Kontrolle, Unterdrückung und Gewalt.
Auch nach der Auflösung der Sowjetunion wirft der Rückblick auf die Stalinära Fragen auf: War der Stalinismus eine folgerichtige Weiterentwicklung des Marxismus-Leninismus oder eher eine Fehlentwicklung? In welchem Verhältnis standen die Erfolge Stalins (Modernisierung des Landes, Sieg über Hitler-Deutschland) zu seinen oft verbrecherischen Methoden (Terror und Unterdrückung, Archipel Gulag)?

1922	Das ZK-Plenum wählt Stalin in das neu geschaffene Amt des Generalsekretärs der Partei (April).
1924	Tod Lenins (21. Januar).
1925	Der XIV. Parteikongress billigt Stalins Industrialisierungskonzept (Dezember).
1927	Trotzki, Sinowjew und andere Gegner Stalins werden wegen fortgesetzter Fraktionstätigkeit aus der Partei ausgeschlossen. Der XV. Parteikongress beschließt die Kollektivierung der Landwirtschaft (Dezember).
1932	Trotzki wird die Staatsbürgerschaft aberkannt und das Recht auf Rückkehr in die UdSSR verwehrt (Februar). Das größte Wasserkraftwerk Europas nimmt am Dnjepr seinen Betrieb auf (Oktober).
1934	Die UdSSR tritt dem Völkerbund bei (September).
1936	Beginn der großen Schauprozesse in Moskau (August). Sinowjew und Kamenew werden zum Tode verurteilt (August). Die UdSSR erhält eine neue Verfassung (Dezember).
1939	Die UdSSR und das Deutsche Reich schließen einen Nichtangriffspakt (Hitler-Stalin-Pakt). Im geheimen Zusatzprotokoll wird die Aufteilung von Ostmittel- und Südosteuropa in Interessensphären festgelegt (23. August).
1940	Die baltischen Staaten Litauen, Estland und Lettland werden annektiert und in Sowjetrepubliken umgewandelt (August).
1941	Überfall deutscher Truppen auf die UdSSR (22. Juni).
1943	Nach dem Sieg bei Stalingrad (31. Januar) beginnt die Rote Armee mit der Rückeroberung des Landes.
1945	Ende des 2. Weltkrieges (8./9. Mai).
1945–1953	Die UdSSR baut unter Stalins Führung ihre internationale Stellung aus und setzt aufgrund ihrer militärischen Präsenz in Ostdeutschland sowie in Mittel- und Osteuropa das System des Sowjetkommunismus in ihrem Einflussgebiet durch. Tod Stalins (5. März 1953).

1. Aufbau des Sozialismus in einem Land

Kampf um die Nachfolge: Stalin oder Trotzkij?

Seitdem Lenin, dessen Gesundheitszustand sich infolge mehrerer Schlaganfälle ab 1922 verschlechterte, sein Amt kaum noch ausüben konnte, rückte Josef Wissarionowitsch Dschugaschwili, der sich seit 1913 Stalin („der Stählerne") nannte, zunehmend ins Zentrum der Macht. Als Mitglied des Zentralkomitees der bolschewistischen Partei (seit 1912) hatte er noch zu Lebzeiten Lenins das 1922 neu geschaffene Amt des Generalsekretärs erhalten. Dadurch befand er sich gegenüber Trotzkij, der als Volkskommissar für Verteidigung den Aufbau der Roten Armee organisiert und die Voraussetzungen für den Sieg der „Roten" im Bürgerkrieg geschaffen hatte, nach Lenins Tod (1924) in der Auseinandersetzung um das Erbe Lenins in der günstigeren Ausgangsposition.

„Linksopposition"

Entschieden wurde der Kampf um die Nachfolge Lenins in den Auseinandersetzungen um den wirtschaftspolitischen Kurs der Partei. Mitte der 20er Jahre stritt die Parteiführung heftig darüber, ob die von Lenin initiierte „Neue Ökonomische Politik" (NEP), mit deren Hilfe es gelungen war, das Chaos der Bürgerkriegszeit zu überwinden, die ökonomische Lage im Innern zu stabilisieren und dem politischen System in der Bevölkerung Anerkennung zu verschaffen, fortgesetzt werden sollte. Die Mehrheit in der Partei setzte sich für eine Fortführung der NEP ein, zumal Gewinne in der privaten Landwirtschaft auch eine verstärkte bäuerliche Nachfrage nach Industrieprodukten auslösen würden. Mit dem Argument, der Sozialismus werde insgesamt von dieser Entwicklung profitieren, hatte Stalin das NEP-Konzept 1925 ausdrücklich verteidigt. Demgegenüber vertraten Trotzkij und einige Anhänger der „Linksopposition" (Sinowjew, Kamenew) die Auffassung, die Fortsetzung der NEP widerspreche der marxistisch-leninistischen Lehre, weil diese Wirtschaftspolitik auf dem Lande die Entstehung einer wohlhabenden Bauernschaft (Kulaken) fördere und in den Städten dazu führe, kleinbürgerlich-kapitalistisches Denken zu festigen. Überhaupt dürfe die Entwicklung in Russland nicht von der Weltrevolution abgekoppelt werden.

„Permanente Revolution" oder „Sozialismus in einem Lande"?

Man müsse vielmehr alles daransetzen, die Revolution in den industrialisierten Ländern voranzutreiben („permanente Revolution"). Die Parteiführung unter Stalin warf den „Linksabweichlern" Fraktionsbildung und parteischädigendes Verhalten vor. Bis zum Herbst 1927 wurden Trotzkij und seine Mitstreiter aus allen Führungspositionen verdrängt und schließlich aus der Partei ausgeschlossen. Nach der Verbannung nach Alma Ata schob man Trotzkij ins Ausland ab. 1940 wurde er von der sowjetischen Geheimpolizei in Mexiko ermordet.
Schon 1925 hatte Stalin einen Kerngedanken Lenins, wonach der Sozialismus nur in internationalem Maßstab durchgesetzt werden könne, fallen lassen und stattdessen sein Konzept vom Aufbau des „Sozialismus in einem Land" propagiert. Damit hatte Stalin die Hoffnung auf Weltrevolution zwar nicht aufgegeben – schließlich konnte nur der endgültige Sturz des Kapitalismus dem Sowjetstaat andauernde Sicherheit garantieren –, aber die russische Entwicklung wurde von jetzt an nicht mehr von der Erfüllung dieser Hoffnung abhängig gemacht.

Ausschaltung der „Rechtsabweichler"

Als sich im Winter 1927/28 die Versorgungslage des Landes erneut verschlechterte, weil sich viele Bauern weigerten, Getreide abzuliefern, entschloss sich die Regierung zu einer wirtschaftspolitischen Kurskorrektur. Mit ihrer Forderung nach stärkerer Wirtschaftsplanung und strengerer Beachtung der „Kulakengefahr" übernahm die Parteiführung wesentliche Forderungen der zuvor heftig kritisierten Linksopposition. Nunmehr gerieten die früheren Bundesgenossen Stalins, die entschieden eine Fortsetzung der NEP anmahnten, vor einem Konflikt mit den Bauern warnten und überhaupt eine Förderung der Konsumgüterindustrie und der

1. Aufbau des Sozialismus in einem Land

42 Lenin und Stalin (auf Lenins Ruhesitz in Gorki). Die beiden retuschierten Fotos stammen vermutlich aus dem Jahr 1922. Seit Beginn der 30er Jahre wurde das linke Foto nicht mehr verbreitet, dagegen nur noch das rechte Bild. *Wie erklären Sie sich diesen Umstand?*

Landwirtschaft als Grundlage der Industrialisierung verlangten, ins Kreuzfeuer der Kritik. Die Parteiführung warf ihnen „Rechtsabweichung" und „Verletzung des Klassenstandpunkts" vor und sorgte dafür, dass ihre prominentesten Vertreter (Bucharin und Tomskij) ihre Führungspositionen verloren.
Ende der 20er Jahre hatte Stalin seine Stellung durch Ausnutzung der Spannungen zwischen den konkurrierenden politischen Richtungen innerhalb der Parteiführung so gefestigt, dass er in der Lage war, den politischen Kurs allein zu bestimmen.

43 **Lenin über Trotzki und Stalin (1922/1923):**

Der Brief Lenins wurde dem Parteitag nach Lenins Tod (1924) zur Kenntnis gebracht:
[...] Gen. Stalin hat, nachdem er Generalsekretär geworden ist, eine unermessliche Macht in seinen Händen konzentriert und ich bin nicht überzeugt, dass er es immer verstehen wird, von dieser Macht vorsichtig genug Gebrauch zu machen. Anderenseits zeichnet sich Gen. Trotzki, wie schon sein Kampf gegen das ZK in der Frage des Volkskommissariats für Verkehrswesen bewiesen hat, nicht nur durch hervorragende Fähigkeiten aus. Persönlich ist er wohl der fähigste Mann im gegenwärtigen ZK, aber auch ein Mensch, der ein Übermaß von Selbstbewusstsein und eine übermäßige Vorliebe für rein administrative Maßnahmen hat.

Diese zwei Eigenschaften zweier hervorragender Führer des gegenwärtigen ZK können unbeabsichtigt zu einer Spaltung führen und wenn unsere Partei nicht Maßnahmen ergreift, um das zu verhindern, so kann die Spaltung überraschend kommen.
Stalin ist zu grob, und dieser Mangel, der in unserer Mitte und im Verkehr zwischen uns Kommunisten durchaus erträglich ist, kann in der Funktion des Generalsekretärs nicht geduldet werden. Deshalb schlage ich den Genossen vor, sich zu überlegen, wie man Stalin ablösen könnte, und jemand anderen an diese Stelle zu setzen, der sich in jeder Hinsicht von Gen. Stalin nur durch einen Vorzug unterscheidet, nämlich dadurch, dass er toleranter, loyaler, höflicher und den Genossen gegenüber aufmerksamer,

weniger launenhaft usw. ist. Es könnte so scheinen, als sei dieser Umstand eine winzige Kleinigkeit. Ich glaube jedoch, unter dem Gesichtspunkt der Vermeidung einer Spaltung und unter dem Gesichtspunkt der von mir oben geschilderten Beziehungen zwischen Stalin und Trotzki ist das keine Kleinigkeit oder eine solche Kleinigkeit, die entscheidende Bedeutung erlangen kann.

Auszüge aus Lenins „Brief an den Parteitag vom 24. Dez. 1922" und seine „Ergänzung zum Brief" vom 4. Januar 1923; zit. nach: Geschichte lernen, Heft 20/1991, S. 44

Die Briefe an den Parteitag gelten als „politisches Testament" Lenins. Diskutieren Sie Lenins „Erwägungen rein persönlicher Natur" vor dem Hintergrund seiner eigenen politischen Maßnahmen.

44 Permanente Revolution oder Sozialismus in einem Lande?

a) Trotzki (1928):
10. Der Abschluss einer sozialistischen Revolution ist im nationalen Rahmen undenkbar. Eine grundlegende Ursache für die Krise der bürgerlichen Gesellschaft besteht darin, dass die von dieser Gesellschaft geschaffenen Produktivkräfte sich mit dem Rahmen des nationalen Staates nicht vertragen. Daraus ergeben sich einerseits die imperialistischen Kriege, andererseits die Utopie der bürgerlichen Vereinigten Staaten von Europa. Die sozialistische Revolution beginnt auf nationalem Boden, entwickelt sich international und wird vollendet in der Weltarena. Folglich wird die sozialistische Revolution in einem neuen, breiteren Sinne des Wortes zu einer permanenten Revolution: Sie findet ihren Abschluss nicht vor dem endgültigen Siege der neuen Gesellschaft auf unserem ganzen Planeten. [...]
12. Die Theorie des Sozialismus in einem Lande, die auf der Hefe der Reaktion gegen den Oktober hochgegangen ist, ist die einzige Theorie, die folgerichtig und restlos im Gegensatz steht zu der Theorie der permanenten Revolution. Der Versuch der Epigonen, unter den Schlägen der Kritik die Anwendbarkeit der Theorie des Sozialismus in einem Land ausschließlich auf Russland zu beschränken, infolge seiner besonderen Eigenschaften (Ausdehnung, natürliche Reichtümer usw.), macht die Sache nicht besser, sondern schlechter. Der Bruch mit der internationalen Position führt stets und unvermeidlich zum nationalen Messianismus, d. h. dazu, dem eigenen Lande besondere Vorzüge und Eigenschaften zuzusprechen, die es ihm erlauben, eine Mission zu erfüllen, die den andern Ländern versagt ist.
Die weltumfassende Arbeitsteilung, die Abhängigkeit der Sowjetindustrie von der ausländischen Technik, die Abhängigkeit der Produktivkräfte der fortgeschrittenen Länder Europas von den asiatischen Rohstoffen usw. usw. machen in keinem Lande der Welt den Aufbau einer selbständig nationalen sozialistischen Gesellschaft möglich.

aus: L. Trotzki, Ergebnisse und Perspektiven. Die permanente Revolution, Frankfurt a. Main 1971, S. 161 f.

b) Stalin (1930):
[...] Also, ist die Errichtung der sozialistischen Wirtschaft in unserem Lande möglich ohne den vorherigen Sieg des Sozialismus in anderen Ländern, ohne dass das siegreiche Proletariat des Westens direkte Hilfe mit Technik und Ausrüstung leistet?
Ja, sie ist möglich. Und sie ist nicht nur möglich, sondern auch notwendig und unausbleiblich. Denn wir bauen bereits den Sozialismus auf, indem wir die nationalisierte Industrie entwickeln und sie mit der Landwirtschaft zusammenschließen, indem wir das Genossenschaftswesen auf dem Lande entfalten und die bäuerliche Wirtschaft in das allgemeine System der sowjetischen Entwicklung einbeziehen, indem wir die Sowjets belegen und den Staatsapparat mit den Millionenmassen der Bevölkerung verschmelzen, indem wir eine neue Kultur aufbauen und ein neues gesellschaftliches Leben entfalten. [...] Es besteht kein Zweifel, dass unsere Aufgabe von Grund auf erleichtert würde, wenn uns der Sieg des Sozialismus im Westen zu Hilfe käme. Aber erstens wird der Sieg des Sozialismus im Westen nicht so schnell ‚zustande gebracht', wie wir das wünschten, und zweitens lassen sich diese Schwierigkeiten überwinden und wir überwinden sie bekanntlich schon. [...] Worin besteht die Wichtigkeit dieser Frage vom Standpunkt der Parteipraxis?
Darin, dass sie die Frage der Perspektive unseres Aufbaus, der Aufgaben und Ziele dieses Aufbaus berührt. Man kann nicht wirklich aufbauen, wenn man nicht weiß, mit welchem Ziel man baut. [...] Bauen wir für den Sozialismus auf, den Sieg des

sozialistischen Aufbaus voraussetzend, oder bauen wir aufs Geratewohl, ins Blinde hinein, um ‚in Erwartung der sozialistischen Revolution in der ganzen Welt' den Boden für die bürgerliche Demokratie zu düngen. [...]

Die große Bedeutung des Leninismus besteht unter anderem gerade darin, dass er einen Aufbau aufs Geratewohl ins Blinde hinein nicht anerkennt, dass er sich einen Aufbau ohne Perspektive nicht denken kann, dass er auf die Frage nach der Perspektive unserer Arbeit eine klare und bestimmte Antwort gibt, indem er erklärt, dass wir alles haben, was notwendig ist, um die sozialistische Wirtschaft in unserem Lande zu errichten, dass wir die vollendete sozialistische Gesellschaft aufbauen können und müssen.

nach: Hans-Joachim Lieber/Karl-Heinz Ruffmann (Hg.), Der Sowjetkommunismus. Dokumente. Band I, Köln/Berlin 1963, S. 227 ff.

a) Erörtern Sie die Tragfähigkeit der zentralen Argumente, mit denen Trotzki und Stalin ihre jeweiligen Positionen begründen.
b) Warum beruft sich Stalin auf den „Leninismus", um seine Entscheidung für den „Sozialismus in einem Land" zu begründen?

2. Industrialisierung und Zwangskollektivierung

Wiederholt legte die Staatsführung ihre wirtschaftspolitischen Zukunftsvorstellungen dar und machte unmissverständlich deutlich, dass es neben einer allgemeinen Produktionssteigerung darauf ankomme, Russland aus einem Agrarland in einen modernen Industriestaat zu verwandeln. Um den sozialistischen Aufbau voranzubringen, müsse man die Privatwirtschaft zurückdrängen und langfristig die wirtschaftliche Unabhängigkeit des Landes vom kapitalistischen Ausland anstreben. Schließlich gelte es, das Bündnis zwischen der Arbeiterklasse und den Bauernmassen in diesem Umgestaltungsprozess zu festigen. Noch bis Ende der 20er Jahre vermied die Parteiführung allerdings einseitige strukturelle Veränderungen und gab vielmehr die Losung aus, sowohl Produktions- als auch Investitions- und Konsuminteressen in angemessener Weise zu berücksichtigen.

Vom Agrar- zum Industriestaat

1929 geriet die Diskussion über die Umgestaltung des Landes in ein neues Stadium. Auf Anweisung der Parteiführung entwickelte die Staatliche Plankommission ein ehrgeiziges Industrialisierungsprogramm: Innerhalb von fünf Jahren sollten der industrielle Aufbau des Landes entscheidend vorangetrieben und eine Steigerung der Produktion um mindestens 135%, im günstigsten Fall sogar um 180% erreicht werden. Unter der Parole „Den Kapitalismus einholen und überholen" spornte Stalin die Bevölkerung zu Höchstleistungen an. Alle Sowjetbürger wurden einer strengen Arbeitsdisziplin unterworfen, deren Verletzung mit Lohnabzug und Zwangsarbeit geahndet werden konnte. Die Staatsführung konzentrierte sich dabei vorwiegend auf die Schwer- und Produktionsmittelindustrie sowie den Ausbau der Rüstungsindustrie. Mobilisierungskampagnen der Partei trugen die Aufbruchstimmung in die Bevölkerung hinein. In Intellektuellenkreisen und unter den Jugendlichen fand die Parteiführung mit ihrer Forderung nach entschlossenem Handeln viel Zustimmung. In einer Zeit, in der die USA und die kapitalistischen Staaten Westeuropas allesamt unter den einschneidenden Folgen der Weltwirtschaftskrise zu leiden hatten, für die nach marxistisch-leninistischer Auffassung vor allem Privateigentum, Ausbeutung der Gewinne durch private Aneignung, Anarchie des Marktes und die Irrationalität von Angebot und Nachfrage verantwortlich waren, sah die Parteiführung unter Stalin in der zentralen Wirtschaftsplanung das Mittel, die Rückständigkeit des Landes zu überwinden.

„Den Kapitalismus einholen und überholen"

IV. Die Sowjetunion unter Stalin

Fünfjahrespläne

Mit der Entwicklung und Fortschreibung von Fünfjahresplänen sollte es möglich sein, den großen Sprung nach vorn zu organisieren und die sozialökonomischen Grundlagen für den Sozialismus zu schaffen. Schon im Sommer 1929 wurden die Produktionsvorgaben für einzelne Industriezweige erhöht und die Parole ausgegeben, den Fünfjahresplan bereits nach vier Jahren zu erfüllen. Die Parteiführung setzte ihre Hoffnungen auf das Proletariat und konnte in den 30er Jahren auf beträchtliche Erfolge verweisen. In wenigen Jahren entstanden riesige Industriezentren. An der Wolga, am Don und am Dnjepr wurden gewaltige Wasserkraftwerke gleichsam aus dem Boden gestampft. Um die Kohlefelder am Donezbecken errichtete man Eisenhütten, Stahlwerke und Maschinenindustrien. Insgesamt verzeichnete die industrielle Produktion zwischen 1928 und 1940 Steigerungsraten zwischen 150 und 350%. Im Mengenwachstum überholte die Sowjetunion bis Kriegsausbruch die Industrienationen Westeuropas, in der Produktivität allerdings waren die Erfolge eher bescheiden. Der Konsumverzicht der Bevölkerung gehörte zu den Schattenseiten des Industrialisierungsprogramms.

Zwangskollektivierung

1929 entschloss sich die Regierung, die vorherrschende Form des bäuerlichen Kleinbesitzes zu beseitigen und die Höfe zu größeren Produktionseinheiten zusammenzulegen. Die Übernahme der Agrarwirtschaft in staatliche Regie sollte die Versorgung der städtischen Bevölkerung verbessern und damit auch die Industrialisierungspläne unterstützen. Durch Gründung von Kolchosen und Sowchosen setzte die Parteiführung – oftmals gegen den erbitterten Widerstand der Bauern – zu Beginn der 30er Jahre die Kollektivierung der Landwirtschaft durch. Dabei bildete der Kampf gegen die reicheren Kulaken nur die Vorstufe für die Beseitigung der privaten Landwirtschaft. Parteiaktivisten wurden in die Dörfer geschickt, um die Kollektivierung propagandistisch vorzubereiten. Wer sich dem offiziell als „freiwillig" deklarierten Beitritt in die Kolchose widersetzte, hatte das Dorf zu verlassen und galt als Feind des Sozialismus. Viele Bauern schlachteten, bevor sie sich der Kollektivierung unterwarfen, ihr Vieh ab und vergrößerten auf diese Weise den Mangel an Nahrungsmitteln. Als die Ernte des Jahres 1932 schlecht ausfiel, erfasste eine verheerende Hungersnot besonders die Ukraine, das untere Wolgagebiet und die Regionen nördlich des Kaukasus. Weit über fünf Millionen Menschen fielen ihr zum Opfer. Obwohl die Ernten kaum zur Versorgung der eigenen Bevölkerung hinreichten, exportierte die Sowjetunion beträchtliche Getreidemengen, um Devisen für die ehrgeizigen Industrialisierungsvorhaben zu erlangen. Doch blieben die Exportgewinne unter den Erwartungen, weil die Weltmarktpreise für Agrarprodukte in den 30er Jahren drastisch fielen.

Kolchose: Landwirtschaftliche Organisationsform, in der die Bauern zur gemeinsamen Großproduktion auf genossenschaftlicher Basis zusammengeschlossen werden. Der Staat stellt dem Kolchos landwirtschaftliche Nutzfläche auf unbeschränkte Zeit zur Verfügung, die Genossenschaft besitzt formal die Eigentumsrechte an Maschinen, Vieh und Gebäuden und ist verpflichtet, ein staatlich festgelegtes Ablieferungssoll zu erfüllen. Die Mitglieder der Kolchose werden für ihre Arbeitsleistung (gemessen in Arbeitstagen) nach einem festen Normensystem bezahlt. Daneben wird den Kolchosmitgliedern die private Nutzung einer Hoflandstelle von 0,5 ha (nebst Kleinvieh) gestattet. Die Erträge der privaten Erzeugung können auf dem Kolchosmarkt verkauft werden.

Sowchose: Landwirtschaftlicher Staatsbetrieb. Im Gegensatz zur Kolchose sind Sowchosen in der Regel große Spezialbetriebe zur Versorgung der Bevölkerung in Ballungsgebieten (z. B. mit Gemüse oder Tierzuchtprodukten). Die Leitung liegt in den Händen eines staatlich eingesetzten Direktors, die Landarbeiter auf den Staatsgütern sind den Industriearbeitern gleichgestellt und werden nach festen Tarifen – unabhängig vom Ernteergebnis – bezahlt. Im Vergleich zur Kolchose gilt die Sowchose als höhere Form der gesellschaftlichen Produktion.

2. Industrialisierung und Zwangskollektivierung

Bauern, die sich der Neuordnung entgegenstellten, mussten mit Straflager oder Deportation in weit entfernt liegende Gebiete rechnen. Nach einem Gesetz vom Februar 1930 sollte erschossen werden, wer sich der Umgestaltung offen widersetzte. Willkürakte und Denunziationen waren an der Tagesordnung. In wenigen Jahren veränderten sich Struktur und Lebensweise auf den Dörfern grundlegend. Der Anteil der Kollektivwirtschaften stieg von 7,6% im Oktober 1929 auf 55% im März 1930. Bis 1937 waren ca. 93% der landwirtschaftlichen Nutzfläche umgewandelt.

Strukturelle Veränderungen auf dem Lande

45 Industrialisierung und Kollektivierung

a) Stalin über Industrialisierungsprobleme (November 1928):
Gestatten Sie mir, diese Situation, diese äußeren und inneren Bedingungen, die uns das schnelle Entwicklungstempo der Industrie diktieren, nunmehr näher zu untersuchen. [...] Wir sind in einem Lande zur Macht gekommen, dessen Technik furchtbar rückständig ist. [...] Schauen Sie sich die kapitalistischen Länder an und Sie werden sehen, dass die Technik dort nicht nur fortschreitet, sondern geradezu vorwärts eilt und die alten Formen der industriellen Technik überholt. Und so ergibt sich eine Situation, dass wir in unserem Lande einerseits die fortschrittlichste Gesellschaftsordnung, die Sowjetordnung, und die fortschrittlichste Staatsmacht der Welt, die Sowjetmacht, haben, andererseits aber eine äußerst rückständige Technik der Industrie, die die Basis für den Sozialismus und die Sowjetmacht abgeben muss. Glauben Sie, dass man den endgültigen Sieg des Sozialismus in unsrem Land erringen kann, solange dieser Widerspruch besteht? Was müssen wir tun, um diesen Widerspruch zu beseitigen? Dazu müssen wir erreichen, dass wir die fortgeschrittene Technik der entwickelten kapitalistischen Länder einholen und überholen. Wir haben die fortgeschrittenen kapitalistischen Länder hinsichtlich der Errichtung einer neuen politischen Ordnung, der Sowjetordnung, eingeholt und überholt. Das ist gut. Aber das genügt nicht. Um den endgültigen Sieg des Sozialismus in unserem Lande zu erringen, müssen wir diese Länder auch in technisch-ökonomischer Hinsicht einholen und überholen. Entweder erreichen wir das oder wir werden zermalmt.
Das ist nicht nur vom Standpunkt der Errichtung des Sozialismus richtig. Es ist auch richtig vom Standpunkt der Behauptung der Unabhängigkeit unseres Landes unter den Verhältnissen der kapitalistischen Umkreisung. Es ist unmöglich, die Unabhängigkeit unseres Landes zu behaupten, ohne eine hinreichende industrielle Basis für die Verteidigung zu besitzen. Es ist unmöglich, eine solche industrielle Basis zu schaffen, ohne über die höchstentwickelte Technik in der Industrie zu verfügen. [...] Und gerade um diese Aufgabe zu bewältigen, müssen wir unsere Industrie systematisch in schnellem Tempo entwickeln.

H.-J. Lieber und K.-H. Ruffmann (Hg.), Der Sowjetkommunismus – Dokumente, Bd. 1, Köln 1963, S. 259 ff.

b) Stalin über den Stand der Kollektivierung (November 1929):
Die Errungenschaft der Partei besteht hier darin, dass es uns gelungen ist, die Hauptmassen der Bauernschaft in einer ganzen Reihe von Gebieten von dem alten, kapitalistischen Entwicklungsweg, von dem nur ein Häuflein Dorfreicher, Kapitalisten, Gewinn hat, während die übergroße Mehrheit der Bauern zugrunde gerichtet wird und ihr Leben in Armut zu fristen gezwungen ist, hinüberzuleiten auf den neuen, den sozialistischen Entwicklungsweg, auf dem die Dorfreichen, die Kapitalisten, verdrängt, die Mittelbauern und die arme Bauernschaft aber auf neue Art ausgerüstet, mit neuen Geräten, mit Traktoren und landwirtschaftlichen Maschinen ausgestattet werden, damit sie die Möglichkeit erhalten, aus dem Elend und der Kulakenknechtschaft herauszukommen und auf den breiten Weg der genossenschaftlichen, kollektiven Bodenbestellung zu gelangen.
Die Errungenschaft der Partei besteht darin, dass es uns gelungen ist, diesen grundlegenden Umschwung innerhalb der Bauernschaft selbst zu organisieren und die breiten Massen der Dorfarmut und der Mittelbauern mitzureißen, trotz der unermesslichen Schwierigkeiten, trotz des verzweifelten Widerstandes aller und jeglicher dunklen Mächte, von den Kulaken und Popen bis zu den Philistern und rechten Opportunisten.
Jetzt sehen sogar Blinde: Wenn irgendeine ernsthafte Unzufriedenheit unter den Hauptmassen der Bauernschaft besteht, so betrifft diese nicht die kol-

lektivwirtschaftliche Politik der Sowjetmacht, sondern den Umstand, dass die Sowjetmacht in der Belieferung der Bauern mit Maschinen und Traktoren mit dem Wachstum der Kollektivwirtschaftsbewegung nicht Schritt zu halten vermag [...]. Mehr noch, man kann mit Sicherheit sagen, dass wir dank dem Wachstum der Kollektiv- und Sowjetwirtschaftsbewegung aus der Getreidekrise endgültig herausgekommen sind. Und wenn die Entwicklung der Kollektiv- und Sowjetwirtschaften in einem gesteigerten Tempo weitergeht, so ist kein Grund vorhanden, daran zu zweifeln, dass unser Land in, sagen wir, drei Jahren zu einem der getreidereichsten Länder, wenn nicht zum getreidereichsten Land der Welt werden wird. [...]

Helmut Altrichter und Heiko Haumann, Die Sowjetunion, Bd. 2, a.a.O., S. 230 f.

c) Bericht des Amerikaners John Scott über ein Industrialisierungsprojekt in Magnitogorsk:
[...] Trotz mancher Schwierigkeiten machte die Arbeit weit schnellere Fortschritte, als die optimistischsten unter den Ausländern erwartet hatten, wenn auch wesentlich langsamere, als die phantastischen Pläne der Sowjetregierung verlangten. Ende 1931 waren die erste Batterie Koksöfen und Hochofen Nr. 1 betriebsfertig. Am 1. Februar 1932 wurde zum ersten Mal Magnitogorsker Roheisen geschmolzen.

Der Voranschlag für das erste Vierteljahr 1932 wurde zu 44,9 Prozent erfüllt, doch blieb die Arbeitsleistung, soweit sie den Stadtbauplan anging, praktisch gleich Null. Fast alle Arbeiter wohnten in Zelten oder in provisorischen Baracken. Dem Buchstaben nach war der Beschluss der Regierung, das Magnitogorsker Werk bis Ende 1932 zu vollenden, nach wie vor in Kraft, obgleich es jedem klar war, dass es sich hierbei nur um einen Wunschtraum handelte. Verschiedene Unternehmungen in Moskau übten harte Kritik und beschuldigten einander, den Aufbau von Magnitogorsk zu sabotieren. Man enthob die für die Arbeit unmittelbar Verantwortlichen in Moskau und in Magnitogorsk ihrer Posten. Im Laufe des Jahres wurden die Verwaltungsstellen dreimal neu besetzt. Jeder Wechsel bedeutete die Einarbeitung einer Anzahl neuer Leiter auf verantwortlichen Posten und meistens das Anlernen einer ganzen Reihe von Unterbeamten, denen jede praktische Erfahrung fehlte. Zu dieser Zeit begann sich der allgemeine wirtschaftliche Zustand des Landes zu verschlechtern. Sehr ernste und langwierige Perioden von Lebensmittelknappheit setzten ein. Unterernährung verminderte die Leistung. Man setzte infolge von wirtschaftlichen Schwierigkeiten die Goldzuteilungen, die zum Einkauf von Maschinen im Ausland nötig waren, herab. Es trat ein derartiger Mangel an Zahlungsmitteln ein, dass die Löhne in Magnitogorsk nur verspätet ausgezahlt werden konnten.

Im Jahre 1932 führte man in fast allen Abteilungen Akkordarbeit ein und erzwang eine finanzielle Verantwortlichkeit der einzelnen Verwaltungszweige. Man erwartete durch diese Maßnahmen eine Verminderung der Unkosten, die überall lächerlich hoch waren, und hoffte gleichzeitig Arbeitsleistungen zu steigern.

Die Ergebnisse entsprachen nicht immer den Erwartungen. Es kam oft vor, dass die Vormänner die täglichen Lohnzettel nach Gutdünken ausschrieben, anstatt sich die Mühe zu machen, die Arbeit jedes Einzelnen in ihrer Belegschaft nachzuprüfen. Wurden derartige Prüfungen angestellt, so waren sie häufig ungenau. Wenn der Arbeiter auch nach den Bestimmungen Akkordarbeit leistete, so gab seine Entlöhnung kein richtiges Bild des Arbeitsergebnis-

d) Magnitogorsk. Das Foto zeigt die Aushebung der Baugrube für den Hochofen des Hüttenkombinats Magnitogorsk in Handarbeit, 1930.

2. Industrialisierung und Zwangskollektivierung

ses. Oft übertrieben Vormänner in dem Wunsch, ihren Arbeitern zu einem höheren Lohn zu verhelfen, das Arbeitsergebnis in gröblichster Weise. Es kam vor, dass Löhne für Ausschachtungsarbeiten von Tausenden von Kubikmetern ausbezahlt wurden, obgleich diese Arbeiten niemals ausgeführt worden waren. [...]

_{John Scott, Jenseits des Ural. Die Kraftquellen der Sowjetunion. Stockholm 1944; zit. nach Helmut Altrichter, Heiko Haumann, Die Sowjetunion, Bd. 2, a. a. O., S. 343 f.}

e) Der Schriftsteller Lew Kopelew erinnert sich an die Kollektivierung:

Im Dorf Ochotschaja wurde der neu gegründete Kolchos von dem 25-jährigen „einäugigen Kommissar" Tscherednitschenko geleitet. Anstelle des rechten Auges hatte er eine wulstige, dunkelrote Narbe, die sich von der Stirn zur Wange hinzog.

„Das hat mir ein Ulan von den Polen verpasst. Ich war Nummer eins am MG. Bei Warschau haben sie uns auf einem Waldweg erwischt."

Er hatte früher in der Fabrik „Hammer und Sichel" als Brigadier der Modell-Schlosserei gearbeitet, wurde stets ins Parteikomitee und in die Komiteeleitung gewählt, war Mitglied des Partei-Stadtkomitees. Aber die Fabrik verließ er nicht: Er war stolz auf seinen Ruf als bester Meister: „Mit meinem einen Arbeiterauge sehe ich besser als irgendein vieräugiger Ingenieur [‚vieräugig' bedeutet: Brillenträger]!"

Als er ins Parteikomitee gerufen wurde und erfuhr, er solle aufs Land gehen, wehrte sich Tscherednitschenko anfangs: „Ich mag die Bauern nicht, diese Buchweizenstreuer. Ich hab kein Vertrauen zu ihnen. Da denkt ja jeder nur an sich, an sein Häuschen weitab von allen anderen und an sein eigenes Geld und Gut. Ich verstehe von ihrer Mistwirtschaft überhaupt nichts, bin von Großvater und Urgroßvater her Proletarier. Kann auch ihre Sprache nicht richtig, obwohl ich einen ukrainischen Namen auf -enko habe." Ihm wurde erklärt, derartige Redensarten röchen nach Abweichung zum Trotzkismus, er dürfe sich nicht dem großen Vertrauen der Partei widersetzen. Es sei auch nicht einfach eine Ehrung. Als früherer Roter Reiter müsse er begreifen, dass das ein Kampfauftrag sei. Die Front sei jetzt auf dem Dorf, die Lage ungefähr so wie im Bürgerkrieg. Der Klassenfeind erhöbe sein Haupt und zeige seine Zähne.

Er wurde in das russische Dorf Ochotschaja gesandt, wo Nachfahren der araktschejewschen Militäransiedler lebten. Vom ersten Tag an war Tscherednitschenko unumschränkter Diktator, eine Woche darauf hatte er die Kollektivierung komplett durchgeführt: „Bei mir ist Entschlossenheit die Hauptsache. Und der Überraschungseffekt. Damit keiner erst Krach machen kann. Marsch in den Kolchos ohne Wenn und Aber. Die Pferde und Kühe haben wir in vier Höfen untergebracht. Drei von früheren Kulaken, einer vom Sowchos. ‚Sow-', das heißt sowjetisch. Also, hilf auch auf sowjetisch mit. Pflüge, Sämaschinen, alles Übrige – auch auf einen Haufen. Den Schmid habe ich zum Hauptmechaniker gemacht. Der Junge gehört zu uns, war bei den Partisanen. Brigadiere und Vorarbeiter alle aus früheren Rotarmisten ausgesucht: Die können Disziplin begreifen. Habe befohlen, streng auf die Pferdeburschen und die Frauen, die die Kühe versorgen, aufzupassen. Damit die dort ordentlich füttern und melken und damit das Vieh auch in die Schwemme getrieben und geputzt wird. Alles wie es sich gehört. Ohne Verspätung, ohne Schwindel! Niemand darf an die Kühe und Pferde heran, die ihm früher einmal gehört haben. Man muss den Kollektiven Bewusstsein anerziehen. Wenn alles Gemeinschaftseigentum ist, muss man sich den Privatbesitz abgewöhnen. Wir haben bloß noch nicht genug Platz, um die Schweine, Schafe, Gänse und Hühner gemeinsam zu halten. Das Kleinvieh ist noch wie früher bei uns einzeln. Aber dafür haben wir eine Buchhaltung aufgezogen – alles bis zum letzten Küken eingetragen. In anderen Dörfern haben sie mit dem Abschlachten angefangen. Wollen das Vieh lieber umbringen, damit der Kolchos es nicht kriegt. Feinde sind das, Knechtsseelen!"

_{Lew Kopelew, Und schuf mir einen Götzen. Lehrjahre eines Kommunisten, München 1982, S. 239 ff.}

f) Entwicklung von Kolchosen und Sowchosen einschließlich maschineller Ausstattung 1928–1933 (in Tausend)

	Sow-chosen	Kol-chosen	Trak-toren	Mäh-drescher
1928	1,4	33,3	1,3	–
1929	1,5	57,0	3,3	–
1930	2,8	85,9	9,1	0,1
1931	3,4	221,1	37,9	3,55
1932	4,3	211,1	48,9	10,0
1933	4,2	224,5	73,7	8,58
1934	4,1	233,3	94,0	8,24
1935	4,1	245,6	112,6	20,2

_{Clarke, Soviet Economic Facts 1917–1970, zit. nach: Helmut Altrichter, Heiko Haumann (Hg.), Die Sowjetunion, Bd. 2, a. a. O., S. 531}

g) Produktionsziffern der UdSSR (bzw. Russlands) 1913–1940 (in Mio. Tonnen)

	1913	1920	1925/6	1940
Erdöl	9,2	3,8	8,5	31,1
Steinkohle	29,8	8,4	25,6	165,9
Eisenerz	9,2	0,2	3,3	29,9
Roheisen	4,2	0,1	2,2	14,9
Stahl	4,2			18,3

Angaben zusammengestellt nach: Hans Raupach, Geschichte der Sowjetwirtschaft, Reinbeck 1964

h) Sozialschichtung der russischen bzw. sowjetischen Bevölkerung 1913–1939 (in %)

Bevölkerung	1913	1924	1928	1939
Gesamtbevölkerung	100	100	100	100
Arbeiter und Angestellte,	17,0	14,8	17,6	50,2
davon Arbeiter	14,6	10,4	12,4	33,5
Kolchosbauern sowie genossenschaftl. organis. Dorfhandwerker	–	1,3	2,9	47,2
Einzelbauern und nicht genossenschaftl. organis. Dorfhandwerker	66,7	75,4	74,9	2,6
Bourgeoisie, Gutsbesitzer, Privathändler, Kulaken	16,3	8,5	4,6	–

Narodnoe chezjajswo SSSR 1922–1972, S.35, zit. nach: Helmut Altrichter/Heiko Haumann (Hg.), Die Sowjetunion, Bd. 2, München 1987, S. 529

a) Mit welchen Argumenten begründet Stalin den forcierten Aufbau des Sozialismus?
b) Vergleichen Sie die Materialien zur Industrialisierung und Kollektivierung unter den Gesichtspunkten Anspruch und Wirklichkeit.
c) Diskutieren Sie Stalins Auffassung, die Unzufriedenheit der Bauernmassen rühre daher, dass die „Belieferung der Bauern mit Maschinen und Traktoren mit dem Wachstum der Kollektivwirtschaftsbewegung nicht Schritt zu halten vermag."

3. Die Sowjetgesellschaft in den 30er Jahren

Verstädterung

Die von der Staats- und Parteiführung mit aller Macht betriebene Industrialisierung und Kollektivierung veränderte die Gesellschaftsstruktur innerhalb weniger Jahre nachhaltig. Der Wandel spiegelte sich am auffälligsten in der zunehmenden Verstädterung der Bevölkerung. Da vor allem ungelernte Arbeitskräfte vom Lande in die Städte strömten, verdoppelte sich zwischen 1929 und 1939 der Anteil der städtischen Bevölkerung. 1926 gab es in der Sowjetunion 31 Städte mit mehr als 100 000 Einwohnern. 1939 bereits 89. Weil beim industriellen Aufbau nahezu jede Arbeitskraft gebraucht wurde, verschwand die latente Arbeitslosigkeit auf dem Lande. In den Städten führte die gewaltige Zunahme von Arbeitern und Angestellten zu katastrophalen Lebensverhältnissen, zumal angesichts fehlender Wohnungen der Wohnraum pro Person auf 5qm festgelegt wurde.

Disziplinierung und sozialistischer Wettbewerb

Um die hoch gesteckten Planziele beim industriellen Aufbau zu erreichen, übte die Parteiführung Druck aus: Wer sich den Anordnungen der Betriebsleitungen widersetzte oder durch eine schlechte Arbeitsmoral aufgefallen war, musste mit disziplinar- oder strafrechtlichen Konsequenzen rechnen. Der Vorwurf der „Sabotage" führte nicht nur zur Entlassung, sondern hatte oft auch die Einweisung in ein Zwangsarbeitslager zur Folge. Da die Gewerkschaften inzwischen selbst ein Teil des Staatsapparates geworden waren und vor allem für die Einhaltung der Produktionspläne zuständig waren, verfügte die Arbeiterschaft über keine Organisationen mehr, die ihre Interessen hätten wahrnehmen können.

Zur Verbesserung der Arbeitsmoral wurden sozialistische Wettbewerbe eingeführt. Ganze Betriebe oder auch einzelne Arbeitsbrigaden wetteiferten untereinander um die besten Produktionsergebnisse. Die Staatsführung wies die Betriebe an, Spit-

3. Die Sowjetgesellschaft in den 30er Jahren

zenleistungen durch ein differenziertes Prämiensystem oder durch Vergabe von Sondervergünstigungen zu honorieren. Der Grubenarbeiter Alexej Stachanow, dem es im August 1935 mit seiner Gruppe gelungen war, in zwei Tagen 102 Tonnen Kohle zu fördern und damit die Norm um das Dreizehnfache zu übertreffen, wurde als großes Vorbild herausgestellt. Die staatliche Propaganda spornte die Bevölkerung unablässig zu Höchstleistungen an.

Zu den Stützen der Gesellschaft gehörten seit Mitte der 30er Jahre gut ausgebildete Facharbeiter, die als wissenschaftlich-technische Leistungselite wesentlich dazu beigetragen hatten, die Industrialisierung und Zwangskollektivierung durchzusetzen. Da die „werktätige Intelligenz" als politisch zuverlässig galt, förderte die Staatsführung sie durch eine differenzierte Entlohnung. Während in Revolutionszeiten noch von der Gleichheit aller Menschen im Sozialismus die Rede war, polemisierte die Partei in den 30er Jahren gegen die „Gleichmacherei" und begünstigte die Leistungsbereitschaft beim Aufbau des Sozialismus durch Zusatzlöhne, steuerliche Bevorzugung höherer Einkommen oder durch andere Privilegien. Schon 1931 hatte Stalin die Verleihung von Orden und Ehrentiteln wieder einführen lassen. Ordensträger erhielten staatliche Vergünstigungen wie höhere Lebensmittelrationen und bessere Wohnungen.

„Werktätige Intelligenz"

Um die „Kulturschaffenden" besser in die sozialistische Gesellschaftsordnung einzubinden, gründete das Zentralkomitee der Partei staatliche Organisationen. 1932 schuf die Partei einen einheitlichen sowjetischen Schriftstellerverband. Alle Autoren wurden aufgefordert, der Einheitsorganisation beizutreten und ihre Arbeit in den Dienst des „sozialistischen Realismus" zu stellen. Während in den ersten Jahren nach der Oktoberrevolution in der bildenden Kunst, Literatur, Architektur und Musik eine Aufbruchstimmung herrschte und viele Künstler experimentierfreudig neue Wege gingen, war in den 30er Jahren parteikonformes Verhalten geboten. Nur wer bereit war, seine künstlerische Arbeit dem Staat und der Gesellschaft unterzuordnen, fand öffentliche Anerkennung. Künstler, die gegen die Parteilinie verstießen, wurden aus ihren Organisationen ausgeschlossen und mit Berufsverbot belegt.

Kultur im Dienst des Sozialismus

Die Durchsetzung der Gleichstellung von Mann und Frau gehörte seit der Oktoberrevolution zu den Zielen der Partei. Bereits 1928 waren ca. 24% der Frauen berufstätig. Mit Beginn der Industrialisierungsphase erhöhte sich die Zahl berufstätiger Frauen beständig. Besonders hoch war ihr Anteil im Bildungs- und Gesundheitswesen. In leitenden Funktionen fanden sich die Frauen allerdings selten. Die faktische Doppelbelastung, die Erwerbstätigkeit und Hausarbeit vielen Frauen auferlegte, stand der proklamierten Gleichstellungsabsicht vielfach im Wege.

Frauen

Seit Ende der 20er Jahre verschärfte die Sowjetregierung ihren Kampf gegen die Kirche. Durch ein Gesetz vom Mai 1929 wurde die Religionsfreiheit offiziell abgeschafft und das Abhalten von Gottesdiensten als „staatsfeindliche Propaganda" geahndet. Erneut ließ man Hunderte von Kirchen schließen und in Versammlungsräume, Lagerhallen oder Kinos umwandeln.
Schließlich ging die Staatsführung dazu über, widersetzlichen Geistlichen und ihren Familien das Bürgerrecht zu entziehen. Im August 1929 wurde der Sonntag offiziell abgeschafft und stattdessen die ununterbrochene Arbeitswoche (5 Arbeitstage, 1 freier Tag) eingeführt. Als sich zeigte, dass die meisten Betriebe mit der organisatorischen Umstellung überfordert waren und die bäuerliche Bevölkerung sich den antikirchlichen Maßnahmen widersetzte, hob die Regierung die zwangsweise Schließung von Kirchen wieder auf (1930) und fand sich schließlich bereit, den Sonntag als arbeitsfreien Tag wieder zuzulassen (1940).

Unterdrückung der Kirche

46 Plakatentwurf zur Verfassung von 1936. Die Unterschrift des Plakates lautet: „Wir begrüßen den mächtigen Führer, den großen Stalin – Schöpfer der Verfassung. Sieg für den Sozialismus und die wahre Demokratie."
In den 30er Jahren erreichte der Stalinkult, der zu seinem 50. Geburtstag (1929) eingesetzt hatte, einen Höhepunkt. Stalin wurde als getreuester Schüler Lenins, als Held beim Aufbau des Sozialismus und als unerschrockener Kämpfer gegen rechten und linken Opportunismus gefeiert.

Die Stalin-Verfassung

1936 erhielt die Sowjetunion eine neue Verfassung. Das bisherige Wahlrecht, das deutlich zwischen Arbeitern, Bauern und Intelligenz unterschieden hatte, wurde durch ein allgemeines, gleiches und direktes Wahlrecht ersetzt. In Zukunft sollten alle Sowjetbürger auf die Zusammensetzung des Obersten Sowjets Einfluss nehmen. Der Allrussische Rätekongress und das Zentrale Exekutivkomitee wurden abgeschafft. Die Abkehr von der ursprünglichen Idee eines Rätestaates wurde nunmehr offiziell vollzogen. Ausdrücklich garantierte die Stalin-Verfassung die Bürgerrechte wie Rede-, Demonstrations-, Presse- und sogar Religionsfreiheit. Zum ersten Mal erwähnte die Verfassung die Führungsrolle der KPdSU.
Die Kluft zwischen dem Wortlaut der Verfassung und der politischen Realität war allerdings riesengroß. Niemand dachte in Wirklichkeit daran, das politische System ernsthaft zu demokratisieren. Von Anfang an diente daher die Stalin-Verfassung eher als Feigenblatt, um die Willkürherrschaft der Parteiführung notdürftig zu verdecken.

„Große Säuberungen" und Massenterror

Seit dem Machtantritt Stalins begleitete der parteiinterne Streit um den rechten Weg den Aufbau des Sozialismus. Ende der 20er Jahre hatte Stalin seine innenpolitischen Hauptgegner ausgeschaltet. Anlässlich der Verabschiedung der neuen Verfassung verkündete er das Ende der Aufbauphase des Sozialismus. Um die ei-

> **Personenkult:** Der Begriff bezeichnet allgemein die öffentliche Heroisierung der Fähigkeiten und Verdienste führender Persönlichkeiten. 1956 begründete Chruschtschow mit seiner heftigen Kritik an den Erscheinungsformen und Folgen des Personenkultes, der um Stalin betrieben wurde, die Notwendigkeit der Entstalinisierung. Der Personenkult widerspreche nicht nur den Prinzipien des Marxismus-Leninismus, sondern er sei in besonderer Weise mitverantwortlich für den persönlichen Machtmissbrauch Stalins.

3. Die Sowjetgesellschaft in den 30er Jahren

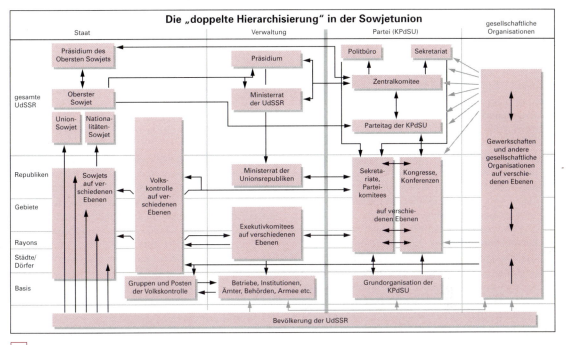

47 Staats- und Parteiaufbau in der Sowjetunion

gene Machtposition gegen alle potentiellen Gegner abzusichern, initiierte Stalin in der zweiten Hälfte der 30er Jahre eine „Säuberungsaktion", die zum Merkmal der Stalinära wurde und der Millionen Menschen zum Opfer fielen.

1934 nahm er die Ermordung des Leningrader Parteisekretärs Kirow zum Anlass, den Terror gegen wirkliche oder vermeintliche Gegner seiner Herrschaft auszuweiten. In wiederholten „Schauprozessen" gegen Funktionäre, die noch aktiv an der Revolution teilgenommen hatten, wurden „Rechtsabweichler" wie „Linksabweichler" verurteilt, hingerichtet oder in Zwangsarbeitslager (Gulag) deportiert. Die Maßnahmen richteten sich aber nicht nur gegen die oppositionelle Politprominenz aus vergangenen Tagen. Die Verhaftungswelle betraf ebenso die nachrevolutionären Eliten, Offiziere der Roten Armee, überhaupt alle, die für irgendwelche Missstände tatsächlich oder angeblich verantwortlich gemacht werden konnten. Von den nahezu 2 000 Delegierten des 17. Parteitages wurden weit über 1 000 wegen „gegenrevolutionärer Verbrechen" verhaftet, 98 der 139 Mitglieder bzw. Kandidaten des Zentralkomitees überlebten die Jahre 1937/38 nicht. Zu den zahllosen Opfern, die die Zwangskollektivierung forderte, kamen nach heutigen Schätzungen vermutlich noch mehr als 10 Millionen Menschen hinzu, die im Zuge der stalinistischen Terrormaßnahmen umgebracht wurden.

„Schauprozesse": Öffentliche Gerichtsverfahren in Diktaturen bzw. totalitären Systemen. Sie werden angesetzt, um Systemgegner auszuschalten und die Schuld an Missständen auf vermeintliche Saboteure und Feinde abzuwälzen. Sie dienen auch dazu, um potentielle Regimegegner abzuschrecken und die Bevölkerung gefügig zu machen. Die Schauprozesse der Stalinzeit liefen nach einem ritualisierten Verfahren ab. Nach dem Verlesen der Anklageschrift legten die zuvor bearbeiteten Angeklagten umfangreiche Geständnisse ab und gaben öffentlich zu, der Sowjetunion Schaden zugefügt zu haben und für das Geschehene die Verantwortung zu tragen.

48 Gesellschaftlicher Wandel in der Stalinzeit. Ein amerikanischer Augenzeuge erinnert sich

a) Die sozialistische Stadt Magnitogorsk:
[...] Die sozialistische Stadt, die später in Kirowdistrikt umgetauft wurde, bestand aus etwa fünfzig großen Mietshäusern mit drei, vier oder auch fünf Etagen und je fünfundsiebzig bis zweihundert Zimmern. [...]
1937 hatte eine Person nicht mehr als 3,34 Kubikmeter Raum. Vier oder fünf Menschen lebten in ein und demselben Zimmer. Die Russen waren indes daran gewöhnt, eng zusammenzuleben, und man klagte weit weniger hierüber, als das in irgendeinem anderen Land der Fall gewesen wäre.
[...] Die Zuteilung der Wohnungen war eine sehr komplizierte Prozedur. Alle Bauten gehörten dem Betrieb und nicht den Behörden. Die Betriebsleitung überließ jeder Fabrik und Abteilung eine gewisse Anzahl Wohnungen und Räume. Die Miete war je nach der Lohnhöhe gestaffelt und betrug im Allgemeinen zwischen zwei und zehn Rubel pro Monat und Quadratmeter. Wir bezahlten ungefähr achtzig Rubel im Monat. Alle Häuser im Kirowdistrikt hatten elektrisches Licht, Zentralheizung und fließendes Wasser. Das Essen wurde in der Regel auf Koksöfen gekocht, wenn auch elektrische Herde immer mehr in Anwendung kamen, da ein Kilowatt nicht mehr als zwölf Kopeken kostete.
Auch die Möbel in den Wohnungen gehörten ursprünglich der Fabrikleitung. Für die Benutzung der Möbel hatten die Bewohner der Häuser pro Jahr fünf Prozent des geschätzten Wertes der Möbel zu bezahlen. Wenn sie jedoch abgenutzt waren oder verschwanden, so ersetzten die Mieter die Möbel meist selbst, so dass die Arbeiter mit der Zeit Besitzer eigener Möbel wurden. Die Möbel waren einfach und durchweg aus Holz.
Im Anfang waren alle Wohnungen mit Badewannen versehen, die aber allmählich verschwanden oder für andere Zwecke, zum Beispiel für die Aufbewahrung der Kohlenvorräte, benutzt wurden. Die meisten Mieter badeten in den zahlreich vorhandenen kommunalen Badehäusern. [...]

b) Kinderkrippe und Schule:
Es gab eine Anzahl Kinderkrippen, die Kinder von ein paar Wochen bis zu drei Jahren aufnahmen, sowohl am Tage wie in der Nacht, je nachdem, wie das für die Mutter am besten war; manchmal konnte ein Kind auch Tag und Nacht beziehungsweise ganze vierundzwanzig Stunden dort bleiben. Die Krippen standen unter der Aufsicht der städtischen Behörden und bekamen einen großen Zuschuss sowohl von der Stadt wie von der Fabrik. Die Eltern zahlten pro Kind und Monat zwischen fünfzehn und fünfzig Rubel. Die Gebäude waren in der Regel hell und sauber und die Behandlung der Kinder war gut. [...] Wenn die Kinder drei oder vier Jahre alt waren, kamen sie in den Kindergarten oder die Spielschule. [...]
Mit sieben Jahren kamen die Kinder in die Schule und nun rechnete man damit, dass die Eltern sich außerhalb der Schulzeit selbst mit den Kindern beschäftigen würden. In einzelnen Fällen, wo die Eltern als nicht kompetent angesehen wurden, wurden die Kinder in „Kinderheime" aufgenommen. 1935 und 1936 stieg die Zahl der Schulen von 34 auf 45. Die neueren Schulen waren gut gelegene, ausge-

c) Arbeiter und Kolchosbäuerin. Monumentalplastik (Stahl, 25 m hoch, 7,5 t schwer) der Bildhauerin Vera Muchina. Die Plastik wurde für die Weltausstellung in Paris (1937) geschaffen. Sie gilt als Prototyp des „sozialistischen Realismus".
Inwiefern dokumentiert die Plastik das Selbstverständnis der sowjetischen Gesellschaft?

zeichnet eingerichtete Gebäude aus armiertem Beton mit vortrefflichen Beleuchtungsanlagen. Man baute indes nicht nur neue Schulen, man erweiterte auch die alten, so dass schließlich in sämtlichen Klassen etwa dreißigtausend Kinder auf einmal sein konnten, während man früher schichtweise, manchmal in drei Schichten am Tag, unterrichten musste. Die zehnjährige „Mittelschule" entspricht vielleicht ungefähr der deutschen Realschule mit Grundschule und Gymnasium. [...] Die Schüler, die sich mit einem Eifer und Fleiß ihren Studien widmeten, der sich vorteilhaft von der Situation in den meisten anderen Ländern unterschied, lernten sehr viel und verließen die Schule nach zehn Jahren mit Kenntnissen, die eine gute Grundlage für eine weitere Ausbildung, speziell auch auf rein wissenschaftlichem Gebiet, bildeten. Bis zum Jahre 1940 wurde kein Schulgeld erhoben. Von da ab wurden hundert Rubel pro Termin oder zweihundert Rubel im Jahr von der siebten Schulklasse an verlangt.

Die Organisation und Disziplin in den Schulen hatte geradezu preußischen Charakter. Die Kinder hatten herzlich wenig mitzubestimmen, was gelesen und gelernt werden sollte. Die vielen Experimente der ersten Jahre nach der Revolution wurden fast sämtlich verworfen. Das geschah deshalb, weil die Sowjetunion Ingenieure, Chemiker, Buchhalter und Lehrer brauchte und diese Berufe eine systematische gründliche Schulung auf ganz bestimmten Gebieten erforderten. [...] Wenn ein Schüler die zehnjährige Mittelschule durchgemacht oder eigene Studien betrieben hatte, so dass er ein Examen ablegen konnte, durfte er – mit siebzehn oder achtzehn Jahren – um Aufnahme in eine höhere Ausbildungsanstalt ansuchen. Magnitogorsk selbst hatte eine höhere Ingenieurschule mit Abteilungen für das Baufach, den Erzbergbau und werkstatttechnische Arbeiten, eine medizinische Hochschule, ein Pädagogium, spezielle Anstalten für Krankenschwestern, Milizleute und andere, sowie eine Fliegerschule und verschiedene militärische Kurse, die von der Osoawiachim (Vereinigung für chemische Verteidigung und Flugwesen) organisiert wurden. [...]

Viele der Studenten in Magnitogorsk waren erwachsene Männer und Frauen, die am Tage Schichtarbeit in der Fabrik verrichteten. Von der ersten Stunde an, als Magnitogorsk angelegt wurde, organisierten die Gewerkschaften einen Unterricht für solche Erwachsene, die weder lesen noch schreiben konnten [...]. 1937 waren mehr als zehntausend Erwachsene an diesem Unterricht beteiligt. In der Presse wurde aber darüber geklagt, dass diese zehntausend nur etwa die Hälfte der Analphabeten in Magnitogorsk seien.

d) Junge Frauen:
Wera [unsere Haushaltshilfe] war sechzehn Jahre alt, Tochter eines enteigneten Kulaken, der in einer Baracke in dem speziellen Distrikt nicht weit von uns wohnte. Sie war 1930 mit Mutter, Vater, einer Schwester sowie zwei Brüdern nach Magnitogorsk gekommen. Im ersten Winter wohnten sie nur in einem Zelt. Die Mutter, ein Bruder und die Schwester starben, Wera aber überlebte [...] und besuchte zwei Jahre hindurch die Schule. Dann erlitt der Vater einen Unglücksfall und konnte nur noch als Wächter arbeiten. Die Familie hatte nicht genug zu essen, und auch Wera musste sich Arbeit suchen. Sie war ein ausgezeichnetes Mädchen für uns. Sie besorgte alles. [...] Das Einzige, was sie forderte, war, dass sie jeden Abend die Schule besuchen konnte. [...] Es war ein harter Schlag für uns, als die Polizei im Jahr 1938 [...] Wera und eine Reihe anderer Jugendlicher, die aus den ihrer Privilegien beraubten Schichten stammten, nach Tscheljabinsk verschickte. [...] Dort wurde Arbeitskraft zum Aufbau einer neuen Waffenfabrik gebraucht. [...]

Einige Monate nach Elkas Geburt legte Mascha das Abschlussexamen ab und erhielt einen Platz als Mathematiklehrerin. [...] Sie unterrichtete im Durchschnitt fünf Stunden am Tag und erhielt ein Monatsgehalt von 500 Rubel, ungefähr gerade so viel, wie ich verdiente. Sie fühlte sich sehr wohl in ihrer Arbeit und hatte gute Erfolge. [...]

Mascha war typisch für eine ganze Generation junger Sowjetfrauen, die die umfassenden Ausbildungsmöglichkeiten, die ihnen geboten wurden, ausnutzten und gebildete Berufsfrauen wurden, während ihre Eltern nur gerade lesen und schreiben konnten. Diese Gruppe [...] war unter dem Schlagwort „Gleiche Möglichkeiten für Männer und Frauen" geformt worden. Sie waren in den zwanziger Jahren mit Propaganda über die Beseitigung der bürgerlichen Familie als Institution überschüttet worden. Mit Kochen, Abwaschen und Nähen wollten sie sich so wenig wie möglich befassen. Solche Aufgaben waren für die Dienstboten da, die nicht genügend Intelligenz besaßen oder nicht genug Schulung hatten, um einen anderen Beruf auszuüben. [...]

Aus: John Scott, Jenseits des Ural. Die Kraftquellen der Sowjetunion, Stockholm 1944, a) und b): S. 249–259, c): S. 154–159

e) Schriftsteller im Sozialismus. Der sowjetische Politiker und enge Mitarbeiter Stalins Shdanow äußert sich auf dem 1. Schriftstellerkongress (1934):

Genosse Stalin hat unsere Schriftsteller die Ingenieure der menschlichen Seele genannt. Was heißt das? Welche Verpflichtung legt ihnen dieser Name auf? Das heißt erstens das Leben kennen, um es in den künstlerischen Werken wahrheitsgetreu darstellen zu können, nicht scholastisch, nicht tot, nicht einfach als ‚objektive Wirklichkeit', sondern als die Wirklichkeit in ihrer revolutionären Entwicklung. Dabei muss die wahrheitsgetreue und historisch-konkrete künstlerische Darstellung mit der Aufgabe verbunden werden, die werktätigen Menschen im Geiste des Sozialismus ideologisch umzuformen und zu erziehen. Das ist die Methode, die wir in der schönen Literatur und in der Literaturkritik als die Methode des sozialistischen Realismus bezeichnen.

Unsere Sowjetliteratur fürchtet sich nicht vor dem Vorwurf, tendenziös zu sein. Jawohl, die Sowjetliteratur ist tendenziös, weil es in der Epoche des Klassenkampfes keine über den Klassen stehende tendenzlose, angeblich unpolitische Literatur gibt und auch nicht geben kann. [...]

Ingenieur der menschlichen Seele sein heißt mit beiden Beinen auf dem Boden des realen Lebens stehen und folglich mit der Romantik brechen, die ein nicht existierendes Leben und nicht existierende Helden darstellte und den Leser aus dem widerspruchsvollen und bedrückenden Leben in die Welt des Unwirklichen, in die Welt der Utopien führte. Für unsere Literatur, die mit beiden Beinen auf festem materialistischem Boden steht, kann es keine lebensfremde Romantik geben, sondern nur eine Romantik von neuem Typus, eine revolutionäre Romantik. [...]

Die Sowjetliteratur muss verstehen, unsere Helden zu gestalten, sie muss verstehen, einen Blick in unsere Zukunft zu werfen. Das wird keine Utopie sein, denn unsere Zukunft wird durch planmäßig bewusste Arbeit schon heute vorbereitet."

zit. nach: Rüdiger Thomas, Marxismus und Sowjetkommunismus, Teil 2, Stuttgart o. J., S. 91 f.

a) Was für Einblicke in die sozialistische Gesellschaft der Stalinzeit vermittelt Scotts Bericht?
b) Prüfen Sie, ob sich John Scott eher als Anhänger oder Gegner des gesellschaftlichen Wandels zu erkennen gibt.
c) Diskutieren Sie die Konsequenzen, die sich aus der Verpflichtung zum „sozialistischen Realismus" für die Schriftsteller ergeben.

49 Sozialistischer Wettbewerb

a) Stalin über die Stachanow-Bewegung 1935:
1. Als Grundlage der Stachanow-Bewegung diente vor allem die radikale Verbesserung der materialen Lage der Arbeiter. Es lebt sich jetzt besser, Genossen. Es lebt sich jetzt froher. Und wenn es sich froh lebt, dann geht die Arbeit gut vonstatten. Daher die hohen Leistungsnormen. Daher die Helden und Heldinnen der Arbeit. Darin vor allem liegt die Wurzel der Stachanow-Bewegung. [...]
2. Die zweite Quelle der Stachanow-Bewegung ist die Tatsache, dass es bei uns keine Ausbeutung gibt. Die Menschen arbeiten bei uns nicht für Ausbeuter, nicht für die Bereicherung von Müßiggängern, sondern für sich, für ihre Klasse, für ihre Gesellschaft, die Sowjetgesellschaft, in der die besten Leute der Arbeiterklasse an der Macht stehen. Eben deswegen hat die Arbeit bei uns gesellschaftliche Geltung, ist sie eine Sache der Ehre und des Ruhmes. Unter dem Kapitalismus trägt die Arbeit einen privaten, persönlichen Charakter. [...]

Deswegen wird die Arbeit der Menschen unter dem Kapitalismus nicht gerade hoch eingeschätzt. Es ist klar, dass unter solchen Verhältnissen für eine Stachanow-Bewegung kein Platz sein kann. Anders steht es damit unter den Verhältnissen des Sowjetsystems. Hier wird der arbeitende Mensch geschätzt. Hier arbeitet er nicht für die Ausbeuter, sondern für sich, für seine Klasse, für die Gesellschaft. Hier kann sich der arbeitende Mensch nicht verlassen und vereinsamt fühlen. Im Gegenteil, der arbeitende Mensch fühlt sich bei uns als freier Bürger seines Landes, gewissermaßen als Mann der Öffentlichkeit. Und wenn er gut arbeitet und der Gesellschaft gibt, was er geben kann, dann ist er ein Held der Arbeit, dann ist er ruhmgekrönt. Es ist begreiflich, dass nur unter solchen Verhältnissen die Stachanow-Bewegung aufkommen konnte.

J. Stalin, Fragen des Leninismus, Moskau 1947, zit. nach: Informationen zur pol. Bildung, Heft 235, S. 29

3. Die Sowjetgesellschaft in den 30er Jahren

b) Anstecknadel für besondere Leistungen: „Dem Stoßarbeiter für die Erfüllung seiner Aufgaben"

c) Der britische Gewerkschaftsführer Walter Citrine über seine Beobachtungen in einer Kugellagerfabrik (1935):
Hierauf besichtigten wir die Werkstätten. Zuerst fiel mir eine Anzahl großer braun angestrichener Tafeln auf, die da und dort aufgestellt waren. Darauf waren mit Kreide die Namen von Arbeitern und auf der anderen Seite ihre Prozentsätze angeschrieben.
Man stellte mir den Werkführer, einen Russen aus Amerika, vor. Er sagte mir, dass die Zahlen die Prozentsätze der Produktionssteigerung über die vorhergehende Produktion bedeuteten, die die Arbeiter im Laufe des Jahres erreichen wollten. Sie sind alle auf Stücklohn beschäftigt und nach dem Ergebnis des letzten Jahres ersucht worden, noch mehr zu produzieren. Sie hatten sich verpflichtet, die Ziffern bei jedem einzelnen Namen zu erreichen, 125 oder 150 Prozent des letzten Jahres, je nach Einzelfall. Die Tafel gab die tatsächlich erzielten Ergebnisse an und zeigte so dem Arbeiter, ob er im Rückstand war oder nicht. Ich fragte sogleich, was mit dem Manne geschehe, dem die Produktionssteigerung nicht gelinge. Was hatte er zu erwarten?
Der Werkführer antwortete: „Wir führen keine schwarzen Listen oder dergleichen."
Ich war beruhigt und kam gleich darauf vor eine noch größere Tafel. Sie war auf der linken Seite in Zeilen eingeteilt und wies auch Querlinien auf. In die Zeile links oben war ein Flugzeug gezeichnet, darunter ein Automobil. Dann folgte irgendeine andere Zeichnung, die Schnelligkeit versinnbildlichen sollte, und so ging es weiter, die Zeichnungen stellten immer langsamere Bewegungen dar. Eine davon war ein Mann auf einem Maultier. Eine andere stellte einen Mann dar, der langsam einherschritt. Wieder eine andere eine Schildkröte, dann eine Schnecke und ganz tief unten einen fast schlafenden Mann.
Gegenüber diesen Zeichnungen waren Namen und Prozentsätze geschrieben.
Ich sagte zu dem Werkführer: „Was stellt das vor? Sie haben mir doch eben versichert, dass sie keine schwarze Liste führen, aber ist das vielleicht etwas anderes?"
Er sagte: „Das sind die Namen der Werkführer, die nicht die vorgeschriebenen Produktionsziffern erreicht haben."
„Wer hat das angeordnet?"
„Es sind Anweisungen der Gewerkschaften und der Arbeiter selbst", versetzte er. „Ich habe damit nichts zu tun. Ich bin bei der Verwaltung tätig und das hier ist von den Arbeitern gemacht."
„Aber das ist ja unmöglich!" sagte ich, „wer hat ihnen denn diese Tafel angefertigt? Wer hat sie angestrichen? Wer hat ihnen gestattet, sie hier aufzustellen?"
„Wir", antwortete er mit einigem Widerstreben.
„Dann können Sie doch nicht behaupten, dass Sie nichts damit zu schaffen haben", erwiderte ich.

Walter Citrine, Auf Wahrheitssuche in Russland, Zürich 1938, S. 87 ff.

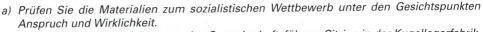

a) Prüfen Sie die Materialien zum sozialistischen Wettbewerb unter den Gesichtspunkten Anspruch und Wirklichkeit.
b) Diskutieren Sie die Erfahrungen des Gewerkschaftsführers Citrine in der Kugellagerfabrik.

50 Säuberungen und Schauprozesse

a) Auszüge aus dem Bericht über den Prozess gegen Bucharin und Rykow u. a. (März 1938):
Gerichtskommandant: Das Gericht erscheint, bitte, sich von den Plätzen zu erheben.
Vorsitzender: Bitte, sich zu setzen. Angeklagter Bucharin, es wird Ihnen das letzte Wort erteilt.
Bucharin: Bürger Vorsitzender und Bürger Richter, ich bin mit dem Bürger Staatsanwalt vollständig einverstanden bezüglich der Bedeutung des Prozesses, auf dem unsere ruchlosen Verbrechen aufgedeckt wurden, die der „Block der Rechten und Trotzkisten" verübte, dessen einer Führer ich war und für dessen ganze Tätigkeit ich die Verantwortung trage. Dieser Prozess, der in der Serie der anderen Prozesse den Abschluss bildet, deckt alle Verbrechen, deckt die verräterische Tätigkeit auf, den historischen Sinn und die Wurzel unseres Kampfes gegen die Partei und die Sowjetregierung.
Ich sitze schon mehr als ein Jahr im Gefängnis und weiß deswegen nicht, was in der Welt vorgeht, aber aus den zufälligen Bruchstücken der Wirklichkeit, die manchmal bis zu mir gelangen, sehe, fühle und verstehe ich, dass die Interessen, die wir so verbrecherisch verraten haben, in eine neue Phase ihrer gigantischen Entwicklung eintreten, jetzt bereits in die internationale Arena hinaustreten, als größter Machtfaktor der internationalen proletarischen Phase.
Wir Angeklagten sitzen auf der anderen Seite der Barriere, und diese Barriere trennt uns von Ihnen, Bürger Richter. Wir fanden uns in den verfluchten Reihen der Konterrevolution, wir waren Verräter an der sozialistischen Heimat geworden.
Gleich zu Anfang des Prozesses antwortete ich bejahend auf die Frage des Bürgers Vorsitzenden, ob ich mich schuldig bekenne.
Auf die mir vom Bürger Vorsitzenden gestellte Frage, ob ich die von mir gemachten Aussagen bestätige, antworte ich, dass ich sie voll und ganz bestätige.
Als ich am Ende der Voruntersuchung zum Verhör zum Staatlichen Ankläger gerufen wurde, der das gesamte Material der Untersuchung kontrollierte, da resümierte er diese Gesamtheit auf folgende Weise:
Frage: „Waren Sie Mitglied des Zentrums der konterrevolutionären Organisation der Rechten?" Ich antwortete: „Ja, ich gebe das zu."
Zweite Frage: „Gestehen Sie, dass das Zentrum der sowjetfeindlichen Organisation, dessen Mitglied Sie sind, eine konterrevolutionäre Tätigkeit betrieb und sich den gewaltsamen Sturz der Parteiführung und der Regierung zum Ziel gesetzt hat?" Ich antwortete: „Ja, ich gestehe das."
Dritte Frage: „Gestehen Sie, dass dieses Zentrum eine terroristische Tätigkeit betrieb, Kulakenaufstände organisiert und weißgardistische Kulakenaufstände gegen die Mitglieder des Politbüros, gegen die Führung der Partei und der Sowjetmacht vorbereitet hat?" Ich antwortete: „Das ist richtig."
Vierte Frage: „Bekennen Sie sich der verräterischen Tätigkeit schuldig, die sich in der Vorbereitung einer Verschwörung mit dem Ziele eines Staatsumsturzes ausdrückte?" Ich antwortete: „Auch das ist wahr."
Vor Gericht bekannte ich mich und bekenne ich mich der Verbrechen schuldig, die ich begangen habe und die mir vom Bürger Staatlicher Ankläger am Ende der gerichtlichen Untersuchung und aufgrund des dem Staatsanwalt vorliegenden Untersuchungsmaterials zur Last gelegt wurden. Vor Gericht erklärte ich auch und unterstreiche und wiederhole

b) Plakat (1938) von Igumnow zu den Moskauer Prozessen (u. a. gegen Bucharin und Rykow). Unterschrift: „Lasst uns Spione und Abweichler ausrotten."

es jetzt, dass ich mich politisch für die ganze Gesamtheit der vom „Block der Rechten und Trotzkisten" verübten Verbrechen schuldig bekenne. Ich unterliege dem strengsten Strafmaß und ich bin mit dem Bürger Staatsanwalt einverstanden, der einige Male wiederholte, dass ich an der Schwelle meiner Todesstunde stehe.
[18 der 21 Angeklagten wurden zur Erschießung verurteilt, die Beschlagnahmung ihres ganzen persönlichen Eigentums wurde angeordnet.]

Th. Pirker, Die Moskauer Schauprozesse 1936–1938, München 1963

c) Alexander Solschenizyn in seinem dokumentarischen Bericht (Archipel GULAG) über die Verfolgungen der Stalinzeit:

Ver-haf-tet-wer-den, das ist ein Aufblitzen und ein Schlag, durch die das Gegenwärtige sofort in die Vergangenheit versetzt und das Unmögliche zur rechtmäßigen Gegenwart wird. Das ist alles. Mehr zu begreifen gelingt Ihnen weder in der ersten Stunde noch nach dem ersten Tag.
Noch blinkt Ihnen in Ihrer Verzweiflung wie aus der Zirkuskuppel ein künstlicher Mond zu: „Ein Irrtum! Das wird sich schon aufklären!"
Alles andere aber, was sich heute zur traditionellen und sogar literarischen Vorstellung über die Verhaftung zusammengefügt hat, entsteht und sammelt sich nicht mehr in Ihrem bestürzten Gedächtnis, sondern im Gedächtnis Ihrer Familie und der Wohnungsnachbarn.
Das ist: ein schrilles, nächtliches Läuten oder ein grobes Hämmern an der Tür. Das ist: der ungenierte stramme Einbruch der an der Schwelle nicht abgeputzten Stiefel des Einsatzkommandos. Das ist: der hinter Ihrem Rücken sich versteckende Zeuge als Beistand (Wozu der Beistand? – Das zu überlegen, wagen die Opfer nicht, und die Verhafter haben es vergessen, aber es ist halt Vorschrift; so muss er denn die Nacht über dabeisitzen und gegen Morgen das Protokoll unterschreiben. Auch für den aus dem Schlaf gerissenen Zeugen ist es eine Qual: Nacht für Nacht dabei sein und helfen zu müssen, wenn man seine Nachbarn und Bekannten verhaftet). Die traditionelle Verhaftung – das heißt auch noch: mit zitternden Händen zusammensuchen, was der Verhaftete dort brauchen könnte: Wäsche zum Wechseln, ein Stück Seife und was an Essen da ist, und niemand weiß, was notwendig und was erlaubt ist und welche Kleidung am besten wäre, die Uniformierten aber drängen: „Wozu das alles? Dort gibt's Essen genug. Dort ist's warm." (Alles Lüge. Und das Drängen dient nur zur Einschüchterung.)
Die traditionelle Verhaftung hat noch eine stundenlange Fortsetzung, später, wenn der arme Sünder längst abgeführt ist und die brutale, fremde erdrückende Gewalt sich der Wohnung bemächtigt. Das sieht so aus: Schlösser aufbrechen, Polster aufschlitzen, alles von den Wänden runter, alles aus den Schränken raus, ein Herumwühlen, Ausschütten, Aufschneiden, ein Reißen und Zerren – und Berge von Hausrat auf dem Boden und Splitter unter den Stiefeln. Und nichts ist ihnen heilig während der Haussuchung! Während der Verhaftung des Lokführers Inoschin stand der Sarg mit seinem eben verstorbenen Kind im Zimmer. Die Rechtshüter kippten das Kind aus dem Sarg heraus, sie suchten auch dort. Sie zerren Kranke aus ihren Betten und reißen Verbände von Wunden […].
Für die aber, die nach der Verhaftung zurückbleiben, beginnen ab nun lange Monate eines zerrütteten, verwüsteten Lebens. Die Versuche, mit Paketen durchzukommen. Und überall nur bellende Antworten: „Den gibt es nicht!" „Nicht in den Listen!" Zuvor aber muss man an den Schalter gelangen, aus dem das Gebell schallt, und das bedeutete in den schlimmen Leningrader Zeiten fünf Tage Schlangestehen. Und erst nach Monaten oder nach einem Jahr lässt der Verhaftete selbst von sich hören oder aber es wird einem das „ohne Brieferlaubnis" an den Kopf geworfen. Das aber heißt für immer „ohne Brieferlaubnis", das steht fast sicher für: erschossen.

Alexander Solschenizyn, Der Archipel GULAG, Bern 1974, S. 16 ff.

a) Erörtern Sie, inwiefern der Prozess als „Schauprozess" bezeichnet werden kann.
b) Diskutieren Sie die Darstellungsabsicht Solschenizyns. Welche Elemente hebt er hervor?

4. Von der kollektiven Sicherheitspolitik zum „Großen Vaterländischen Krieg"

Friedenspolitik nach außen

Seit den 20er Jahren hatte Stalin der sozialistischen Umgestaltung des eigenen Landes absolute Priorität eingeräumt. Überzeugt davon, dass die Widersprüche der kapitalistischen Länder unweigerlich in einen neuen Krieg führen würden, setzte er seinerseits auf Friedenspolitik, um in den Zeiten forcierter Industrialisierung und Zwangskollektivierung den sozialistischen Aufbau seines Landes nicht unnötig zu gefährden. Um den Friedenswillen zu demonstrieren, beteiligte sich die UdSSR seit Herbst 1927 an den Abrüstungsverhandlungen des Völkerbundes, ohne selbst Mitglied dieser Organisation zu sein, trat 1928 dem Briand-Kellogg-Pakt bei, der den Krieg als Mittel zur Beseitigung internationaler Krisen ausdrücklich ausschloss, und fand sich Anfang der dreißiger Jahre bereit, u. a. mit den baltischen Staaten, mit Polen und mit Frankreich Nichtangriffspakte abzuschließen. Obwohl die Sowjetunion in der Weltpolitik noch immer als Außenseiter galt und ihrerseits jahrelang den Völkerbund als Organisation von „Kapitalisten" und „Imperialisten" attackiert hatte, entschloss sie sich nach dem Austritt Deutschlands und Japans 1933 zum Beitritt und übernahm in seinem höchsten Gremium, dem Völkerbundsrat, einen ständigen Sitz (1934). Stalin war davon überzeugt, sein Land auf diese Weise in ein System „kollektiver Sicherheit" einfügen zu können.

Komintern: Instrument sowjetischer Außenpolitik

Dennoch hatte die UdSSR ihre weltrevolutionären Zielvorstellungen keineswegs aufgegeben. Ein wichtiges Instrument, den Sozialismus auch international voranzubringen, war für Stalin die Kommunistische Internationale (Komintern), eine Organisation kommunistischer Parteien aller Länder, die auf Initiative der Bolschewiki 1919 in Moskau neu gegründet worden war. Die Satzung der Komintern verpflichtete diese Parteien, den Weisungen Moskaus zu folgen. Solange Stalin mit dem Aufbau des Sozialismus im eigenen Land beschäftigt war und die Konsolidierung der UdSSR international durch Beistands- und Nichtangriffspakte betrieb, hatte die Komintern ihre weltrevolutionären Zielvorstellungen zurückzustellen.

Volksfronttaktik

Im Sommer 1935 wurde der Komintern eine neue Taktik verordnet. Das Vordringen des Faschismus in Europa veranlasste die Moskauer Zentrale zu der Weisung, nicht mehr die Sozialdemokratie als Hauptfeind zu betrachten. Von nun an sollten sich die Kommunisten in allen kapitalistischen Ländern mit Sozialdemokraten und auch mit bürgerlichen Parteien zusammenschließen, um in einer „Einheitsfront" den Widerstand zu organisieren. Dabei hoffte die Moskauer Führung auch auf einen Aufschwung des Sozialismus in den kapitalistischen Ländern.

Faschismus (von lat. fasces = Rutenbündel, Herrschaftssymbol der römischen Beamten): Im engeren Sinne bezeichnet der Begriff die von Mussolini in Italien gegründete Bewegung, die 1922 durch den „Marsch auf Rom" zur Macht gelangt war. Als Sammelbegriff wurde er auf ähnliche Bewegungen in anderen Ländern ausgedehnt. Wesentliche Merkmale des faschistischen Herrschaftssystems: Einparteienstaat, Führerprinzip, hierarchische Ordnung der Gesellschaft, Reglementierung des gesellschaftlichen Lebens bis hin zur Freizeitgestaltung, Aufhebung der Grundrechte und der Gewaltenteilung. Im Unterschied zum italienischen Faschismus ist die Rassenlehre als Begründung eines militanten Antisemitismus ein Grundelement des deutschen Nationalsozialismus. Aus Sicht der Kommunisten war der Faschismus in Europa ein Symptom für den Niedergang des Kapitalismus. Faschistische Bewegungen wurden gedeutet als letzter Versuch des Bürgertums, die kapitalistische Ordnung vor der sozialistischen Revolution zu retten.
Unter Totalitarismus versteht man eine Staats- und Gesellschaftsordnung, in der Politik, Wirtschaft, Kunst und Kultur von einer Partei und Ideologie beherrscht und alle Gegenkräfte unterdrückt werden.

4. Von der kollektiven Sicherheitspolitik zum „Großen Vaterländischen Krieg"

Im Spanischen Bürgerkrieg kam die Volksfronttaktik offen zur Anwendung. Um die spanischen Kommunisten in ihrem Kampf gegen General Franco zu unterstützen, organisierte die Komintern ein Aufgebot internationaler Brigaden, die Francos Sieg am Ende aber nicht verhindern konnten. Offiziell beteiligte sich die Sowjetunion an der Spanienaktion nicht, da Stalin die Sicherheit seines Landes nicht aufs Spiel setzen wollte.

Ende der 30er Jahre verstärkte sich bei der Sowjetführung die Erkenntnis, dass ihre Politik der kollektiven Sicherheit gescheitert war. Das faschistische Italien und besonders das nationalsozialistische Deutschland betrieben eine aggressive Außenpolitik. Deutschland war dazu übergegangen, den Status quo in Mitteleuropa substantiell zu verändern (Annexion Österreichs, Anschluss des Sudetenlandes, Zerschlagung der Tschechoslowakei). Daraufhin entschloss sich die Sowjetführung zu einer radikalen Richtungsänderung. Da die Verhandlungen mit den Westmächten nicht zu befriedigenden Vertragsergebnissen führten, ließ Stalin Geheimverhandlungen mit dem Deutschen Reich aufnehmen. Zur Überraschung der Weltöffentlichkeit präsentierten die Außenminister Deutschlands und der Sowjetunion, von Ribbentrop und Molotow, am 23. August 1939 das Ergebnis ihrer Gespräche. Beide Länder schlossen einen Nichtangriffspakt, dessen geheimes Zusatzprotokoll – es wurde erst nach Ende des Zweiten Weltkrieges bekannt – eine Aufteilung Ostmittel- und Südosteuropas in deutsche und sowjetische „Interessensphären" festlegte. Wenige Wochen nach Kriegsausbruch marschierte die Rote Armee in Ostpolen ein und besetzte den ihr im Zusatzprotokoll zugesprochenen Teil des Landes. Ende September bzw. Anfang Oktober schloss die Sowjetunion mit den baltischen Staaten Estland, Lettland und Litauen zunächst Beistandspakte, die ihr die Einrichtung militärischer Stützpunkte ermöglichten. Im August 1940 wurden die baltischen Staaten schließlich annektiert und in den Staatsverband der UdSSR eingegliedert. Finnland, das sich dem sowjetischen Ansinnen zur Errichtung von Militärstützpunkten widersetzt hatte, wurde im Winter 1939/40 von der Sowjetunion angegriffen und musste nach Ende des Winterkriegs Teile Kareliens sowie Gebiete im Nordosten an die UdSSR abtreten.

Hitler-Stalin-Pakt

Lange Zeit war ungeklärt, welche Motive Stalin veranlassten, sich mit dem nationalsozialistischen Deutschland zu arrangieren. Hoffte er nach den Garantieerklärungen Englands und Frankreichs für Polen sein Land aus der sich abzeichnenden Auseinandersetzung zwischen den kapitalistischen Ländern heraushalten zu können, um am Ende das Zünglein an der Waage zu spielen? Wollte er nur einem drohenden Zweifrontenkrieg mit Deutschland und Japan aus dem Wege gehen? Oder gaben die erwarteten Gebietserweiterungen letztlich den Ausschlag, sich mit dem ideologischen Hauptgegner zu verbünden? Vermutlich haben alle Gesichtspunkte in den Überlegungen Stalins eine Rolle gespielt. Vorrang für Stalins Handeln hatte aber am Ende wohl doch die Aussicht auf territorialen Zugewinn. Damit verband sich die Hoffnung, Hitler durch einen Krieg mit dem Westen ablenken zu können und damit die kapitalistischen Staaten daran zu hindern, ein antisowjetisches Bündnis einzugehen.

Stalins Motive

Im Juni 1941 wurde die Sowjetunion selbst ein Opfer der nationalsozialistischen Aggression, als deutsche Truppen ohne vorherige Kriegserklärung in das Land eindrangen. Die NS-Führung plante den Bolschewismus auszurotten, strebte Gebietserweiterung durch Gewinn „neuen Lebensraumes" an und wollte die slawische Bevölkerung des Ostens der „arischen Herrenrasse" als Arbeitssklaven dienstbar machen. Trotz vieler Warnungen vor einem militärischen Konflikt mit Deutschland wurde die Staats- und Parteiführung vom deutschen Angriff überrascht. Stalins „Säuberungen" hatten die militärischen Führungskader stark ge-

„Großer Vaterländischer Krieg"

schwächt. Da die Rote Armee zudem weitgehend auf Offensivstrategien eingestellt war, erlitt sie in den schlecht koordinierten Abwehrkämpfen der ersten Kriegsmonate hohe Verluste und musste ständig zurückweichen. Fast drei Millionen sowjetischer Soldaten gerieten in Gefangenschaft. Angesichts der existentiellen Bedrohung seines Staates rief Stalin die Bevölkerung zur verstärkten Landesverteidigung und zum Partisanenkrieg in den deutsch besetzten Gebieten auf. Noch im Juli 1941 appellierte er an den Patriotismus seiner Landsleute und verkündete den „Großen Vaterländischen Krieg". Zur Unterstützung der Roten Armee ließ er Freiwilligenverbände aufstellen, erhöhte die Arbeitszeiten in der Industrie, insbesondere im Rüstungsbereich, und suchte den Ausgleich mit der orthodoxen Kirche. Wie nie zuvor erreichte Stalin den Schulterschluss zwischen Bevölkerung und Staatsführung. Den Durchhaltewillen der Bevölkerung stärkte er weniger mit sozialistischen Parolen, vielmehr setzte er in seinen Appellen an die Bevölkerung auf die Vergangenheit des russischen Volkes. Nationalitäten, die als unsicher galten oder im Verdacht standen, mit dem Feind gemeinsame Sache zu machen, ließ er kurzerhand aus ihren Siedlungsgebieten vertreiben und nach Mittelasien deportieren (Inguschen, Tschetschenen, Wolgadeutsche).

Sieg der Roten Armee

Als der deutsche Vormarsch kurz vor Moskau aufgehalten werden konnte und schließlich bei Stalingrad die Wende eingeleitet wurde, begann die Rote Armee mit der Rückeroberung russischen Bodens. Obwohl die Sowjetunion in ihrem Abwehrkampf durch Großbritannien und vor allem die USA mit umfangreichen Materiallieferungen, Nahrungsmitteln und Ausrüstungsgütern unterstützt wurde, hatte sie bis zur Landung amerikanischer und britischer Truppen im Juni 1944 in Frankreich die Hauptlast des Krieges in Europa zu tragen. Nach dem Vormarsch der Roten Armee in die Länder Osteuropas ließ Stalin in Polen, Rumänien, Ungarn und Bulgarien prosowjetische Regierungen bilden.

Im Herbst 1944 überschritten sowjetische Truppen die Grenze des Deutschen Reiches und eroberten im Frühjahr 1945 die Reichshauptstadt Berlin. Am 8. Mai 1945 kapitulierte das nationalsozialistische Deutschland. Die Sowjetunion hatte über 25 Millionen Kriegstote (Soldaten und Zivilpersonen) zu beklagen.

51 „Napoleon hat seine Niederlage erlitten. Das Gleiche blüht Hitler auch!" Plakat aus der UdSSR, Juni 1941.
Erörtern Sie die Mittel und Intentionen des Plakates.

52 Kominternstrategie und sowjetische Außenpolitik

Aus den Beschlüssen des VII. Weltkongresses der Kommunistischen Internationale (20. August 1935):
Angesichts der immer größer werdenden Gefahr des Faschismus für die Arbeiterklasse […] ist es unbedingt erforderlich, dass die Aktionseinheit aller Gruppen der Arbeiterklasse, ungeachtet zu welcher Organisation sie gehören, geschaffen wird, auch bevor die Mehrheit der Arbeiterklasse sich auf einer gemeinsamen Plattform zur Zerstörung des Kapitalismus und zum Sieg der proletarischen Revolution zusammenschließt. […]
7. In dem Bestreben, unter der Führung des Proletariats den Kampf der werktätigen Bauern, des städtischen Kleinbürgertums und der werktätigen Massen der unterdrückten Nationalitäten zusammenzufassen, müssen die Kommunisten danach trachten, die Errichtung einer breiten, antifaschistischen Volksfront auf der Basis der proletarischen Einheitsfront zu ermöglichen, wobei sie alle spezifischen Forderungen der Gruppen der Werktätigen unterstützen, welche im Einklang mit den fundamentalen Interessen des Proletariats stehen. […]
8. […] Wenn es sich mit einem solchen Aufwallen der Massenbewegung als möglich und im Interesse des Proletariats als möglich erweist, eine Regierung der proletarischen Einheitsfront oder einer antifaschistischen Volksfront zu bilden, welche noch nicht eine Regierung der proletarischen Diktatur ist, so doch eine, die entscheidende Maßnahmen gegen Faschismus und Reaktion durchführt, dann muss die Kommunistische Partei dafür Sorge tragen, dass solch eine Regierung gebildet wird. […]

Sowohl in Friedenszeiten als auch im Falle eines Krieges gegen die Sowjetunion fallen die Interessen der Festigung der Sowjetunion, der Stärkung ihrer Macht, der Sicherung ihres Sieges auf allen Gebieten und an allen Abschnitten des Kampfes restlos und unzertrennlich zusammen mit den Interessen der Werktätigen der ganzen Welt. […] Deshalb muss die Unterstützung der Sowjetunion, ihre Verteidigung und die Förderung ihres Sieges über alle Feinde die Handlungen jeder revolutionären Organisation des Proletariats, jedes wahren Revolutionärs, jedes Sozialisten, jedes Kommunisten, jedes parteilosen Arbeiters, jedes werktätigen Bauern, jedes ehrlichen Intellektuellen und Demokraten, eines jeden bestimmen, der die Vernichtung der Ausbeutung, des Faschismus und des imperialistischen Jochs, die Erlösung von imperialistischen Kriegen anstrebt, Brüderlichkeit und Frieden unter den Völkern, den Sieg des Sozialismus in der ganzen Welt ersehnt.

[…] Unter Deiner Führung ist die Union der Sozialistischen Sowjetrepubliken das uneinnehmbare Bollwerk der sozialistischen Revolution geworden, ein Bollwerk des Kampfes gegen Faschismus und Reaktion, gegen den Krieg. […] Die Völker der Welt wollen keinen Krieg, wollen keinen Faschismus. Sie wenden sich immer mehr der Sowjetunion zu, sie blicken mit Hoffnung und Liebe auf dich, Genosse Stalin, auf den Führer der Werktätigen aller Länder. […]
Du hast uns Kommunisten gelehrt und lehrst uns, dass eine prinzipientreue Politik die einzig richtige Politik ist. Durch unentwegte Anwendung der bolschewistischen Politik hat die Kommunistische Internationale eine überragende Einheit und Geschlossenheit ihrer Reihen erreicht. Im Kampf gegen die konterrevolutionären Trotzkisten-Sinowjewisten, im Kampf gegen rechte und „linke" Opportunisten hast Du, Genosse Stalin, die marxistisch-leninistische Lehre verteidigt und sie unter den Bedingungen der neuen Epoche der Weltrevolution entwickelt, die in der Geschichte als Epoche Stalins fortleben wird. […]
Der VII. Kongress der Kommunistischen Internationale versichert dir, Genosse Stalin, im Namen von 65 kommunistischen Parteien, dass die Kommunisten immer und überall dem großen unbesiegbaren Banner Marx' und Engels', Lenins und Stalins bis zum Ende die Treue bewahren werden. Unter diesem Banner wird der Kommunismus in der ganzen Welt triumphieren.

zit. nach: Elmar Krautkrämer (Hg.), Internationale Politik im 20. Jahrhundert, Dokumente und Materialien, Bd. 1, Frankfurt 1976, S. 85, 88f.

Diskutieren Sie die Methoden, mit denen die Kominternführung Mitte der 30er Jahre ihre Zielvorstellungen verfolgt.

53 Sowjetdiplomatie vor Beginn des Zweiten Weltkrieges

a) Aus einer Rede Stalins vom 10. März 1939:
Es ist ein kennzeichnender Zug des neuen imperialistischen Krieges, dass er noch nicht zu einem universalen Krieg, einem Weltkrieg geworden ist. Der Krieg wird von den Aggressorstaaten geführt, die in jeder Weise die Interessen der Nichtaggressorstaaten beeinträchtigen, besonders Englands, Frankreichs und der USA, während die letzteren in einem fort zurückweichen und eine Konzession nach der anderen gegenüber den Aggressoren machen. So erleben wir eine Neuaufteilung der Welt und der Interessensphären auf Kosten der Nichtaggressorstaaten – ohne den mindesten Versuch eines Widerstandes und sogar mit einer gewissen Begünstigung seitens der letzteren Staaten. […]
Unglaublich, aber wahr.
Worauf ist also zurückzuführen, dass diese Staaten systematisch Konzessionen gegenüber dem Angreifer machen?
Es könnte z. B. auf die Furcht zurückgeführt werden, dass eine Revolution ausbrechen könnte, wenn die Nichtaggressorstaaten zum Kriege schreiten und der Krieg weltweite Ausmaße annimmt. Die Bourgeois-Politiker wissen natürlich, dass der erste imperialistische Krieg zum Siege der Revolution in einem der größten Länder führte. Sie haben Angst, dass der zweite imperialistische Weltkrieg ebenso zum Siege der Revolution in einem der verschiedenen Länder führen könnte.
Aber das ist nicht der einzige Grund und auch nicht einmal der Hauptgrund. Der Hauptgrund ist, dass die Mehrheit der Nichtaggressorstaaten, besonders England und Frankreich, die Politik der kollektiven Sicherheit verleugnet haben, die Politik des kollektiven Widerstandes gegen die Aggressoren und eine Position der Nicht-Intervention und der Neutralität angenommen haben.
Förmlich gesprochen, kann die Politik der Nicht-Intervention wie folgt definiert werden: „Jedes Land möge sich gegen die Aggressoren verteidigen, so, wie es mag, und so, wie es im besten Fall kann. Das ist nicht unsere Angelegenheit, wir werden Handel mit den Aggressoren und mit ihren Opfern treiben."
Aber konkret gesprochen, bedeutet die Politik der Nicht-Intervention: die Aggression zu begünstigen, dem Krieg den Zügel freizugeben und infolgedessen den Krieg in einen Weltkrieg zu verwandeln.
Dann nehmen wir z. B. Deutschland. Man ließ zu, dass Deutschland Österreich in Besitz nahm, trotz der Verpflichtung, Österreichs Unabhängigkeit zu verteidigen, man ließ zu, dass Deutschland das Sudetengebiet an sich riss, man überließ die Tschechoslowakei ihrem Schicksal und verletzte dadurch alle Verpflichtungen und dann begann man laut in der Presse über die Schwäche der russischen Armee, die Demoralisierung der russischen Luftwaffe und über die Unruhen in der Sowjetunion zu schreien. Man stachelte dadurch die Deutschen an, weiter gegen Osten zu marschieren, man versprach ihnen bequeme und leichte Beute und forderte sie auf: Beginnt nur einen Krieg gegen die Bolschewiken und alles wird gut sein! Es muss zugegeben werden, dass das sehr aussieht, als wollte man den Angreifer ermutigen. […]
Die Union der Sozialistischen Sowjet-Republiken konnte natürlich diese unheilschwangeren Anzeichen nicht ignorieren. Es gibt keinen Zweifel, dass jeder Krieg, so klein er auch sein mag, den die Aggressoren in einem fernen Winkel der Welt beginnen, eine Gefahr für die friedliebenden Länder darstellt. Umso ernsthafter ist daher die Gefahr, die aus dem neuen imperialistischen Kriege sich erhebt, der bereits über 500 Millionen Menschen in Mitleidenschaft gezogen hat.
Angesichts dieser Tatsache verfolgt unser Land zwar unbeirrt eine Politik der Erhaltung des Friedens, tut aber auf der anderen Seite sehr viel, um unsere Rote Armee und unsere Rote Flotte zu stärken. […]
Die Aufgaben der Partei auf dem Gebiet der Auswärtigen Politik sind die folgenden:
1. Die Friedenspolitik fortzuführen und die Wirtschaftsbeziehungen mit allen Ländern zu stärken.
2. Vorsichtig zu sein und nicht zuzulassen, dass unser Land in Konflikte durch Kriegstreiber verwickelt wird, die gewohnt sind, andere für sie die Kastanien aus dem Feuer holen zu lassen.
3. Die Stärke der Roten Armee und der Roten Flotte bis zum Äußersten zu erhöhen.
4. Die Bande der internationalen Freundschaft mit den Arbeitern aller Länder zu stärken, die am Frieden und an der Freundschaft unter den Nationen interessiert sind.

b) Hitler-Stalin-Pakt vom 23. August 1939:
Deutsch-sowjetischer Nichtangriffspakt
Die deutsche Reichsregierung und die Regierung der Union der Sozialistischen Sowjetrepubliken, geleitet von dem Wunsche, die Sache des Friedens zwischen Deutschland und der UdSSR zu festigen, und ausgehend von den grundlegenden Bestimmungen des Neutralitätsvertrages, der im April 1926 zwischen Deutschland und der UdSSR geschlossen wurde, sind zu nachstehender Vereinbarung gelangt:
Artikel I. Die beiden Vertragschließenden Teile ver-

4. Von der kollektiven Sicherheitspolitik zum „Großen Vaterländischen Krieg"

54 Links: Englische Karikatur (1939). „Mal sehen, wie lange die Flitterwochen dauern werden";
rechts: Sowjetisches Plakat (1941). „Schonungslos zerschlagen und vernichten wir den Feind!" Das Dokument trägt den Titel: „Nichtangriffspakt zwischen der UdSSR und Deutschland."
Vergleichen Sie Text- und Bildelemente des Plakates. Welche Wirkung sollte bei den Soldaten erzielt werden?

pflichten sich, sich jeden Gewaltakts, jeder aggressiven Handlung und jeden Angriffs gegeneinander, und zwar sowohl einzeln als auch gemeinsam mit anderen Mächten, zu enthalten.
15 Artikel II. Falls einer der Vertragschließenden Teile Gegenstand kriegerischer Handlungen seitens einer dritten Macht werden sollte, wird der andere Vertragschließende Teil in keiner Form diese dritte Macht unterstützen.
20 Artikel II. Die Regierungen der beiden Vertragschließenden Teile werden künftig fortlaufend zwecks Konsultation in Fühlung miteinander bleiben, um sich gegenseitig über Fragen zu informieren, die ihre gemeinsamen Interessen berühren.
25 Artikel IV. Keiner der beiden Vertragschließenden Teile wird sich an irgendeiner Mächtegruppierung beteiligen, die sich mittelbar oder unmittelbar gegen den anderen Teil richtet.
Artikel V. Falls Streitigkeiten oder Konflikte zwi-
30 schen den Vertragschließenden Teilen über Fragen dieser oder jener Art entstehen sollten, werden beide Teile diese Streitigkeiten oder Konflikte ausschließlich auf dem Wege freundschaftlichen Meinungsaustausches oder nötigenfalls durch Einset-
35 zung von Schlichtungskommissionen bereinigen.
Artikel VI. Der gegenwärtige Vertrag wird auf die Dauer von zehn Jahren abgeschlossen mit der Maßgabe, dass, soweit nicht einer der Vertragschließenden Teile ein Jahr vor Ablauf dieser Frist kündigt,

die Dauer der Wirksamkeit dieses Vertrages auto- 40
matisch für weitere fünf Jahre als verlängert gilt.
Artikel VII. Der gegenwärtige Vertrag soll innerhalb möglichst kurzer Frist ratifiziert werden. Die Ratifizierungsurkunden sollen in Berlin ausgetauscht werden. Der Vertrag tritt sofort mit seiner 45
Unterzeichnung in Kraft.

[…] Geheimes Zusatzprotokoll
Aus Anlass der Unterzeichnung des Nichtangriffsvertrages zwischen dem Deutschen Reich und der Union der Sozialistischen Sowjetrepubliken haben 50
die unterzeichneten Bevollmächtigten der beiden Teile in streng vertraulicher Aussprache die Frage der Abgrenzung der beiderseitigen Interessensphären in Osteuropa erörtert. Diese Aussprache hat zu folgendem Ergebnis geführt: 55
1. Für den Fall einer territorial-politischen Umgestaltung in den zu den baltischen Staaten (Finnland, Estland, Lettland, Litauen) gehörenden Gebieten bildet die nördliche Grenze Litauens zugleich die Grenze der Interessensphäre Deutschlands und der 60

UdSSR. Hierbei wird das Interesse Litauens am Wilnaer Gebiet beiderseits anerkannt.

2. Für den Fall einer territorial-politischen Umgestaltung der zum polnischen Staate gehörenden Gebiete werden die Interessensphären Deutschlands und der UdSSR ungefähr durch die Linie der Flüsse Narew, Weichsel und San abgegrenzt.

Die Frage, ob die beiderseitigen Interessen die Erhaltung eines unabhängigen polnischen Staates erwünscht erscheinen lassen und wie dieser Staat abzugrenzen wäre, kann endgültig erst im Laufe der weiteren politischen Entwicklung geklärt werden. In jedem Falle werden beide Regierungen diese Frage im Wege einer freundschaftlichen Verständigung lösen.

3. Hinsichtlich des Südostens Europas wird von sowjetischer Seite das Interesse an Bessarabien betont. Von deutscher Seite wird das völlige politische Desinteressement an diesen Gebieten erklärt.

4. Dieses Protokoll wird von beiden Seiten streng geheim behandelt werden.

c) Erklärungen der Außenminister Ribbentrop und Molotow:

Ribbentrop am 24. August 1939:
Deutschland und Russland ist es früher immer schlecht gegangen, wenn sie Feinde waren, aber gut, wenn sie Freunde waren. Gestern war ein schicksalhafter Tag für die beiden Völker: Der Führer und Stalin haben sich für die Freundschaft entschieden. Der Nichtangriffspakt und Konsultationspakt, den Herr Molotow und ich gestern Abend unterzeichneten, ist ein festes und unverrückbares Fundament, auf dem die beiden Staaten aufbauen und zu einer engen Zusammenarbeit kommen werden. Es ist dies vielleicht einer der bedeutsamsten Wendepunkte in der Geschichte zweier Völker. Man hat versucht, Deutschland und Russland einzukreisen, und gerade aus dieser Einkreisung ist nun die deutsch-russische Verständigung entstanden.

Molotow am 31. August 1939:
Der Entschluss, zwischen der Sowjetunion und Deutschland einen Nichtangriffspakt abzuschließen, wurde gefasst, nachdem die militärischen Verhandlungen mit England und Frankreich infolge der unübersteiglichen Meinungsverschiedenheiten in einen Engpass gerieten. Unter der Berücksichtigung, dass wir auf den Abschluss eines gegenseitigen Beistandspaktes nicht rechnen konnten, mussten wir uns die Frage nach anderen Möglichkeiten stellen, um den Frieden zu garantieren und die Drohung eines Krieges zwischen Deutschland und der Sowjetunion auszuschalten. [...]

Der 23. August, an dem der deutsch-sowjetische Nichtangriffspakt unterzeichnet wurde, muss als ein Datum von großer historischer Bedeutung betrachtet werden. Der Nichtangriffspakt zwischen Sowjet-Russland und Deutschland bedeutet einen Umschwung in der Geschichte Europas und nicht nur Europas allein. [...]

a)–c): zit. nach: Elmar Krautkrämer (Hg.), Internationale Politik im 20. Jahrhundert, Bd. 1, a. a. O., S. 154 ff.; 157 f.

a) Erarbeiten Sie vor dem Hintergrund der Stalin-Rede und des Hitler-Stalin-Paktes die Zielrichtung der sowjetischen Außenpolitik im Jahre 1939.
b) Erörtern Sie die Bedeutung des Hitler-Stalin-Paktes aus Sicht der beiden Vertragspartner. Beziehen Sie in Ihre Erörterungen die Erklärungen der beiden Außenminister ein.

1. Kennzeichnen Sie die inhaltlichen Auseinandersetzungen, die nach Lenins Tod geführt wurden, um den Aufbau der sozialistischen Gesellschaft in der Sowjetunion voranzubringen.
2. Mit welchen Argumenten wurde die Notwendigkeit von Kollektivierung und Industrialisierung begründet?
3. Charakterisieren Sie die Sowjetgesellschaft in den 30er Jahren.
4. Welche Ziele verband Stalin mit den Massenverhaftungen und Schauprozessen?
5. Stellen Sie die Bedeutung der Kominternstrategie für die sowjetische Außenpolitik in den 30er Jahren dar.
6. Nennen Sie Argumente, mit denen die Sowjetführung den Abschluss des Hitler-Stalin-Paktes begründet hat.

V. Der Aufstieg der Sowjetunion zur Weltmacht

Nach dem Ende des Zweiten Weltkrieges ging die Sowjetunion unverzüglich dazu über, ihre militärische Vormacht in den Ländern Osteuropas zur Festigung ihres Einflussbereiches zu nutzen. Diese Sowjetisierungspolitik beschleunigte nicht nur den Zerfall der Anti-Hitler-Koalition, sie war auch ein wesentlicher Grund für die Blockbildung in Ost und West, die im Zeichen des „Kalten Krieges" die Nachkriegszeit maßgeblich prägte.

Nach dem Tod Stalins im März 1953 entwickelte sich Nikita S. Chruschtschow zum neuen starken Mann der UdSSR. 1956 löste er auf dem XX. Parteitag die Entstalinisierungsdebatte aus und setzte mit der These vom Prinzip der „friedlichen Koexistenz" zwischen Ländern unterschiedlicher Gesellschaftsordnung neue Akzente in den internationalen Beziehungen. Hatte die Sowjetunion damit ihre weltrevolutionären Zielvorstellungen aufgegeben oder trug die Parteiführung nur dem Umstand Rechnung, dass sie in Zeiten der atomaren Bedrohung eine neue Taktik einschlagen musste, um die eigenen Ziele weltweit durchzusetzen?

1945	Nach der Kapitulation Deutschlands (8./9. Mai) treffen die Siegermächte während der Potsdamer Konferenz (17. Juli–2. August) Grundentscheidungen über die Nachkriegsordnung. Die Sowjetunion beginnt ihr Einflussgebiet durch Errichtung kommunistischer Systeme in Polen, Ungarn, Rumänien, Bulgarien, Tschechoslowakei und in der von ihr besetzten Zone Deutschlands (SBZ) zu erweitern.
1947	Gründung des Kommunistischen Informationsbüros (Kominform) in Belgrad.
1948	Das kommunistische Jugoslawien unter Marschall Tito erkennt den Führungsanspruch Moskaus nicht an und propagiert als blockfreies Land einen eigenen Weg zum Sozialismus.
1949	Gründung der Bundesrepublik Deutschland und der Deutschen Demokratischen Republik.
1953	Tod Stalins (5. März); Übernahme der Macht durch eine kollektive Führung.
1955	Zur Festigung der militärisch-politischen Zusammenarbeit der Ostblockstaaten wird – als Gegenstück zur NATO (gegr. 1949) – der Warschauer Pakt gegründet.
1956	Auf dem 20. Parteitag der KPdSU verurteilt Parteichef Chruschtschow in einer Geheimrede die Verbrechen Stalins; Beginn der Entstalinisierung.
1958	Nach dem Rücktritt Bulganins übernimmt Chruschtschow zusätzlich zur Parteiführung den Vorsitz im Ministerrat.
1961	Nach Erfolgen in der Raumfahrttechnik Ende der 50er Jahre (Sputnik) umkreist der sowjetische Kosmonaut J. Gagarin als erster Mensch in einem Raumschiff die Erde.
1962	Der Versuch der Sowjetunion, atomare Mittelstreckenraketen auf Kuba zu stationieren, führt in der Kuba-Krise (Oktober) zu einer Konfrontation der Supermächte.
1964	Entmachtung Chruschtschows. Nachfolger als Erster Sekretär der Partei wird Leonid Breschnew.

V. Der Aufstieg der Sowjetunion zur Weltmacht

1. Die Sowjetunion als Weltmacht und Rivalin der USA

Sowjetisierung Osteuropas

Mit gestärktem Selbstbewusstsein meldete die Sowjetunion als eine der Siegermächte des Zweiten Weltkrieges ihren Anspruch an, die Gestaltung der Nachkriegsordnung entscheidend mitzubestimmen. 1946 erklärte Stalins Außenminister Molotow unmissverständlich: „Die Sowjetunion ist eines der mächtigsten Länder der Welt, nicht ein einziges Problem der internationalen Beziehungen kann ohne die Sowjetunion gelöst werden."

In Osteuropa nutzte Stalin konsequent die Präsenz der Roten Armee zur Ausweitung des sowjetischen Herrschaftsbereiches. Innerhalb weniger Jahre entstanden durch massive Einflussnahme im Osten Deutschlands, in Polen, Rumänien, Bulgarien, Ungarn und zuletzt in der Tschechoslowakei kommunistische Regierungen, die sich eng an die Sowjetunion anlehnten und den Moskauer Führungsanspruch akzeptieren mussten.

„Volksfronttaktik"

Schon im Frühjahr 1945 hatte Stalin gegenüber einer Delegation jugoslawischer Kommunisten seine Marschroute verdeutlicht: „Dieser Krieg ist nicht wie in der Vergangenheit; wer immer ein Gebiet besetzt, erlegt ihm auch sein gesellschaftliches System auf. Jeder führt sein eigenes System ein, so weit seine Armee vordringen kann. Es kann gar nicht anders sein." Fast überall vollzog sich die kom-

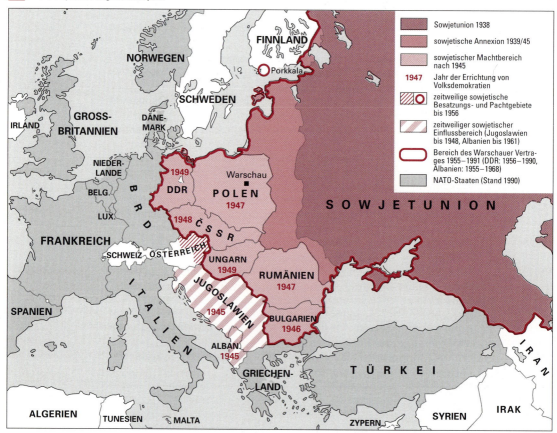

55 Die Sowjetisierung Osteuropas.

Die Sowjetisierung Osteuropas • Der Warschauer Vertrag

1. Die Sowjetunion als Weltmacht und Rivalin der USA

munistische Umwälzung nach einem ähnlichen Muster. Unter dem Anschein einer demokratischen Umgestaltung wurden die bürgerlichen Parteien aufgefordert, sich mit den Kommunisten in einem „Demokratischen Block" oder in einer „Vaterländischen Front" zusammenzuschließen. Geschulte Parteigenossen besetzten die Schlüsselpositionen und verdrängten nach und nach unter dem Schutz der Roten Armee die bürgerlichen Kräfte. Bodenreformen und Verstaatlichungsprogramme sorgten überall für eine grundlegende Änderung der Sozialstruktur. Von einer direkten Übertragung des Sowjetsystems auf die neu entstandenen Satellitenstaaten wurde allerdings Abstand genommen. Zuständig für die enge Zusammenarbeit der Volksdemokratien unter sowjetischer Führung war das „Kommunistische Informationsbüro" (Kominform), das 1947 anstelle der 1943 aufgelösten Komintern gegründet wurde.

Aber nicht in allen osteuropäischen Ländern konnte der Moskauer Führungsanspruch durchgesetzt werden. In Jugoslawien, das sich weitgehend aus eigener Kraft von der deutschen Besatzung befreit hatte, widersetzte sich Marschall Tito allen sowjetischen Versuchen, die dortige KP auf den Moskaukurs einzuschwören. Zum offenen Bruch mit Moskau kam es 1948, als die jugoslawische KP aus dem Kominform ausgeschlossen und der Sitz der Organisation demonstrativ von Belgrad nach Bukarest verlegt wurde. Für viele Jahre blieb Jugoslawien ein blockfreies kommunistisches Land. **Bruch mit Jugoslawien**

Die Niederwerfung Deutschlands und seine Aufteilung in Besatzungszonen war von den alliierten Siegermächten noch gemeinsam durchgeführt worden. Als sich nach Kriegsende zeigte, dass angesichts unüberbrückbarer Gegensätze der Siegermächte eine gemeinsame Deutschlandpolitik nicht zu realisieren war, ging die sowjetische Besatzungsmacht mit Hilfe deutscher Kommunisten daran, den Sozialismus in der sowjetisch besetzten Zone fest zu verankern. Früh betrieb sie die Umgestaltung der politischen, wirtschaftlichen und gesellschaftlichen Verhältnisse und sorgte nach der Zwangsvereinigung von SPD und KPD zur SED (1946) dafür, dass der Führungsanspruch der Kommunisten im Osten Deutschlands nicht mehr in Frage gestellt werden konnte. Die anhaltenden Rivalitäten zwischen Ost und West in der Deutschlandpolitik drohten wiederholt in eine offene Konfrontation umzuschlagen. Als Reaktion auf die Währungsreform in den Westzonen blockierte die sowjetische Besatzungsmacht 1948 alle Zufahrtswege nach Berlin und zwang die Westmächte dazu, die Grundversorgung der Westberliner Bevölkerung fast ein Jahr lang durch eine Luftbrücke sicherzustellen. Schließlich führten die Gegensätze 1949 zur Gründung zweier deutscher Staaten mit unterschiedlichen Wirtschafts- und Gesellschaftssystemen, die zügig in die jeweiligen Machtblöcke integriert wurden. **Sowjetisierung Ostdeutschlands**

Die Westmächte deuteten die sowjetischen Expansionserfolge als bedrohliche Wiederaufnahme weltrevolutionärer Traditionen. Als Bürgerkriegsunruhen in Griechenland die Gefahr einer kommunistischen Machtübernahme heraufbe- **Truman-Doktrin und Marshall-Plan**

Kalter Krieg: Der Begriff kennzeichnet die weltweite Konfrontation zwischen der Sowjetunion und den USA samt ihren Verbündeten, die kurz nach Ende des Zweiten Weltkrieges bei der Gestaltung der Nachkriegsordnung begann, zur Bildung unterschiedlicher Machtblöcke in Ost und West führte und erst Mitte der 70er Jahre mit dem Entspannungsprozess allmählich überwunden wurde. Ihren Höhepunkt erreichte die Konfrontation in der Zeit zwischen der Berliner Blockade und dem Koreakrieg. Aus westlicher Sicht war die Sowjetunion mit ihrer aggressiven, expansiven Hegemonialpolitik für den Kalten Krieg verantwortlich, während im Osten der US-Imperialismus mit seinem Interesse an der weltweiten Durchsetzung des amerikanischen Wirtschaftseinflusses als Konfliktursache angesehen wurde.

schworen und Moskau von der Türkei freie Durchfahrt durch die Dardanellen verlangte, kündigte der amerikanische Präsident Truman 1947 an, sich in Zukunft jeder weiteren kommunistischen Expansion entschlossen zu widersetzen (Truman-Doktrin). Zugleich legte sein Außenminister Marshall ein wirtschaftliches Wiederaufbauprogramm vor (Marshall-Plan), mit dessen Mitteln die europäischen Länder in die Lage versetzt werden sollten, ihre Wirtschaft zu stabilisieren, um so weniger anfällig zu sein für kommunistische Einflussnahmen. Für die sowjetische Führung waren Truman-Doktrin und Marshall-Plan zwei Seiten einer Medaille. Sie sah in der amerikanischen Strategie einen aggressiven Akt des kapitalistischen Westens, forderte den Schulterschluss in den eigenen Reihen und reagierte mit ideologischer Abgrenzung der sozialistischen Staaten. Angesichts dieser Situation wagte keines der sozialistischen Länder die dringend benötigte Wirtschaftshilfe des Marshall-Planes anzunehmen. Zwei Jahre nach Kriegsende war die Anti-Hitler-Koalition endgültig zerfallen, der „Kalte Krieg" hatte nicht nur Europa, sondern die Welt in zwei feindliche Lager geteilt.

„Rat für gegenseitige Wirtschaftshilfe"

Um den Zusammenhalt der kommunistischen Länder Osteuropas zu festigen, entstand 1949 auf Initiative der Sowjetführung der „Rat für gegenseitige Wirtschaftshilfe" (RGW oder Comecon). Unter dem Rubel als Leitwährung sollte die ökonomische Integration der Mitgliedsländer gestärkt und durch Zusammenarbeit eine planmäßige Entwicklung von Volkswirtschaft, Wissenschaft und Technik aller sozialistischen Länder angestrebt werden.

Innenpolitische Weichenstellungen

Im Innern der Sowjetunion standen die Nachkriegsjahre ganz im Zeichen des Wiederaufbaus. Ein erster Fünfjahresplan galt der Wiederherstellung des Vorkriegsniveaus in der Landwirtschaft und Industrie. Für ca. 25 Millionen obdachlos gewordene Menschen musste dringend benötigter Wohnraum geschaffen werden. Zudem verlangte der beginnende Kalte Krieg aus Sicht der Staatsführung eine Stärkung und Modernisierung der Sowjetarmee. Demgegenüber hatten die Konsuminteressen der Bevölkerung zurückzutreten. Die nach Kriegsende aufkeimende Hoffnung auf eine Liberalisierung des Systems erfüllte sich nicht. Die in Kriegszeiten geduldete private Hoflandwirtschaft wurde weitgehend zerschlagen. Dagegen betrieb die Parteiführung durch Zusammenlegung von Kollektivwirtschaften die Bildung von Großkolchosen. Den Plan „Agrostädte" zu bauen, um für Arbeiter und Bauern gleiche Lebensbedingungen zu schaffen, ließ die Parteiführung auf Intervention Stalins wieder fallen.

Spätstalinismus

In den Zeiten der Ost-West-Konfrontation grenzte sich die Sowjetunion entschieden vom Westen ab. Künstler, Wissenschaftler und Schriftsteller waren zur Parteilichkeit verpflichtet. Abweichungen duldete man nicht. Gegen den „vaterlandslosen Kosmopolitismus" propagierte die Parteiführung den „Sowjetpatriotismus" und verlangte von den Kulturschaffenden ein rückhaltloses Bekenntnis zum Sowjetstaat. Der stalinistische Machtapparat beherrschte den Alltag der Nachkriegszeit. Die Angst vor politischer Verfolgung ging vor allem bei den Menschen um, die mit Ausländern in Verbindung standen. Wer des antirussischen Nationalismus beschuldigt wurde – vor allem Balten und Ukrainer –, musste mit Bestrafung rechnen. Seit 1947 war die Eheschließung von Sowjetbürgern mit Ausländern verboten, Ende der 40er Jahre waren in sowjetischen Straf- und Zwangsarbeitslagern zeitweise fast 10 Millionen Menschen inhaftiert. Für besonders schwere Fälle von Hochverrat, Spionage und Sabotage wurde 1950 die drei Jahre zuvor abgeschaffte Todesstrafe wieder eingeführt.

Prestige- und Machtgewinn

Fünf Jahre nach Kriegsende hatte die Sowjetunion ihre internationale Machtstellung erheblich gefestigt. In Europa erbrachten Annexionen und territoriale Zuge-

1. Die Sowjetunion als Weltmacht und Rivalin der USA

winne in der Kriegs- und Nachkriegszeit (das Baltikum, das nördliche Ostpreußen mit Königsberg, Teile Vorkriegspolens, Bessarabien und die Nord-Bukowina) eine deutliche Grenzverschiebung nach Westen. Zudem waren die kommunistisch regierten Länder Osteuropas durch Freundschafts- und Beistandspakte eng mit der Sowjetunion verbunden. Als 1949 das kommunistische China gegründet wurde, die Sowjetunion über eigene Atombomben verfügte und ein Jahr später das kommunistische Nordkorea mit dem Angriff auf den Süden des Landes den Koreakrieg auslöste, schien die Sowjetunion ihrem Ziel der Weltrevolution ein erhebliches Stück näher gerückt zu sein.

56 Konfrontation im Zeichen des Kalten Krieges

a) G. F. Kennan, Leitender Beamter im State Department (Juli 1947):
[…] Wir werden […] noch lange Schwierigkeiten mit den Russen haben. Darum brauchen wir aber nicht anzunehmen, dass die Russen auf Biegen und Brechen entschlossen sind, unsere Gesellschaftsordnung bis zu einem bestimmten Termin zu stürzen. Die Theorie von der Unabwendbarkeit des Untergangs des Kapitalismus hat den Vorzug, dass es mit diesem Finale keine Eile hat. […]
Unter diesen Umständen liegt es auf der Hand, dass die Politik der Vereinigten Staaten der Sowjetunion gegenüber in erster Linie und auf lange Zeit hinaus darauf gerichtet sein muss, Russlands Expansionstendenzen geduldig, aber wachsam und fest in Schranken zu halten. Dabei muss man sich klar darüber sein, dass eine solche Politik theatralische Gesten wie Drohungen […] zu vermeiden hat. Es ist richtig, dass der Kreml sich politischen Realitäten geschmeidig anpasst, aber das macht ihn noch keineswegs unempfindlich in Prestigefragen. […] Unser Land muss auch in Zukunft davon ausgehen, dass die Politik der Sowjetunion nicht von abstrakter Friedensliebe und dem Wunsch nach Stabilität, nicht von einem Glauben an die Möglichkeit eines dauernden glücklichen Nebeneinanderexistierens der sozialistischen und der kapitalistischen Welt diktiert ist, dass sie vielmehr […] ihre Bemühungen fortsetzen wird, alle mit ihr rivalisierenden Einflüsse und Kräfte zu desorganisieren und zu schwächen. Dem steht entgegen, dass Russland im Vergleich zu der westlichen Welt als Ganzem der bei weitem schwächere Teil ist, dass die Sowjetpolitik äußerst anpassungsfähig ist und dass die Sowjetgesellschaft Schwächen aufweist, die schließlich ihr ganzes Kräftepotential beeinträchtigen können. Schon diese Tatsachen würden es rechtfertigen, wenn die Vereinigten Staaten getrost einen politischen Kurs einschlügen, der darauf abzielte, Russland entschlossen in Schranken zu halten und ihm mit unbeugsamer Kraft entgegenzutreten, wann und wo immer es Miene macht, die Interessen einer friedlichen und auf Stabilität bedachten Welt anzutasten. […] Natürlich wäre es übertrieben zu glauben, dass das Verhalten Amerikas allein über Leben und Tod der kommunistischen Bewegung entscheiden oder ein baldiges Ende der Sowjetherrschaft über Russland herbeiführen könnte. Es steht jedoch durchaus in der Macht der Vereinigten Staaten, die sachlichen Schwierigkeiten, unter denen die Sowjetpolitik arbeiten muss, ganz außerordentlich zu steigern und so dem Kreml ein weit größeres Maß von Zurückhaltung und Vorsicht aufzuzwingen, als er in den letzten Jahren zu beobachten genötigt war. Das aber würde die Tendenzen fördern, die schließlich entweder zum Zerfall oder zu einer allmählichen Milderung der Sowjetherrschaft führen müssen.

b) Informationsbericht des Sekretärs des ZK der KPdSU G. M. Malenkow (September 1947):
Durch den siegreichen Krieg gegen den Faschismus sind die Positionen des Sozialismus und der Demokratie erstarkt, die Position des imperialistischen Lagers dagegen geschwächt worden. Eines der wichtigsten Ergebnisse des Zweiten Weltkrieges ist die Erstarkung der Sowjetunion und die Errichtung eines neues demokratischen Regimes unter der Führung der Arbeiterklasse in einer Reihe von Ländern. […] In den durch die Ausschaltung der Hauptkonkurrenten der USA, Deutschlands und Japans, und durch die Schwächung Englands und Frankreichs entstandenen Verhältnissen sind die USA zu einer neuen unverhüllten Expansionspolitik übergegangen, die auf die Herstellung ihrer Weltherrschaft gerichtet ist. Unter diesen neuen Nachkriegsverhältnissen vollzieht sich eine Wandlung in den Beziehungen zwischen den Kriegsverbündeten von gestern, die gemeinsam gegen das faschistische Deutschland und das imperialistische Japan gekämpft haben. Es bildeten sich zwei entgegengesetzte Richtungen in der internationalen Politik her-

57 Der Marshallplan:
Bis Ende 1951 erhielten die europäischen Länder insgesamt 12,4 Milliarden Dollar Wirtschaftshilfe (davon Großbritannien 2,9 Milliarden, Frankreich 2,6 Milliarden, Bundesrepublik Deutschland und West-Berlin 1,3 Milliarden).
(links: Die amerikanische Wirtschaftshilfe aus Sicht eines sowjetischen Zeichners in: Krokodil (Moskau), November 1947; rechts: Plakat, das in Deutschland 1948/49 verbreitet wurde)
Interpretieren Sie die beiden bildlichen Darstellungen.

aus. Die eine Politik wird von der Sowjetunion und den Ländern der neuen Demokratie verfolgt. Die Außenpolitik der Sowjetunion und der demokratischen Länder ist auf die Untergrabung des Imperialismus, auf die Sicherstellung eines festen demokratischen Friedens zwischen den Völkern und auf den größtmöglichen Ausbau der freundschaftlichen Zusammenarbeit der friedliebenden Völker gerichtet. [...] In der anderen Richtung der internationalen Politik ist die herrschende Clique der amerikanischen Imperialisten führend. In dem Bestreben, die Positionen zu festigen, die das amerikanische Monopolkapital während des Krieges in Europa und Asien erobert hat, hat diese Clique nun den Weg der offenen Expansion betreten, den Weg der Versklavung der geschwächten kapitalistischen Länder Europas, der Versklavung der kolonialen und abhängigen Länder, den Weg der Vorbereitung neuer Kriegspläne gegen die UdSSR und die Länder der neuen Demokratie, wobei sie sich des Vorwandes eines Kampfes gegen die „kommunistische Gefahr" bedient. Den klarsten und konkretesten Ausdruck fand diese Richtung der Politik des amerikanischen Kapitals in den Plänen von Truman und Marshall. [...] Die weise stalinsche Außenpolitik des Sowjetstaates erlaubte es uns, wie vor dem Kriege auch während des Krieges die inneren Gegensätze im Lager des Imperialismus richtig auszunützen, und das war eine der wichtigsten Voraussetzungen unseres Sieges im Kriege. Wir gehen von der Tatsache aus, dass für eine längere Periode die Existenz zweier Systeme, des Kapitalismus und Sozialismus, unvermeidlich ist, und verfolgen den Kurs loyaler, gutnachbarlicher Beziehungen zu allen Staaten, die den Wunsch zu freundschaftlicher Zusammenarbeit unter den Bedingungen der Anerkennung des Grundsatzes der Gegenseitigkeit und der Erfüllung übernommener Verpflichtungen bekunden. [...] Eine Politik der unentwegten Unterstützung verfolgen die UdSSR und die Länder der neuen Demokratie gegenüber den kolonialen und abhängigen Ländern, die für ihre nationale Befreiung vom imperialistischen Joch kämpfen. Das sind die Grundlagen der Außenpolitik der KPdSU.

a) und b): Zit. nach: Heinrich Bodensieck, Der Kalte Krieg – Weltpolitik 1945–1962, 3. Aufl. Stuttgart 1971, S. 53 ff. und 32 f.

a) Kennzeichnen Sie aus Sicht der beiden Politiker die internationale Lage im Jahre 1947.
b) Diskutieren Sie vor dem Hintergrund der Einschätzungen Kennans und Malenkows die Ursachen der anhaltenden Konfrontation und versuchen Sie eine eigene Beurteilung.

2. „Tauwetter", Entstalinisierung und friedliche Koexistenz

Die Lage nach Stalins Tod

Nahezu dreißig Jahre hat Stalin die Geschicke der Sowjetunion wesentlich bestimmt. Als der Diktator am 5. März 1953 starb, schien kein Nachfolger in Sicht. Nach außen hin wurde das entstandene Machtvakuum durch eine kollektive Führung ausgefüllt. Als Vorsitzender des Ministerrats übernahm Georgi M. Malenkow die Regierungsgeschäfte und deutete mit einer programmatischen Rede im Sommer 1953 wirtschaftspolitische Neuerungen an. Um verlorenes Vertrauen in der Bevölkerung zurückzugewinnen, sollten anstelle des Ausbaus der Schwerindustrie in Zukunft mehr Mittel für die Produktion von Konsumgütern und vor allem für die Landwirtschaft bereitgestellt werden. Auch in der Kulturpolitik wurden Hoffnungen auf eine Liberalisierung geweckt. Erstmals seit langer Zeit konnte öffentlich über die Folgen der kulturellen Isolation während der Stalinära diskutiert werden. Eine „Tauwetterperiode" (benannt nach Ilja Ehrenburgs Roman „Tauwetter", erschienen 1954) kennzeichnete die kulturelle Aufbruchphase.

Intern allerdings waren die Jahre nach Stalins Tod von Machtkämpfen um die Staats- und Parteiführung bestimmt. Einen Höhepunkt erreichten die Auseinandersetzungen mit der Amtsenthebung, Verhaftung und Hinrichtung des Innenministers Berija (Dez. 1953), dem vorgeworfen wurde, mit Hilfe des ihm unterstellten Staatssicherheitsdienstes (NKWD) seine Alleinherrschaft vorbereitet zu haben.

XX. Parteitag und Entstalinisierung

Im Kampf um die Nachfolge Stalins gelangte schließlich Nikita S. Chruschtschow ans Ziel. Obwohl die Parteiführung für die Nach-Stalinära das Prinzip der kollektiven Führung propagiert hatte, bestimmte Chruschtschow nach seiner Wahl zum 1. ZK-Sekretär der KPdSU zunehmend den Kurs der Partei. Aufsehen erregte er am Ende des XX. Parteitages 1956 in einer geschlossenen Sondersitzung des Parteikongresses, als er in einer Geheimrede den Personenkult, der um Stalin betrieben wurde, verurteilte und dessen Willkür- und Terrormaßnahmen in ungewöhnlich scharfer Form kritisierte. Damit gab er den Anstoß zu einer Kampagne, die in den folgenden Jahren dazu führte, dass unschuldig zu langjährigen Freiheitsstrafen

58 Tauwetter: „Iwan, ich glaub, der Wind hat umgeschlagen." „Tschistka" (Inschrift auf dem Besen) bedeutet „Säuberung". (Zeitgenössische Karikatur o. J.)

Verurteilte freigelassen und Hingerichtete posthum rehabilitiert wurden. Mit der Umbenennung von Städten, die Stalins Namen trugen, und der Entfernung Stalins aus dem Lenin-Mausoleum auf dem Roten Platz in Moskau fand die Abrechnung mit dem Diktator 1961 ihren vorläufigen Abschluss.

„Friedliche Koexistenz" und Weltraumerfolge

In dieser Phase der Neuorientierung erweckte Chruschtschow in der Weltöffentlichkeit den Eindruck, die Sowjetunion gehe auch in der Außenpolitik neue Wege. Schon auf dem XX. Parteitag hatte er die Auffassung vertreten, jedes Land müsse das Recht haben, seinen eigenen Weg zum Sozialismus zu gehen. Zudem sei es im Atomzeitalter dringend geboten, dass Staaten unterschiedlicher Gesellschaftsordnungen zu einer „friedlichen Koexistenz" fänden. Bis heute ist umstritten, ob die Sowjetunion damals ihren Anspruch auf Weltrevolution aufgegeben oder ihre Außenpolitik nur den veränderten Verhältnissen angepasst hat. An seiner Überzeugung, der Sozialismus sei den kapitalistischen Ländern überlegen, ließ Chruschtschow keinen Zweifel aufkommen. Bestärkt wurde das Überlegenheitsgefühl durch spektakuläre Erfolge in der Weltraumtechnik. Im Herbst 1957 gelang es sowjetischen Wissenschaftlern, vor den Amerikanern, den ersten Satelliten („Sputnik") in eine Umlaufbahn um die Erde zu schießen, und 1961 umkreiste der sowjetische Kosmonaut Jurij Gagarin als erster Mensch in einem Raumschiff die Erde.

Neo-Stalinismus

Besonders im Umgang mit den sozialistischen Bruderländern zeigte sich, dass die Sowjetführung zu keiner Zeit bereit war, den Machtgewinn nach Kriegsende aufs Spiel zu setzen. Im Juni 1953 griffen sowjetische Truppen ein, um den Aufstand in Ostberlin und in anderen Städten der DDR niederzuschlagen. 1956 ließ die Sowjetführung den ungarischen Volksaufstand mit Waffengewalt beenden. 1958 löste sie mit ultimativen Forderungen nach Rückzug der Westmächte aus Westberlin und Einrichtung einer entmilitarisierten Freien Stadt eine neue Berlinkrise aus. Den Mauerbau, der seit August 1961 die Teilung Berlins zementierte, trug sie vorbehaltlos mit. Als 1962 das sozialistisch gewordene Kuba unter Fidel Castro der Sowjetunion erlaubte, Abschussrampen für sowjetische Raketen auf kubanischem Territorium zu installieren, und die USA mit einer Seeblockade reagierten, konnte durch das Einlenken der Sowjetunion der drohende militärische Konflikt der Supermächte nur knapp verhindert werden.

Konflikt mit der Volksrepublik China

Anfang der 60er Jahre stand die Sowjetunion vor neuen Herausforderungen. Immer deutlicher zeigte sich, dass das kommunistische China auf Dauer nicht gewillt war, den Moskauer Führungsanspruch für das kommunistische Lager anzuerkennen. Als Grenzstreitigkeiten die Beziehungen beider Länder zusätzlich belasteten, brachte die Volksrepublik China sich selbst als Führungsmacht ins Gespräch und ermunterte die neu in die Weltpolitik eingetretenen Staaten Afrikas, Asiens und Lateinamerikas, sich auf der Seite der „Blockfreien" zu engagieren und eigene Wege zu gehen. Ein „Polyzentrismus" innerhalb der kommunistischen Bewegung zeichnete sich ab.

> **Polyzentrismus:** Nachdem die KPdSU innerhalb der kommunistischen Weltbewegung von Anfang an den beherrschenden Einfluss ausgeübt hatte, fiel der Parteiführung auch nach Auflösung der Komintern (1943) die unmittelbare Weisungsgewalt gegenüber allen kommunistischen Parteien zu. Nach dem Zweiten Weltkrieg beanspruchte und verteidigte die KPdSU die Führungsrolle innerhalb der kommunistischen Staatenwelt. Chruschtschows Stalinkritik, der Sonderweg Jugoslawiens, die Kritik ungarischer und polnischer Kommunisten an den sowjetischen Herrschaftsmethoden und vor allem der sowjetisch-chinesische Konflikt führten zu einem Autoritätsverlust der KPdSU innerhalb der kommunistischen Weltbewegung. Ende der 50er Jahre ging deren ideologische und organisatorische Geschlossenheit verloren.

2. „Tauwetter", Entstalinisierung und friedliche Koexistenz

59 Szene vor dem Moskauer Planetarium nach Bekanntwerden der Nachricht über den erfolgreichen Raumflug Gagarins, 1961.
Deuten Sie das Verhalten der Moskauer Bevölkerung.

Chruschtschows Sturz

Für die westliche Welt überraschend wurde Chruschtschow 1964 von allen Partei- und Staatsämtern entbunden. Voreilig hatte er seinem Land für die 60er Jahre große innen- und außenpolitische Erfolge versprochen. Noch im Parteiprogramm von 1961 war den Sowjetbürgern das baldige „Einholen und Überholen" (Stalin 1930) der kapitalistischen Staaten angekündigt worden. Als die industriellen Zuwachsraten fielen, Missernten dazu zwangen, große Mengen Getreide aus dem Ausland zu importieren, wuchs die Unzufriedenheit im Parteiapparat. Schließlich wurden auch Chruschtschows Führungsqualitäten in der Weltpolitik angezweifelt. Seine Nachfolger warfen ihm später vor, sowohl den Prestigeverlust der UdSSR während der Kubakrise verschuldet zu haben als auch für die Verschärfung des ideologischen Konflikts mit der Volksrepublik China verantwortlich zu sein. Im Gegensatz zu anderen hochrangigen Mitgliedern der Partei- und Staatsführung wurde Chruschtschow nach seinem Tod 1971 nicht an der Kremlmauer beigesetzt.

60 Entstalinisierung

a) Aus Chruschtschows „Geheimrede" vor den Delegierten des XX. Parteitages (25. Februar 1956):
[…] Wir haben uns mit der jetzt und künftig für die Partei überaus wichtigen Frage zu befassen, wie der Kult mit der Person Stalins sich allmählich entfalten konnte, dieser Kult, der in einer ganz bestimmten,
5 konkreten Phase zur Quelle einer Reihe außerordentlich ernster und schwerwiegender Verfälschungen der Parteigrundsätze, der innerparteilichen Demokratie und der revolutionären Gesetzlichkeit wurde. […]
10 Wenn wir Stalins Praxis bei der Führung der Partei und des Landes analysieren, wenn wir reiflich bedenken, was Stalin alles angerichtet hat, dann müssen wir zu der Überzeugung gelangen, dass Lenins Befürchtungen berechtigt waren. Die negativen Charakterzüge Stalins, zu Lenins Zeit erst im Ansatz 15 vorhanden, entfalteten sich immer stärker und führten in den letzten Jahren zu einem folgenschweren Missbrauch der Macht durch Stalin, der der Partei unsagbaren Schaden zufügte.
Wir müssen diese Angelegenheit ernsthaft erörtern 20 und korrekt analysieren, um jede Möglichkeit einer Wiederholung, gleichgültig in welcher Form, all dessen ausschalten zu können, was zu den Lebzeiten

Stalins geschah, der absolut keine Kollegialität der Führung und der Arbeit duldete, der mit brutaler Gewalt nicht nur gegen jeden Widerstand vorging, sondern auch gegen alles, was nach seiner launischen und despotischen Veranlagung seiner Auffassung zu widersprechen schien.

Stalin hielt sich nicht damit auf, die Menschen zu überzeugen, aufzuklären und geduldig mit ihnen zusammenzuarbeiten, sondern er zwang anderen seine Ansichten auf und verlangte absolute Unterwerfung unter seine Meinung. Wer sich seiner Konzeption widersetzte oder einen eigenen Standpunkt zu vertreten, die Korrektheit der eigenen Position zu beweisen suchte, wurde unweigerlich aus dem Führungskollektiv ausgestoßen und anschließend sowohl moralisch als auch physisch vernichtet. Dies zeigte sich besonders nach dem XVII. Parteikongress (Januar 1934), als zahlreiche prominente Parteiführer und einfache Parteimitglieder, die der Sache des Kommunismus mit aufrichtiger Hingebung dienten, dem Despotismus Stalins zum Opfer fielen. [...]

Von Stalin stammte der Begriff des „Volksfeindes". Dieser Begriff machte es von vornherein überflüssig, einer Person oder Personengruppe, die sich mit ihm im Widerstand befand, ideologische Irrtümer nachzuweisen. Dieser Terminus ermöglichte die Anwendung grausamster Unterdrückung, die Verletzung aller Normen der revolutionären Gesetzlichkeit zum Nachteil derer, die in irgendeinem Punkt nicht mit Stalin übereinstimmten, bei denen auch nur der geringste Verdacht feindlicher Absichten bestand und die nicht gut angeschrieben waren. Dieser Begriff des „Volksfeindes" machte jede Form des ideologischen Kampfes beziehungsweise jede freie Meinungsäußerung zu dieser oder jener Frage, auch wenn sie rein praktischer Natur war, unmöglich. In der Regel genügte als einziger Schuldbeweis, im Widerspruch zu allen Normen der Rechtswissenschaft, das „Geständnis" des Angeklagten selbst; wie sich später herausstellte, wurden die „Geständnisse" durch physischen Druck von den Angeklagten erpresst. [...]

zit. nach: Reinhard Crusius, Manfred Wilke (Hg.), Entstalinisierung – Der XX. Parteitag der KPdSU und seine Folgen, Frankfurt/M. 1977, S. 487, 490 ff.

b) Aus dem autobiographischen Bericht von Viktor Zaslavsky (geb. 1937), 1975 nach Kanada emigriert; V. Z. war 1956 Mitglied des Komsomol (Nachwuchsorganisation der KPdSU):

Dann kam der Zwanzigste Parteikongress und Chruschtschows berühmte „Geheimrede". Die Gerüchte über ihre Geheimheit waren stark übertrieben; der Wortlaut des Berichts befand sich etliche Tage in der Hand des Parteikomitees der Universität [Moskau].

Es war seinerzeit so, dass der Bericht in hierarchischer Reihenfolge gelesen wurde, zuerst von den Mitgliedern des Parteikomitees der Universität, dann von den Sekretären des Fakultätskomitees, gefolgt von den Mitgliedern des Fakultätskomitees und schließlich von den Aktivisten. Und ganz zum Schluss wurde der Bericht vor der Vollversammlung der Studenten und Fakultätsmitglieder verlesen.

Um die Bedeutung dieser Ereignisse gebührend hervorzuheben und das ihm angemessene Maß an amtlicher Kontrolle unter Beweis zu stellen, wurden am Eingang die Komsomol-Ausweise überprüft. Den Nichtmitgliedern des Komsomol wurde der Zutritt verwehrt; von mehreren tausend Studenten waren es ganze acht.

Der Saal war übervoll, während die Mitglieder des Parteikomitees, die sich wie beim Wachwechsel alle halbe Stunde ablösten, den Bericht verlasen. Auf dem Stuhl vor mir rutschte ein blinder Professor für Marxismus-Leninismus hin und her. Wieder und wieder sagte er: „Und wir haben so an ihn geglaubt! Und wir haben so an ihn geglaubt!"

Er weinte und seine riesigen, leeren Augenhöhlen waren feucht und verquollen wie die der stürzenden Blinden von Breughel. Nach dem Ende der Vorlesung erhob sich der Parteisekretär und sagte, wobei seine Art, jedes Wort langsam und deutlich auszusprechen, einem jeden eigene, gewichtige Bedeutung zu verleihen schien.

„Genossen [...] die Partei hat Vertrauen [...] in eure Reife. Menschen sind fehlbar [...], aber nicht die Partei! [...] Wer sich [...] über die Partei stellt [...] wird sich auf dem Friedhof der Geschichte [...] wiederfinden! Genossen, die Sitzung ist geschlossen."

Und dann dröhnte aus der hinteren Ecke eine Stimme in die Stille: „Mit eurer Partei könnt ihr euch den Arsch abwischen!"

Doch diese Worte gingen in ohrenbetäubendem Gebrüll unter. Etliche Studenten gingen auf die Statue los. Es war die gängige, sieben Meter hohe Gipsstatue, das unvermeidliche Zubehör eines jeden Saales, so hoch, wie es die Decke erlaubte. Im Inventarverzeichnis war sie als „Bildnis Stalins, Großformat" geführt. Der Führer stürzte und bewegte sich sodann dem Ausgang zu, die Füße voraus, wie es sich bei einem ordentlichen Begräbnis gehört.

Freibeuter Nr. 18/1983, S. 6 ff.; zit. nach: Harm Mögenburg, Russland im Umbruch..., a.a.O., S. 132 f.

2. „Tauwetter", Entstalinisierung und friedliche Koexistenz

c) Nachdem Stalins Leichnam auf Beschluss des XXII. Parteitages aus dem Lenin-Mausoleum 1961 entfernt worden war, schrieb der Dichter J.A. Jewtuschenko ein Gedicht, das 1962 in der Prawda veröffentlicht wurde:

Stalins Erben

Schweigend: der Marmor.
Schweigend: das glitzernde Glas.
Schweigend: zu Bronze geronnen
5 die Wache im Wind.
Aber von Sarge stieg auf ein geringer Rauch,
Atem, der durch seine schmalen Ritzen gelangt war,
als man
ihn durch die Tür des Mausoleums hinaustrug. [...]
10 Drohend
dahinter
düster mit einbalsamierten Fäusten
der sich nur totgestellt hatte, der da
jetzt sein Gesicht an die Ritze presste,
15 sich einzuprägen alle,
die ihn hinausbeförderten, [...]
Ich aber wende mich an die Regierung mit Sorge,
weist meine Bitte nicht ab:
Verdoppelt die Wachen,
20 verdreifacht sie
vor diesem Grab! [...]

Ja, weitsichtig war er gewiss!
Und in den Listen des Kampfes mehr als gewitzigt,
hat er dem Erdball
noch Erben die Menge vererbt. [...] 25
Sicher, wir haben ihn
aus dem Mausoleum
glücklich herausgebracht.
Wer aber
expediert Stalin nun 30
aus den Herzen der Erben?
Da gibt es noch einige, die
im Ruhestand Rosen beschneiden und glauben im Stillen,
das sei Ruhestand auf Abruf. 35
Andere,
hoch von den Tribünen aus,
Stalin verwünschend,
dieselben sind's,
die sich nachts gern des Alten erinnern. [...] 40
Und wenn da mal wieder wer kommt und mir sagt:
„Gib schon Ruh da. Lass gut sein."
Ich kann es nicht.
Weil ich weiß, dass Stalin noch immer ein Mausoleum besitzt, 45
solang seine Erben unter uns umgehn auf Erden.

zit. nach: Heiko Haumann, Geschichte Russlands, München 1996, S. 590f.

a) Diskutieren Sie die These, Chruschtschows Stalinkritik fehle das theoretische Fundament, er berücksichtige zu wenig die Ursachen für den Personenkult und den Massenterror.
b) Wie deuten Sie die Reaktion der Zuhörer auf das Vorlesen der Geheimrede (M 60 b)?
c) Interpretieren Sie Jewtuschenkos Auseinandersetzung mit der Entstalinisierung.

Zur Diskussion

Was waren Chruschtschows Motive zur Einleitung der Entstalinisierung?

Besonders im Westen wurde darüber diskutiert, was Chruschtschow 1956 veranlasst haben könnte, sich von den Verbrechen der Stalin-Zeit zu distanzieren.

a) Der Historiker Georg von Rauch (1990):
Das eigentliche Motiv dieser Zertrümmerung des Stalin-Mythos scheint in den Schwierigkeiten der inneren Lenkung der sowjetischen Gesellschaft, besonders ihrer jüngeren Generation, zu suchen zu
5 sein. Die Parteiführung sah sich anscheinend veranlasst, durch einen revolutionären Akt, der eine Schockwirkung auslösen sollte, das Vertrauensverhältnis zwischen Regierung und Volk wiederherzustellen, das während der stalinistischen Ära verloren gegangen war. Auf diese Weise glaubte die Parteiführung ihre eigene oligarchische Herrschaft sichern 10 und die Weltmachtstellung der Sowjetunion wahren zu können.
Dass man dabei auf die Ära Lenins zurückgriff und in jeder Weise über stalinistische Verfälschungen 15

hinaus an die leninistische Theorie und Praxis appellierte, sollte die eigene Legitimierung der herrschenden Clique festigen. Die eigentlichen Grundlagen der stalinistischen Diktatur wurden hierbei um so weniger angetastet, als gleichsam nur ein später, entarteter Stalin einem frühen gegenübergestellt wird, dem man noch immer das Zeugnis ausstellt, trotz seiner Irrtümer ein „großer Marxist" gewesen zu sein. Darüber hinaus ist es bedeutsam zu erkennen, dass die Rückkehr zum Leninismus immer noch den Grundsatz der Parteieinheit, der Parteilichkeit und der Einparteienherrschaft, der eingeschränkten Meinungsfreiheit und des bürokratischen Zentralismus sowie Wahlen mit parteiamtlich kontrollierter Kandidatennominierung mit einschloss. Diese Grundlagen der bolschewistischen Staatspraxis wurden bereits auf dem X. Parteitag im März 1921 festgelegt.

Georg von Rauch, Geschichte der Sowjetunion, 8. Aufl., Stuttgart 1990, S. 509

b) Der französische Historiker François Furet (1996):

Etwas Unbeabsichtigtes, ja Zufälliges haftet der Verurteilung Stalins durch seinen Nachfolger an. Chruschtschow legt in der „Geheimrede" anlässlich des XX. Parteitages eine solche Inbrunst an den Tag, dass man darin mehr als politisches Kalkül wahrnimmt: die Stimme eines Mannes nämlich, der ein Tabu bricht, eine Stimme, die selbst vom Skandal dessen, was sie zur Sprache bringt, erfasst wird, worüber der Redner das Gespür für seine eigene Wirkung verliert. An jenem Tag hat Chruschtschow für einen Abend lang die Gesetze der Propagandasprache außer Kraft gesetzt.
Dabei wird auch mit seiner Rede eine Logik der Notwendigkeit oder, wenn man so will, der Erbfolge fortgeschrieben. Die Geschichte kennt keine Herrschaftssysteme, die eng mit der Existenz eines einzigen Menschen verknüpft sind und den Tod des alleinigen Machthabers unbeschadet überstanden hätten. Stalin ist da keine Ausnahme. Die Überschreibung einer so ungeheuren Macht wie der seinen auf nur eine Person ist für keinen seiner mutmaßlichen Erben akzeptabel. Von da ist es nur noch ein Schritt bis zur Erklärung ihrer Unrechtmäßigkeit, umso mehr, als die Losung von der „kollektiven Führung" sich in den Annalen des Marxismus besser ausnimmt als Aufrufe zur Unterwerfung unter einen Führer. Wenn die Doktrin auch kaum noch zur Deutung der Vergangenheit genutzt werden kann, so ist sie doch unerlässlich, um sich der Gegenwart und der Zukunft zu bemächtigen.
Die Partitur für die poststalinistische Ära war also größtenteils bereits im Voraus geschrieben, die Musik dazu klassisch: Wandel und Kontinuität. Chruschtschow steuert hierzu ein Talent bei, das man bei einem Apparatschik aus der Schule des Schweigens und der Angst am wenigsten vermuten würde: Gespür für Dramatik und Risikofreudigkeit. Durch ihn bekommt diese erste Krise um die Nachfolge plötzlich den Vorgeschmack des Untergangs. Er klagt den Terror an, zu dessen Handlangern er einst zählte. Er würdigt Stalin herab, den er einst feierte. Er rüttelt zu heftig an der Vergangenheit des Herrschaftssystems, als dass dessen Legende davon unberührt bliebe. Er brauchte die Entstalinisierung, um die Überschreibung der Sowjetmacht auf seine Person herbeizuführen. Durch seine Entscheidung für eine diskontinuierliche Nachfolge aber stellt er deren ideologische Grundlage in Frage. Die höchste Autorität der Bewegung beraubt die Kommunisten in der UdSSR und in der ganzen Welt eines wesentlichen Teils jener Vergangenheit, deren Kinder sie gleichwohl auch weiterhin sind. Nichts wird mehr sein wie zuvor.

François Furet, Das Ende der Illusion – Der Kommunismus im 20. Jahrhundert, München 1996, S. 597 f.

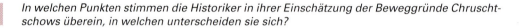

In welchen Punkten stimmen die Historiker in ihrer Einschätzung der Beweggründe Chruschtschows überein, in welchen unterscheiden sie sich?

1. In welchen Etappen vollzog sich der Aufstieg der Sowjetunion zur Weltmacht nach 1945?
2. Nennen Sie Argumente, mit denen die Sowjetführung die Annahme der Marshallplanhilfe für ihr Land und für die Länder Osteuropas abgelehnt hat.
3. Erläutern Sie Chruschtschows Vorstellungen von der „friedlichen Koexistenz von Staaten unterschiedlicher Gesellschaftsordnung".
4. Kennzeichnen Sie die innen- und außenpolitische Lage der Sowjetunion in der Chruschtschow-Ära.
5. Welche Ursachen führten zum Konflikt zwischen der UdSSR und China, welche Folgen hatte das Zerwürfnis für die kommunistische Weltbewegung?

VI. Die Breschnew-Ära: von der Festigung der Parteiherrschaft zur Stagnation

Von allen Sowjetführern stand Leonid I. Breschnew nach Stalin die längste Zeit an der Spitze der Sowjetunion. Obwohl Chruschtschow als sein politischer Ziehvater galt, erinnerte im politischen Stil bald nichts mehr an seinen Förderer. Mit Versprechungen über den bevorstehenden Sieg des Kommunismus über den Kapitalismus hielt sich der neue Parteivorsitzende auffällig zurück. Politische Entscheidungen wurden erst dann getroffen, wenn alle maßgeblichen Gruppen in der Partei Gelegenheit gehabt hatten, ihre Argumente vorzutragen. Stand die Sowjetunion mit Beginn der Breschnew-Ära vor einer innen- und außenpolitischen Wende?

Dass an eine Liberalisierung der Parteiherrschaft im Innern nicht gedacht war, zeigte sich schon bald an der unnachsichtigen Verfolgung von Regimegegnern. Die Niederschlagung des Prager Reformkommunismus Ende der 60er Jahre machte deutlich, dass auch im sozialistischen Lager keine Sonderwege geduldet wurden. Obwohl die gegenüber dem Westen betriebene Entspannungspolitik Mitte der 70er Jahre endgültig zur weltweiten Anerkennung der Nachkriegsgrenzen in Europa geführt hatte, entschloss sich die Parteiführung am Ende der Breschnew-Ära zum Einmarsch in Afghanistan und eröffnete damit eine neue Runde der Konfrontation.

1964	Nach der Entmachtung Chruschtschows wird Leonid I. Breschnew 1. Sekretär der Partei (Oktober).
1968	Truppen des Warschauer Pakts marschieren in die Tschechoslowakei ein und beenden den Reformkommunismus (21. August). Breschnew entwickelte seine These von der begrenzten Souveränität sozialistischer Staaten („Breschnew-Doktrin").
1969	Sowjetisch-chinesische Grenzgefechte am Ussuri. Die UdSSR und die USA beginnen mit Verhandlungen zur Begrenzung der strategischen Rüstung (SALT).
1970	Die UdSSR und die Bundesrepublik einigen sich vertraglich über wechselseitigen Gewaltverzicht (August).
1971	Abschluss des Viermächteabkommens über Berlin.
1974	Der Schriftsteller Alexander Solschenizyn wird aus der UdSSR ausgewiesen.
1975	In Helsinki wird die KSZE-Schlussakte unterzeichnet: Das Dokument verpflichtet die Unterzeichnerländer zur strikten Beachtung der Menschenrechte und sieht eine Verbesserung der zwischenstaatlichen Beziehungen vor.
1977	Breschnew erhält den Vorsitz im Präsidium des Obersten Sowjet. Die neue Verfassung unterstreicht die Führungsrolle der Partei.
1979	Sowjetische Truppen marschieren in Afghanistan ein (Ende Dezember).
1982	Nach dem Tod Breschnews (12. November) wird Andropow neuer Generalsekretär (bis 1984). Nach dessen Tod folgt ihm bis März 1985 Generalsekretär Tschernenko.

VI. Die Breschnew-Ära: von der Festigung der Parteiherrschaft zur Stagnation

1. Wirtschaft und Gesellschaft zwischen Reform und Repression

Ausbau der „Nomenklatura" und Festigung der Planwirtschaft

Die innenpolitischen Leitlinien zu Beginn der Breschnew-Ära waren die Festigung der kommunistischen Parteiherrschaft im Lande und erneut Wirtschaftsreformen zur Verbesserung des Lebensstandards der Bevölkerung. Während unter Chruschtschow der häufige personelle Wechsel in den verschiedenen Parteigremien die Funktionäre verunsichert hatte, wurde nun die Parteihierarchie kontinuierlich ausgebaut. Die Funktionärsschicht der „Nomenklatura" entwickelte sich zur wichtigsten Stütze des Regimes.

Allen Wirtschaftsreformen, mit denen die neue Führung die Produktivität in Industrie und Landwirtschaft ankurbeln und das Konsumangebot für die Bevölkerung verbessern wollte, waren von vornherein enge Grenzen gesetzt. Um die Weltmachtstellung nicht zu gefährden, verteidigte die Staatsführung nach wie vor hartnäckig den Vorrang der Rüstungs- und Investitionsgüterindustrie gegenüber den Konsuminteressen der Bevölkerung. In den 60er Jahren hatte der Wirtschaftsfachmann Ersej G. Libermann für Aufsehen gesorgt, als er forderte, die Produktion nach marktwirtschaftlichen Gesichtspunkten zu rationalisieren und die Kompetenzen der einzelnen Unternehmen bei der Festsetzung von Löhnen und Preisen zu erweitern. Da aber die gesamtwirtschaftliche Planerfüllung weiterhin absolute Priorität besaß, verliefen alle Reformversuche frühzeitig im Sande. Während der Breschnew-Ära zeigte sich, dass die hoch gesteckten Ziele im Bereich der Konsumgüterindustrie – trotz unübersehbarer Fortschritte – nicht zu erreichen waren.

Ende der Liberalisierung

Zu Beginn der 60er Jahre – noch zu Chruschtschows Zeiten – hatte die Parteiführung im Innern die Zügel wieder fester angezogen. Mit ihrer 1962 erhobenen Forderung nach konsequenter Ausbreitung der atheistischen Weltanschauung unter allen Sowjetbürgern, insbesondere unter Kindern und Jugendlichen, setzte das ZK der KPdSU deutliche Akzente für die Zukunft. Besonders von den Kulturschaffenden verlangte die Staatsführung nach dem Ende der Entstalinisierung die Beachtung sozialistischer Grundsätze. Schriftsteller, die Mitte der 60er Jahre dazu übergegangen waren, ihre Schriften angesichts fehlender Publikationsmöglichkeiten im Selbstverlag (Samizdat) zu veröffentlichen, sahen sich staatlicher Repression ausgesetzt. Langjährige Haftstrafen wurden gegen diejenigen verhängt, die wegen „Diffamierung des Sowjetsystems" vor Gericht standen.

> **Samizdat:** Die Abkürzung bedeutet Selbstverlag und ist dem Begriff Gosizdat (Staatsverlag) nachgebildet. Unter Samizdat versteht man die private Verbreitung von Texten und Manuskripten, die in der Sowjetunion offiziell nicht gedruckt werden durften. Die Textvorlagen wurden mit vielen Durchschlägen abgetippt und an Freunde und Bekannte weitergegeben. Auf diese Weise entwickelte sich in der UdSSR eine alternative „Schreibmaschinenkultur", für die oppositionellen Gruppen oftmals die einzige Möglichkeit, auf Menschenrechtsverletzungen und Diskriminierungen aufmerksam zu machen.

61 65. Jahrestag der Oktoberrevolution, 1982. Die Repräsentanten der Breschnew-Ära auf der Balustrade des Lenin-Mausoleums. Links das Militär, rechts das Politbüro. Das Durchschnittsalter der Parteispitze beträgt mehr als 70 Jahre.

1. Wirtschaft und Gesellschaft zwischen Reform und Repression

Anfänge der Menschenrechtsbewegung

Ihren Höhepunkt erreichte die Verfolgung von Regimegegnern zu Beginn der 70er Jahre. Als prominente Persönlichkeiten wie der Atomphysiker Andrej Sacharow – selbst Träger höchster Auszeichnungen – oder der Schriftsteller Alexander Solschenizyn mutig die Verletzung von Grund- und Menschenrechten anprangerten und sich dabei auf die sowjetische Verfassung oder die UN-Menschenrechtsdeklaration, die auch von der Sowjetunion anerkannt war, beriefen, entwickelte die Staatsführung neue Verfolgungsmethoden. Viele international bekannte Oppositionelle wurden in die Provinz verbannt (Sacharow) oder ins Ausland abgeschoben (Solschenizyn). Regimegegnern erkannte man die staatsbürgerlichen Rechte ab oder wies sie in psychiatrische Kliniken ein.

Helsinki-Gruppen

Auf Dauer ließ sich die Menschenrechtsbewegung in der UdSSR aber nicht mehr unterdrücken. Seitdem die prominentesten Regimekritiker für ihr Wirken weltweite Anerkennung gefunden hatten (Friedensnobelpreis für Sacharow, Literaturnobelpreis für Solschenizyn) und die Sowjetunion 1975 zu den Unterzeichnerstaaten der KSZE-Schlussakte von Helsinki gehörte, bildeten sich auf Initiative zahlreicher Dissidenten in Moskau und in anderen Städten der Sowjetunion so genannte Helsinkigruppen. Ungeachtet der Drangsalierungen durch den Staat beharrten ihre Vertreter darauf, dass nach der Unterschrift von Helsinki die „Menschenrechte und Grundfreiheiten, einschließlich der Gedanken-, Gewissens-, Religions- und Überzeugungsfreiheit für alle" auch für die Menschen in der Sowjetunion gelten.

Umweltzerstörung

Lange Zeit hatte die Parteiführung den Glauben genährt, in der Sowjetunion stünden Ressourcen unbegrenzt zur Verfügung. Da man dem wirtschaftlichen Ausbau des Landes Priorität einräumte und sich vorrangig an der Planerfüllung und am Fortschrittsdenken orientierte, wurden die Zerstörungen der Umwelt durch Industrie und landwirtschaftliche Monokultur kaum ernsthaft zur Kenntnis genommen. Obwohl der Schriftsteller Michail A. Scholochow schon in den 60er Jahren auf die Belastung des Bajkalsees aufmerksam gemacht hatte, gerieten die alarmierenden Nachrichten über die außerordentlich hohe Luft- und Gewässerverschmutzung in der Sowjetunion erst am Ende der Breschnew-Ära ins öffentliche Bewusstsein. Die Zerstörung von Ökosystemen durch Abholzung riesiger Wälder, die sichtbare Bodenerosion auf riesigen landwirtschaftlichen Flächen mit Monokultur weckten zunehmend Zweifel daran, dass die Umweltprobleme, wie von der Staatsführung behauptet, beherrschbar seien.

Alltagsprobleme

Obwohl die Versorgung der Menschen mit Grundnahrungsmitteln im Großen und Ganzen ausreichte, gab es immer wieder Engpässe bei Fleisch und Milchprodukten, bei Obst und Gemüse. Besonders knapp war das Angebot an Wohnungen. In den Städten mussten sich 1983 junge Familien mit Kindern, Eltern und Schwie-

gereltern im Durchschnitt mit 53 Quadratmetern Wohnraum zufrieden geben. Die Mieten waren zwar niedrig, die drangvolle Enge schuf aber soziale Konflikte. Gegenüber den 60er Jahren hatte sich die Versorgung der Bevölkerung mit langlebigen Konsumgütern deutlich verbessert. Nach den statistischen Angaben des Jahres 1983 verfügten 93 Prozent der Haushalte über ein Rundfunkgerät, 95 Prozent über einen Fernseher und 90 Prozent über einen Kühlschrank. Zu den Armen der Gesellschaft zählten die Rentner. Viele von ihnen waren gezwungen, auch nach Erreichen des Rentenalters weiterzuarbeiten. 1983 übten nahezu alle Frauen im erwerbsfähigen Alter einen Beruf aus. Dabei waren Frauen in leitenden Stellungen durchweg unterrepräsentiert. Vielfach arbeiteten sie auch in schlechter bezahlten „Frauenberufen", so dass sie im Schnitt nur 60 bis 70 Prozent von dem verdienten, was den Männern gezahlt wurde. Trotz formaler Gleichberechtigung lagen Kindererziehung und Haushaltsführung in der Regel weiterhin in den Händen der Frauen.

62 Seit Mitte der 70er Jahre entstand um Parteichef Breschnew ein neuer Personenkult. Sein Konterfei schmückte beispielsweise die Fassade öffentlicher Gebäude wie hier bei den Maifeierlichkeiten 1978 in Moskau.

63 „Nomenklatura"

Hedrick Smith, von 1971-1974 Leiter des Moskauer Büros der New York Times, über die privilegierte Klasse (1976):

Diese privilegierte Klasse umfasst einen relativ kleinen, zahlenmäßig aber doch beachtlichen Teil der sowjetischen Gesellschaft – weit über eine Million Menschen, mit den Familienangehörigen wahrscheinlich mehrere Millionen. Ihre genaue Größe gehört zu den bestgehüteten sowjetischen Geheimnissen. Die Russen behaupten nämlich, dass es sie gar nicht gibt. Offiziell existieren nur zwei Klassen, nämlich Arbeiter und Bauern, und eine „Schicht" von Angestellten, zu der auch die Intelligenz gehört. Die eigentliche privilegierte Klasse besteht aus den oberen Rängen der Intelligenz. Ihr Kern sind die Spitzenleute der KPdSU und der Regierung, die Politbürokratie, die das Land regiert, der Wirtschaft, der Wissenschaft, der Parteipresse und des Propagandaapparats.

Das Nervenzentrum des Systems heißt in der sowjetischen Umgangssprache Nomenklatura; gemeint ist das geheime Namensregister der Leute an den Schalthebeln der Macht, die von den KP-Führern ausgesucht werden. Eine Nomenklatura gibt es praktisch auf allen Stufen der sowjetischen Hierarchie, vom Dorf bis zum Kreml. Ganz oben befindet sich die Nomenklatura des Politbüros mit den Ministern, dem Vorsitzenden der Akademie der Wissenschaften, den leitenden Redakteuren der Prawda und der Iswestija, den Parteichefs der einzelnen Sowjetrepubliken, autonomen Gebieten und Nationalbezirken, den stellvertretenden Ministern der Schlüsselressorts, dem Botschafter in den USA und einigen anderen wichtigen Botschaftern und den Mitgliedern des Sekretariats des Zentralkomitees der KPdSU. Diese Posten werden von den sowjetischen Herrschern besetzt. Das Sekretariat des Zentralkomitees, eine Institution, die etwa dem Stab des Weißen Hauses vergleichbar ist, aber viel mehr Macht ausübt, sucht dann Leute für Tausende von anderen wichtigen Posten aus – niedrigeren, aber immer noch sehr wichtigen Posten. Und entsprechend geht es auf den nächstunteren Stufen, in den Sowjetrepubliken, den autonomen Gebieten und Nationalbezirken, den Städten, Gebieten, Distrikten und Dörfern; ein gigantisches Pfründensystem. [...] Das System erfasst das ganze Land und selbst in den Provinzhauptstädten gibt es – natürlich in kleinerem, bescheidenerem Maßstab – ein Netz von „geschlossenen Läden" und anderen Einrichtungen, die der einheimischen Eliteschicht vorbehalten sind. Nomenklatura funktioniert wie eine Bruderschaft, die sich quasi durch Inzucht fortpflanzt, wie eine Adelskaste, in die nur möglichst selten ein Neuling aufgenommen wird. Gewöhnliche Parteimitglieder sind von den Genüssen der Privilegierten ausgeschlossen. Nur wer zu den maßgebenden Leuten der Partei oder den Funktionären des Parteiapparats – den apparatschiki – gehört, hat Zutritt zum Paradies des Kommunismus.

H. Smith, Die Russen, Bern/München 1976, S. 48 f.

a) Kennzeichnen Sie das System der „Nomenklatura".
b) Erörtern Sie, welche Umstände die Entwicklung zum „Nomenklatura-Staat" begünstigt haben.

64 Regimekritik und ihre Folgen

a) Alexander Solschenizyn in einem Essay über die Erneuerung Russlands (1974):
Es hat eine Zeit gegeben, da wagten wir nicht zu flüstern. Jetzt schreiben wir, wir lesen Samisdat (Abkürzung für „Selbstverlag") und manchmal, wenn wir uns im Rauchzimmer des Wissenschaftlichen Instituts versammeln, beklagen wir uns auch ganz offen im Gespräch. Was spielen sie uns eigentlich für Streiche, in welche Richtung zerren sie uns? Wohlfeiles Prahlen mit Leistungen im Kosmos, während es bei uns zu Hause Armut und Zerstörung gibt. Unzivilisierte Regime in weiter Ferne unterstützen sie. Sie schüren Bürgerkriege. Skrupellos haben sie Mao Tsetung gehegt und gepflegt (auf unsere Kosten) – und sie werden uns auch in den Krieg gegen ihn schicken, und wir werden gehen müssen. Gibt es denn keinen Ausweg? Und jeden, den sie wollen, stellen sie vor Gericht und sie stecken vernünftige Leute in die Irrenanstalt – immer sie, und wir sind machtlos. Noch tiefer zu sinken ist fast nicht möglich. Ein alles umfassender geistiger Tod hat uns alle schon angerührt und der körperliche Tod wird bald wie eine riesige Flamme aufflackern und uns und unsere Kinder verschlingen – wir aber lächeln feige vor uns hin und murmeln mit gelähmter Zunge. Was aber können wir tun, um all dem Einhalt zu gebieten? Wir haben die Kraft nicht. Wir sind so hoffnungslos enthumanisiert, dass wir bereit sind, für unser karges tägliches Brot alle Prinzipien, unsere Seele, alle Mühen und Kämpfe unserer Vorgänger und alle Chancen für unsere Nachkommen aufzugeben – nur unsere zerbrechliche Existenz möge man nicht anrühren. Es fehlen uns Rückgrat, Stolz und Begeisterung. Nicht einmal den allgemeinen Atomtod fürchten wir und wir fürchten keinen dritten Weltkrieg – wir haben uns ja schon in die Höhlen und Ritzen geflüchtet. Wir fürchten nur eins. Wir fürchten Zivilcourage. Wir fürchten nur, hinter der Herde zurückzubleiben und allein einen Schritt zu tun – und plötzlich stehen wir dann da, ohne Weißbrot, ohne Gasheizung und ohne Wohnberechtigung in Moskau. [...] Alles können wir dagegen tun! Aber zu unserer Beruhigung belügen wir uns selbst. Und nicht sie sind an allem schuld – wir selbst, nur wir!
Wir sind nicht reif genug, um auf die Plätze zu marschieren und die Wahrheit laut hinauszuschreien oder laut zu sagen, was wir denken. Es ist nicht nötig. Es ist gefährlich. Aber wir wollen uns weigern zu sagen, was wir nicht denken! Das ist unser Weg, der müheloseste, der zugänglichste, der Rücksicht auf unsere angeborene Feigheit nimmt, die schon so fest verwurzelt ist. Und es ist viel leichter (es ist schon gefährlich, das auch nur zu sagen) als jene Art von bürgerlichem Ungehorsam, die Gandhi propagiert hat. Unser Weg ist es, nicht bewusst Lügen über irgendetwas zu unterstützen. Und wenn wir einmal erkennen, wo die Grenze zur Falschheit beginnt – und jeder sieht das auf seine Weise –, dann ist es der richtige Weg für uns, von dieser Grenze des Wundbrandes hinwegzugehen. Klebten wir nicht das morsche Gebein und die Schuppen der Ideologie

zusammen; nähten wir nicht verfaulende Lumpen zusammen, wir würden staunen, wie schnell die Lügen hilflos werden und in sich zusammensinken. Das was nackt sein sollte, wird dann wirklich nackt dastehen vor den Augen der ganzen Welt. So lasst uns denn in unserer Furchtsamkeit unsere eigene Wahl treffen: Wollen wir bewusst ein Sklave der Falschheit bleiben (natürlich nicht aus eigener Neigung, sondern um unsere Familie zu ernähren, erziehen wir unsere Kinder im Geiste der Lüge) oder wollen wir die Lügen abschütteln und ehrliche Menschen werden, die des Respekts ihrer Kinder und Zeitgenossen würdig sind?
[...] Ein großes Volk in Europa, die Tschechoslowaken, die wir betrogen und verraten haben – haben die uns nicht gezeigt, wie eine verwundbare Brust sich sogar Panzern entgegenstellen kann, wenn nur ein würdiges Herz in ihr schlägt?

Zit. nach: Weltgeschehen, Dokumentarische Berichte und Chronik in Vierteljahresbänden, Villingen-Schwenningen 1976, S. 420 ff.

b) Aus einem Gerichtsurteil gegen Wladimir Bukowskij (1972):

[...] Im Verlauf der Gerichtsverhandlung hat das Gericht Zeugen und den Angeklagten selbst befragt und festgestellt, dass W. K. Bukowskij im Folgenden schuldig ist:
Im Verlauf der Jahre 1970/71 hat sich W. K. Bukowskij mit der systematischen Verbreitung von antisowjetischen Schriften verleumderischen Inhalts befasst, worin die sowjetische staatliche und gesellschaftliche Ordnung geschmäht wird; er übergab ausländischen Korrespondenten verleumderische Informationen. [...]
W. K. Bukowskij wird für schuldig befunden, bei mehrfachen Begegnungen mit dem Bürger W. A. Schuschpanow, einem ehemaligen Mitarbeiter der Abteilung für Auswärtige Beziehungen des Moskauer Patriarchats, diesem gegenüber antisowjetische Agitation und Propaganda betrieben zu haben, indem er behauptete, dass in der Sowjetunion gesunde Menschen in psychiatrische Kliniken eingeliefert würden, wo man sie einer unmenschlichen Behandlung unterziehe, indem er behauptete, dass es in der Sowjetunion die Freiheit der Person, die Rede-, Presse- und Versammlungsfreiheit nicht gebe, indem er auch mit ihm (Schuschpanow) Gespräche führte mit dem Ziel, Schuschpanow dazu zu verleiten, eine Dienstreise ins Ausland dazu zu benutzen, aus dem Ausland einen Vervielfältigungsapparat zur Einrichtung einer Untergrunddruckerei und Vervielfältigung antisowjetischer Materialien des Samisdat illegal einzuführen. [...]

Überdies hat das Gericht in Betracht gezogen, dass sich W. K. Bukowskij während der Untersuchung herausfordernd benommen hat, indem er der Untersuchung seine Mitarbeit verweigert und sich weder während der Untersuchung noch vor Gericht schuldig bekannt hat.
Im Namen der Russischen Sozialistischen Föderativen Sowjetrepublik wird Bukowskij Wladimir Konstantinowitsch, Jahrgang 1942, verurteilt: zum Freiheitsentzug für die Dauer von sieben Jahren Besserungsarbeitslager, wobei die beiden ersten Jahre im Gefängnis zu verbüßen sind, mit anschließender Verbannung für die Dauer von fünf Jahren. Das Gericht verurteilt Bukowskij außerdem, die Gerichtskosten in Höhe von 100 Rubeln zu tragen.

Wladimir Bukowskij, Der unbequeme Zeuge, Stuttgart 1972, S. 24 f. und 126 ff.

c) Aussage der sowjetischen Psychiaterin Marina Fainberg vor einem internationalen Forum für Menschenrechte (1976):

Im April 1974 wurde Anatolij Dimitrijewitsch Ponomarew mein Patient [auf Station III der Skortsow-Stepanow-Klinik in Leningrad]. Er war ein sehr gütiger und feiner Mensch, aber sehr verschüchtert. Man hatte ihn von der Station VIII, der verrufensten Station der Klinik, auf unsere Station verlegt. Er wurde mit enorm hohen Dosen von Drogen behandelt, mit Mitteln, die man normalerweise nur sehr kranken Menschen gibt. Er wollte meine Fragen nicht beantworten, sagte nur, dass ihm nichts fehle. Dies war mein erster Fall von dieser Art und ich wusste nicht, was ich mit diesem Patienten machen sollte. Deshalb sagte ich ihm: „Wenn Ihnen nichts fehlt, werde ich Sie nicht behandeln. Falls Sie ruhig bleiben, brauchen Sie diese Tabletten nicht einzunehmen." Er war ein graduierter Ingenieur, 1931 geboren. Im Jahre 1970 wurde er aufgrund des Artikels 193 [des Strafgesetzbuches der RSFSR] verhaftet, denn der KGB hatte nicht vergessen, dass er sich 1968 als einziger an seinem Arbeitsplatz gegen die Invasion in der Tschecho-Slowakei ausgesprochen hatte. Unter Chruschtschow hatte er bereits damit angefangen, an seinem Arbeitsplatz Unterschriften zu sammeln. Nun wurde seine Wohnung durchsucht und dabei fand man diese Unterschriften zusammen mit einem Brief von Solschenizyn an den Schriftstellerverband sowie einige satirische Gedichte. Dies genügte, um ihn nach Artikel 193 zu verurteilen. Man wies ihn in eine Spezialabteilung einer psychiatrischen Klinik in Leningrad ein, wo er drei Tage zur Beobachtung zubrachte. Danach wurde er kurzerhand in unser Krankenhaus überführt. Als er schließlich mein Patient wurde, habe ich ihn genau

1. Wirtschaft und Gesellschaft zwischen Reform und Repression

beobachtet. In seiner Krankheitsgeschichte war als Diagnose Schizophrenie eingetragen. Aber es waren überhaupt keine entsprechenden Symptome festzustellen, und es waren auch keine Symptome in seiner Krankheitsgeschichte aufgeführt. Er war ein sehr ruhiger Mensch. Diesmal war er wegen der Maifeierlichkeiten in unsere Anstalt eingeliefert worden. Damit hatte seine Einlieferung ins Krankenhaus sozusagen „natürliche" Ursachen: Denn während der letzten Jahre war es in der UdSSR üblich geworden, alle gesellschaftlich unzuverlässigen Leute – darunter waren auch Alkoholiker, Dissidenten und Personen, die ständig ihre [politische] Meinung wechselten – in psychiatrische Kliniken einzuliefern. Solche Einlieferungen gibt es auch vor der Ankunft eines ausländischen Staatsoberhauptes in der Sowjetunion. Ponomarews Einweisung fiel diesmal mit den Feierlichkeiten zum 1. Mai und mit dem Nixon-Besuch in der Sowjetunion zusammen.

Josef Hardmann, Gerhard Wippermann, 24 Zeugen. Dokumente des Terrors, Kopenhagen, 1976, S. 195 f.

a) Charakterisieren Sie die innere Lage der Sowjetunion aus dem Blickwinkel Solschenizyns.
b) „Wir fürchten nur Zivilcourage." Erörtern Sie den Solschenizyn-Satz vor dem Hintergrund der Materialien b) und c).

65 Daten zur wirtschaftlichen Entwicklung in der Ära Breschnew

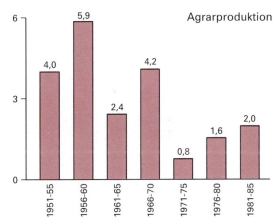

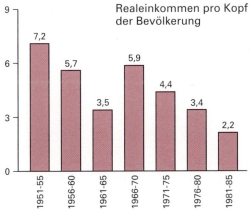

a) Entwicklung der sowjetischen Wirtschaft (1951–1985); durchschnittliches jährliches Wachstum in %

Hellmuth G. Bütow (Hg.), Länderbericht Sowjetunion; Schriftenreihe der Bundeszentrale für pol. Bildung, Bd. 263, Bonn 1988, S. 276 ff.

b) Produktion ausgewählter Zweige der Industrie 1971–1982 (Zunahme gegenüber dem Vorjahr in %)

	1971–1975	1976–1980	1976	1977	1978	1979	1980	1981	1982
Stromerzeugung	7,1	4,9	7	3	5	3	5	2	3
Brennstoffindustrie	5,9	3,0	4	4	3	2	2	1	2
Eisen- und Buntmetallurgie	5,9	1,7	4	2	2	0,2	0,6	0,5	0,9
Chemische und Erdöl verarbeitende Industrie	10,5	5,8	8	7	6	3	6	5	3
Maschinenbau u. Metall verarbeitende Industrie	11,6	8,2	10	9	9	8	6	6	5
Holz-, Holz verarbeitende u. Papierindustrie	5,2	1,6	3	3	2	−2	2	3	3
Baustoffindustrie	7,3	1,9	4	3	2	−1	0,9	2	0,9
Leichtindustrie	4,6	3,2	4	4	4	2	3	3	0,2
Nahrungsmittelindustrie	5,2	1,4	−2,5	5	2	2	−0,3	2	4
Haushaltswaren und dauerhafte Konsumgüter		9,9	7,2	7	8	8	5	8	7	2
Industrie insgesamt		7,4	4,4	4,8	5,7	4,8	4,3	3,6	3,4	2,8

Bundesinstitut für ostwirtschaftl. und internationale Studien (Hg.), Sowjetunion 1982/83, München/Wien 1983, S. 341

c) Pro-Kopf-Produktion landwirtschaftlicher Erzeugnisse 1946–1983

Jahr	Getreide	1913 = 100	Fleisch	1913 = 100	Milch	1913 = 100
1946–1950	369,3	68	19,9	64	184,1	100
1951–1955	462,8	86	29,8	95	198,2	107
1956–1960	582,0	108	37,8	120	274,0	148
1961–1965	575,5	107	41,1	131	285,8	155
1966–1970	700,0	130	48,5	154	336,6	182
1971–1975	723,5	134	55,8	178	348,3	189
1976–1980	781,5	145	56,4	180	353,0	191
1981–1983	663,0	123	58,1	185	341,1	185

Wolfram Fischer (Hg.), Handbuch der europäischen Wirtschafts- und Sozialgeschichte, Bd. 6, Stuttgart 1987, S. 685

Kennzeichnen Sie vor dem Hintergrund der vorliegenden Daten die wirtschaftlichen Probleme der Sowjetunion am Ende der Breschnew-Ära.

2. Breschnew-Doktrin und Entspannungspolitik

In der Außenpolitik demonstrierte die Moskauer Führung ihre Entschlossenheit, die unter Stalin erworbene Vormachtstellung in Osteuropa nicht in Frage stellen zu lassen. Im Frühjahr 1968 waren in der Tschechoslowakei Reformkommunisten um Alexander Dubcek in die höchsten Führungsgremien der Partei gewählt worden. Sie strebten für ihr Land Wirtschaftsreformen an und planten eine umfassende Demokratisierung der Gesellschaft. Unter breiter Unterstützung der Bevölkerung versprachen sie für die Zukunft einen „Sozialismus mit menschlichem Antlitz", kündigten die Aufhebung der Pressezensur an, setzten sich für die Zulassung anderer Parteien und für freie Wahlen ein und hofften, dass die Kommunistische Partei gestärkt aus dem Reformprozess hervorgehen werde.

„Prager Frühling"

Die Moskauer Führung sah in den Vorgängen um den „Prager Frühling" eine bedrohliche Aufweichung des sozialistischen Lagers. Sie wehrte sich entschieden gegen alle Versuche, den Sozialismus im Alleingang zu erneuern, und warnte öffentlich vor der Gefahr einer „Konterrevolution". Die Bruderparteien in den Ländern des Ostblocks wurden nachdrücklich daran erinnert, ihre internen Probleme mit der Moskauer Zentrale abzustimmen. Obwohl die sowjetische Parteiführung den Prager Reformkommunisten noch im Juli ihr Vertrauen ausgesprochen hatte, entschloss sie sich wenige Wochen später zur militärischen Intervention. Am 21. August 1968 besetzten Truppen des Warschauer Paktes die strategisch wichtigsten Plätze des Landes und beendeten den „Prager Frühling".

Parteichef Breschnew verteidigte die Maßnahme als notwendige Aktion zur „Festigung der sozialistischen Errungenschaften" und erklärte kategorisch, alle sozialistischen Länder seien verpflichtet einzuschreiten, wenn sich zeige, dass die sozialistische Entwicklung in einem Land in Gefahr gerate. Für diesen Fall habe die Souveränität der Einzelstaaten im Interesse des Sozialismus zurückzutreten.

Intervention und Breschnew-Doktrin

66 Das Foto zeigt einen ehemaligen KZ-Häftling, der sich am 22. August 1968 einem sowjetischen Panzer in Prag entgegenstellt. *Welche Erinnerungen sollen durch diese Aktion geweckt werden?*

VI. Die Breschnew-Ära: von der Festigung der Parteiherrschaft zur Stagnation

Abbau der Ost-West-Konfrontation in den 70er Jahren

Ähnlich wie beim Mauerbau in Berlin 1961 nahm der Westen den Gewaltakt in der Tschechoslowakei mehr oder weniger ohnmächtig zur Kenntnis. Dennoch wuchs in den 70er Jahren die Bereitschaft in Ost und West, die Konfrontation abzubauen und durch eine Entspannungspolitik zu ersetzen. Als 1969 die anhaltend schwierigen sowjetisch-chinesischen Beziehungen nach Feuergefechten sowjetischer und chinesischer Grenztruppen am Ussuri einen Tiefpunkt erreicht hatten und die amerikanische Regierung erste Gesprächskontakte mit Peking aufnahm, verstärkte die Breschnew-Regierung ihre diplomatischen Bemühungen, um mit dem Westen die alten europäischen Streitfragen zu klären. Erste Erfolge stellten sich ein, als sich die Bundesrepublik Deutschland in Gewaltverzichtsverträgen mit der UdSSR und Polen und in Anschlussverhandlungen mit der DDR bereit fand, die bestehenden Grenzen in Europa anzuerkennen. Ihre Fortsetzung fand die Entspannungspolitik, als nach zweijährigen Verhandlungen die USA und Kanada und alle europäischen Staaten (bis auf Albanien) in der Schlussakte der „Konferenz für Sicherheit und Zusammenarbeit in Europa" (KSZE) am 1. August 1975 in Helsinki den territorialen Status quo in Europa bestätigten. Damit hatte die Sowjetunion eine weltweite Anerkennung der europäischen Nachkriegsordnung erreicht, zugleich verpflichtete sie sich mit ihrer Unterschrift zur Respektierung der Menschenrechte und gab damit ungewollt den Bürgerrechtsbewegungen im eigenen Land und in den Ostblockstaaten neuen Auftrieb.

Risse im sozialistischen Lager

Mit Nachdruck propagierte die Sowjetführung in der Breschnew-Ära die Geschlossenheit des sozialistischen Lagers in Osteuropa, konnte aber nicht verhindern, dass einzelne Länder von der von Moskau vorgegebenen Generallinie abwichen und eigene Wege gingen. Bereits 1968 hatte sich Rumänien geweigert, den Einmarsch der Warschauer Paktstaaten in die Tschechoslowakei mit eigenen Truppen zu unterstützen. Im gleichen Jahr trat Albanien, das sich seit Beginn der 60er Jahre nach dem Bruch mit Moskau der Volksrepublik China verbunden fühlte, aus dem Warschauer Pakt aus. Schließlich behauptete auch Jugoslawien seine Unabhängigkeit. Als im Jahre 1980 die Auslandsverschuldung der Volksrepublik Polen nach anhaltenden Wirtschaftsproblemen auf 20 Milliarden Dollar angewachsen war und die Parteiführung mit drastischen Preiserhöhungen eine Versorgungskrise auslöste, gründeten Danziger Arbeiter eine unabhängige Gewerkschaft („Solidarność"). Mit ihren Forderungen nach Streikrecht, Lohnerhöhung und Aufhebung der Zensur übte die „Solidarność", die im Herbst 1981 fast 10 Millionen Mitglieder zählte, erheblichen Druck auf die Regierung aus. Um die Aktivitäten der Gewerkschaft zu unterbinden, verhängte der polnische Parteichef Jaruzelski im Dezember 1981 über sein Land das Kriegsrecht. Mit dieser Maßnahme kam er offensichtlich einer drohenden Intervention der Warschauer Paktstaaten zuvor.

Afghanistan-Krieg

Als verhängnisvoll erwies sich am Ende der Breschnew-Ära der sowjetische Einmarsch in Afghanistan. Unter Berufung auf den sowjetisch-afghanischen Freundschafts- und Beistandspakt griffen sowjetische Truppen Ende Dezember 1979 erstmals offen in die innenpolitischen Auseinandersetzungen eines Landes ein, das nicht zum Ostblock gehörte. Gegen den erbitterten Widerstand von Guerilla-Verbänden, die sich aus der islamischen Bevölkerung rekrutierten, bemühte sich die Sowjetarmee jahrelang vergeblich, ein kommunistisches Regime in Afghanistan fest zu installieren. Die sowjetischen Truppen, die zuletzt auf ca. 115 000 Mann aufgestockt worden waren, konnten sich in keinem Landesteil Afghanistans gegen die Widerstandskämpfer auf Dauer durchsetzen. Am Ende gelang weder die Sowjetisierung des Landes, noch fand die Intervention die erhoffte Unterstützung der blockfreien Staaten. Erst 1988 unter Gorbatschow zog die Sowjetregierung endgültig ihre Truppen aus Afghanistan zurück.

2. Breschnew-Doktrin und Entspannungspolitik

Rüstungswettlauf und wirtschaftliche Talfahrt

Mit der Besetzung Afghanistans verschlechterte sich das internationale Klima rapide. Die gegenüber dem Westen betriebene Entspannungspolitik, die der UdSSR in den 70er Jahren die Anerkennung der Nachkriegsgrenzen in Europa eingebracht hatte, schien ernsthaft gefährdet. Als die Sowjetführung sich entschloss, im europäischen Teil der UdSSR Mittelstreckenraketen aufzustellen, reagierten die NATO-Staaten mit einer Nachrüstung für Westeuropa. Ein zerstörerischer Rüstungswettlauf mit dem Westen begann, der die angespannte Wirtschaftskraft des Landes völlig überforderte.

Am Ende der Breschnew-Ära unterlagen alle Wirtschaftsdaten der UdSSR einem Negativtrend: Anwachsen der Staatsverschuldung, Stagnation von Produktivität und Lebensstandard, wachsende Außenhandelsdefizite, Rückgang der internationalen Konkurrenzfähigkeit. Nach dem Tode Breschnews (1982) wurde die UdSSR von einer vergreisten Führung regiert, die zwar ihre Macht behaupten konnte, aber nicht die Kraft hatte, das Land aus der fundamentalen ökonomisch-politischen Krise herauszuführen.

67 Das Ende des Prager Frühlings

a) Radio Prag, 21. August 1968:
Gestern, am 20. August gegen 23 Uhr, überschritten Einheiten der Sowjetunion, der Polnischen Volksrepublik, der Deutschen Demokratischen Republik, der Volksrepublik Ungarn und der Volksrepublik Bulgarien die Grenzen der Tschechoslowakischen Sozialistischen Republik. Es geschah ohne das Wissen des Präsidenten der Republik, des Präsidenten der Nationalversammlung, des Regierungschefs sowie des Ersten Sekretärs des Zentralkomitees der KPC und der zuständigen Organe. […] Das Präsidium des ZK der KPC fordert alle Bürger auf, Ruhe zu bewahren und den Einheiten keinen Widerstand zu leisten. Deshalb haben auch die Einheiten der Armee und der Volksmiliz keinen Befehl zum Widerstand erhalten. Das ZK der KPC betrachtet diesen Akt als Verletzung der fundamentalen Prinzipien der Beziehungen zwischen sozialistischen Staaten und der Prinzipien des Völkerrechts. Alle Funktionäre der KPC verbleiben in ihren Funktionen, in die sie durch die gültigen Gesetze gewählt worden sind. […]

b) Erklärung der sowjetischen Nachrichtenagentur TASS (21. August 1968):
TASS ist bevollmächtigt, Folgendes zu erklären: Partei- und Staatsfunktionäre der CSSR haben sich an die Sowjetunion und andere Bündnisstaaten mit der Bitte gewandt, dem tschechoslowakischen Brudervolk dringend Hilfe zu erweisen, einschließlich der Hilfe mit Streitkräften. Diese Bitte ist auf die Gefahr zurückzuführen, die der in der CSSR bestehenden sozialistischen Ordnung und der auf der Verfassung basierenden Staatlichkeit von Seiten der konterrevolutionären Kräfte droht, die mit den dem Sozialismus feindlichen Kräften ein Komplott eingegangen sind. Die Ereignisse in der CSSR und außerhalb ihrer Grenzen waren wiederholt Gegenstand des Meinungsaustausches von führenden Repräsentanten der sozialistischen Bruderländer, einschließlich der Leiter der CSSR. Diese Länder sind sich darin einig, dass die Unterstützung, die Festigung und die Verteidigung der sozialistischen Errungenschaften der Völker gemeinsame internationale Pflicht aller sozialistischen Staaten ist. […] Die Bedrohung der sozialistischen Ordnung in der Tschechoslowakei ist zugleich eine Bedrohung des europäischen Friedens. Die Sowjetregierung und die Regierungen der Bündnisstaaten: der VR Bulgarien, der Ungarischen VR, der DDR, der Polnischen VR haben, ausgehend von den Prinzipien der unverbrüchlichen Freundschaft und Zusammenarbeit und auf Grund der bestehenden vertraglichen Verpflichtungen beschlossen, der erwähnten Bitte um die erforderliche Hilfe für das tschechoslowakische Brudervolk nachzukommen. Dieser Beschluss entspricht voll und ganz dem Recht der Staaten auf individuelle und kollektive Selbstverteidigung, das in Bündnisverträgen, die zwischen den sozialistischen Bruderländern bestehen, verankert ist. Dieser Beschluss entspricht auch den ureigensten Interessen unserer Länder bei der Verteidigung des europäischen Friedens gegen die Kräfte des Militarismus, der Aggression und der Revanche, die die europäischen Völker wiederholt in Kriege stürzten. Sowjetische Truppeneinheiten sind zusammen mit Truppeneinheiten der genannten Bündnisländer am 21. August in die Tschechoslowakei einmarschiert. Sie werden unverzüglich aus der

CSSR weggeführt, sobald die entstandene Gefahr für die Errungenschaften des Sozialismus in der Tschechoslowakei und die Gefahr für die Sicherheit der Länder der sozialistischen Gemeinschaft behoben ist und die legitime Regierung die weitere Stationierung dieser Truppeneinheiten für nicht mehr erforderlich hält. [...]

a) und b): Weltgeschehen. Dokumentarische Berichte und Chronik in Vierteljahresbänden, München 1968, S. 317f.

a) Welche Einblicke in die Hintergründe des Einmarsches vermitteln die Nachrichteninformationen zum 21. August 1968?
b) Diskutieren Sie die Überzeugungskraft der TASS-Argumente.

68 Der sowjetische Einmarsch in Afghanistan

a) Auszug aus dem Protokoll Nr. 177 der Sitzung des Politbüros des ZK der KPdSU (27. Dezember 1979):
Streng geheim.
Über die propagandistische Absicherung unserer Aktion in Bezug auf Afghanistan.
In unserer propagandistischen Arbeit – in der Presse, im Fernsehen, im Rundfunk – müssen wir uns bei der Darstellung der Hilfsaktion, die von der Sowjetunion auf Ersuchen der Führung der Demokratischen Republik Afghanistan zur Abwehr der äußeren Bedrohung unternommen wird, von Folgendem leiten lassen:
1. In der ganzen propagandistischen Arbeit ist vom Inhalt des Schreibens der afghanischen Führung auszugehen, in dem diese die Sowjetunion um militärische Hilfe gebeten hat, sowie von der entsprechenden TASS-Meldung.
2. Als Hauptthese ist herauszustellen, dass die auf Ersuchen der afghanischen Führung erfolgte Entsendung begrenzter sowjetischer militärischer Kontingente nach Afghanistan einem Ziel dient, nämlich, im Kampf gegen die äußere Bedrohung Hilfe und Unterstützung zu gewähren. Die sowjetische Aktion verfolgt keinerlei andere Ziele.
3. Zu betonen ist, dass durch die Aggression von außen und durch die zunehmende äußere Einmischung in die innerafghanischen Angelegenheiten die Errungenschaften der Aprilrevolution, die Souveränität und die Unabhängigkeit des neuen Afghanistan in Gefahr geraten sind. Unter diesen Bedingungen hat die Sowjetunion, an die sich die Führung der Demokratischen Partei Afghanistans in den letzten drei Jahren mehrmals mit der Bitte um Unterstützung bei der Abwehr der Aggression gewandt hat, positiv auf diese Bitte reagiert, wobei sie sich insbesondere vom Geist und Inhalt des sowjetisch-afghanischen Vertrages über Freundschaft, gute Nachbarschaft und Zusammenarbeit leiten ließ.
4. Die Bitte der Regierung Afghanistans und die Erfüllung dieses Ersuchens durch die Sowjetunion sind ausschließlich Sache zweier souveräner Staaten, der Sowjetunion und der demokratischen Republik Afghanistan, die ihre Beziehungen untereinander selbst regeln. Sie haben wie jeder beliebige Mitgliedstaat der UNO das Recht auf individuelle oder kollektive Selbstverteidigung, das im Artikel 51 des Statuts der UNO vorgesehen ist.
5. Bei der Darstellung der Veränderungen in der Führung Afghanistans ist zu betonen, dass das eine innere Angelegenheit des afghanischen Volkes ist, dabei ist von den vom Revolutionsrat Afghanistans veröffentlichten Erklärungen sowie von den Reden des Vorsitzenden des Revolutionsrates, Babrak Karmal, auszugehen.
6. Alle verleumderischen Behauptungen über eine angebliche sowjetische Einmischung in die innerafghanischen Angelegenheiten sind entschieden durch Argumente zu widerlegen. Zu betonen ist, dass die UdSSR mit den Veränderungen in der Führung Afghanistans nicht das Geringste zu tun hatte und hat. Die Aufgabe der Sowjetunion im Zusammenhang mit den Ereignissen in Afghanistan besteht darin, dem befreundeten Afghanistan zu Hilfe zu kommen und es angesichts der Aggression von außen bei der Verteidigung der Souveränität und Unabhängigkeit zu unterstützen. Sobald diese Aggression aufhört und die Souveränität und Unabhängigkeit des afghanischen Staates nicht mehr bedroht sind, werden die sowjetischen Truppenkontingente unverzüglich und vollständig vom Territorium Afghanistans abgezogen werden.

b) Schreiben des Politbüros an die Mitglieder des ZK der KPdSU (29. Dezember 1979):
Bei der zeitweiligen Entsendung eines kleinen Truppenkontingents hat das Politbüro des ZK die strategische Lage Afghanistans berücksichtigt, das sich in unmittelbarer Nähe unserer Grenzen befindet. Es ist das Nachbarland der Sowjetrepubliken Mittelasiens

2. Breschnew-Doktrin und Entspannungspolitik

und hat eine sehr lange Grenze und nicht weit davon befindet sich China. Daher ist es erforderlich, die Sicherheit unserer sozialistischen Heimat zu gewährleisten und unsere nationale Pflicht zu berücksichtigen.

a) und b): zit. nach: Michael S. Voslensky, Das Geheime wird offenbar. Moskauer Archive erzählen 1917–1991, München 1995, S. 351, 357 f.

c) Beschluss des Politbüros (2. Januar 1980):
Das Verteidigungsministerium wird ermächtigt, für die Schaffung eines Kontingents sowjetischer Truppen in der Demokratischen Republik Afghanistan die Zahl der Militärangehörigen von 1980 an um 50 000 und die Zahl der Arbeiter und Angestellten um 2 000, einschließlich 1000 Militärangehörige für das KGB der UdSSR zu erhöhen.

d) Igor Kowaltschuk, Soldat der Sowjetarmee in Afghanistan, berichtet (1989):
In die Armee wurde ich im Frühling 1980 eingezogen. Wir fuhren gen Süden. Zweieinhalb Monate lernten wir angreifen, uns verteidigen, mit Kolben und Bajonett arbeiten, schießen.
Eines Tages hat man uns aufgestellt, wir leisteten den Fahneneid und man sagte uns, dass wir die große Ehre hätten, in Afghanistan die „internationalistische Pflicht" zu erfüllen. Wir sollten dem afghanischen Volke helfen, die Errungenschaften der Aprilrevolution zu verteidigen und es vor dem amerikanischen Imperialismus schützen, der die südliche Grenze unseres Vaterlandes bedrohe. […]

In meine Kompanie bin ich nachmittags gekommen. […] Kapitän Rudenko schnauzte uns an und sagte: „Also jetzt seid ihr rohes Fleisch, Fleisch für die Schakale. […] Merkt euch meine Worte, ihr sollt entweder Wölfe werden oder sterben – eines von beidem!"
Ich habe nichts verstanden und dachte nur: Was haben wir ihm getan, dass er so wütend ist?
Aber einen Monat später war ich selber noch schlimmer. Ich fühlte, wie ich in diesen riesigen blutigen Strudel hineingezogen wurde, in dem ich die Fähigkeit zu denken verliere und nur noch mit Bajonett, Kolben und Visier arbeite. Bald verlor ich meinen Freund Oleg, danach war es Witja. Er sagte nur noch:
„Weißt du, Igor, wir hätten auch anders leben können!" Ich verlor mehr und mehr die Kontrolle. Ich schrie und weinte und schoss. So vergingen noch sechs Monate. Ich wurde wie alle: Ich machte die Augen der gestorbenen Kameraden zu, ohne zu zittern, rauchte Drogen, süß-saurer Geschmack des Blutes ekelte mich nicht mehr an, beim Schießen machte ich die Augen nicht mehr zu.
Ich wusste nicht mehr, was ich wollte. Ich war verzweifelt. Während der ganzen Zeit geriet kein einziger Amerikaner in meine Schusslinie. Ich wachte auf und dachte: Wieso sagt ihr uns nicht die ganze Wahrheit? So und so, man muss Afghanistan erobern […], alles klar, […] aber nein, man hat uns angelogen, man bewegt uns wie Spielzeuge und wir sterben wie die Fliegen.

Ogonjuk Nr. 50/1989, S. 27 f.; zit. nach: Harm Mögenburg, Russland im Umbruch …, a. a. O., S. 124 f.

a) Rekonstruieren Sie aus den Materialien die Entstehungsgeschichte des Afghanistan-Krieges.
b) Vergleichen Sie die Ziele der sowjetischen Afghanistan-Politik mit den Methoden der öffentlichen Selbstdarstellung dieser Politik. Berücksichtigen Sie dabei auch die Art der Quellen.
c) Erörtern Sie die Problematik des Afghanistan-Krieges aus der Sicht des Sowjetsoldaten.

Zur Diskussion

Was sind die Kennzeichen der Breschnew-Ära?

Die Breschnew-Ära ist in der Geschichte der Sowjetunion eine Zeit voller Widersprüche. Während die Parteiherrschaft weiter ausgebaut wurde, dominierten im Innern wirtschaftliche Stagnationen und gegenüber den Regimegegnern anhaltende Repression. Nach außen festigte die Sowjetunion ihre Weltmachtstellung, die Entspannungspolitik der 70er Jahre brachte dem Land internationale Anerkennung. Zwei Historiker setzen bei ihrer Bilanzierung der Breschnew-Ära die folgenden Akzente:

a) Lothar Rühl (1992):

Die kollegiale Führung unter der Präsidentschaft des Generalsekretärs versuchte, die Stabilität der Sowjetmacht durch immer neue Befestigungen nach außen und die Zentralgewalt im Innern gegenüber dem regionalen Autonomiebestreben der Nationen und Nationalitäten zu bewahren. Diese konservative Politik der begrenzten Konzessionen im Innern und der schroffen Verteidigung der internationalen Positionen gegenüber dem Westen oder in Asien verlangte immer mehr Mittel für eine Machtkonzentration, bot aber der Sowjetunion keine neue Perspektive. Die im Verhandlungsprozess mit der amerikanischen Gegenmacht und in den Beziehungen zu den übrigen Staaten des Westens in Europa erreichte internationale Anerkennung der Ebenbürtigkeit als zweite Weltmacht repräsentierte den größten und letzten erreichbaren Erfolg, den Gipfel des Aufstiegs. Leonid Breschnew verkörperte mit seiner massiven Gestalt diesen Erfolg des Sowjetstaates und des wiedererstandenen Russischen Reiches: eine imposante, wenngleich schwerfällige Figur auf der Weltbühne. In der Person Breschnews triumphierte der bürokratische Sozialismus mit der „Nomenklatura" des Sowjetsystems. [...] Breschnew übte als Generalsekretär und Präsident des Obersten Sowjets der Union hinter der Kreml-Fassade der kollektiven Führung eine „Ein-Mann-Führerschaft" aus, wie sie Lenin 1918 als Notwendigkeit für eine sozialistische Gesellschaft bezeichnet hatte und wie sie Stalin und Chruschtschow zu ihrer Zeit ausübten.

Lothar Rühl, Aufstieg und Niedergang des Russischen Reiches, Stuttgart 1992, S. 533

b) Martin Malia (1994):

Es ist daher ganz verfehlt, im Zusammenhang mit der Ära Breschnew von einem neuen Stalinismus zu sprechen. Nicht nur war Breschnew von seiner ganzen Statur her kein Stalin – noch nicht einmal in der Kombination mit Suslow –, sondern er hätte es auch gar nicht sein können: Selbst wenn er Massenterror betrieben und eine Revolution von oben angezettelt hätte, hätte er damit unter den Bedingungen der sechziger Jahre keinen Erfolg haben können. Wie gesagt, kann Stalinismus im Lebenszyklus eines kommunistischen Staates nur einmal auftreten, und zwar in der Phase des Aufbaus, wenn dieser seiner Vollendung entgegengeht. Nur diese höchste Anspannung kann genügend Fanatismus und Gewaltbereitschaft freisetzen, um wirklichen Stalinismus hervorzubringen. Wenn der Sozialismus erst einmal aufgebaut ist, wird die „Verteidigung seiner Errungenschaften" zur ersten Aufgabe des Regimes; der Stalinismus, oder besser gesagt: das stalinistische System, verfestigt sich und erstarrt in der Routine des „entwickelten Sozialismus". Die einstmals heiße Ideologie des Klassenkampfs wandelt sich zur kalten Ideologie orthodoxer Beschwörungsformeln und so werden aus den ehemaligen Revolutionären an der Spitze die Hüter des Systems. Nur die „weiche" Variante des Stalinismus konnte unter der grauen Vormundschaft von Breschnew, Kossygin und Suslow praktiziert werden. Ein weiterer Grund für den Wandel des totalitären Systems war die Wirtschaftslage. Sie war jetzt zu komplex, um mit den brutalen Maßnahmen der dreißiger Jahre oder selbst mit den Wiederaufbaumethoden der Nachkriegszeit geregelt zu werden.

Martin Malia, Vollstreckter Wahn. Russland 1917–1991, Stuttgart 1994, S. 401 f.

a) Vergleichen Sie die beiden Urteile über die Breschnew-Ära im Hinblick auf Gemeinsamkeiten und Unterschiede.
b) Diskutieren Sie die These Martin Malias, Stalinismus könne im „Lebenszyklus eines kommunistischen Staates" nur in der Aufbauphase auftreten.

1. Erläutern Sie die Argumente, mit denen die Sowjetführung den Einmarsch der Warschauer-Pakt-Staaten in die Tschechoslowakei gerechtfertigt hat.
2. Wie kam es zur Entspannungspolitik der siebziger Jahre?
3. Charakterisieren Sie die Methoden, mit denen die Staatsführung in der Breschnew-Ära mit Regimegegnern umgegangen ist.
4. Erklären Sie den Begriff „Nomenklatura".
5. Kennzeichnen Sie die innen- und außenpolitische Lage der Sowjetunion am Ende der Breschnew-Ära.
6. Der Historiker Helmut Altrichter charakterisiert die Breschnew-Ära als eine „Verbindung von Chruschtschowismus ohne Chruschtschow mit einem Stalinismus ohne Stalin". Was könnte mit dieser Deutung gemeint sein?

VII. Die Sowjetunion unter Gorbatschow: Reform und Auflösung

Als der 54-jährige Michail S. Gorbatschow nach seiner Wahl zum Generalsekretär im März 1985 die Regierungsgeschäfte übernahm, hatte er eine steile Parteikarriere hinter sich. Bereits 1971 gehörte er dem Zentralkomitee der KPdSU an; nach seiner Ernennung zum Sekretär für Landwirtschaft dauerte es nur kurze Zeit, bis er 1980 als Vollmitglied in das Politbüro gewählt wurde. Nichts deutete bei seinem Regierungsantritt darauf hin, dass nur sechs Jahre später nicht nur das Sowjetimperium, sondern auch die Sowjetunion selbst förmlich aufgehört hatten zu existieren. Dass das Ende der kommunistischen Ordnung für die meisten Beobachter unerwartet kam, zudem erstaunlich gewaltfrei verlief, gehört zu den aufregendsten Vorgängen am Ende des 20. Jahrhunderts. Wie konnte es zu dieser atemberaubenden Entwicklung kommen?

1985	Nach dem Tod Tschernenkos wählt ein außerordentliches ZK-Plenum Michail S. Gorbatschow zum neuen Parteichef (11. März).
1986	Der XXVII. Parteikongress der KPdSU billigt den von Gorbatschow vorgeschlagenen neuen Kurs (März).
	Nach einem schweren Reaktorunfall im Kernkraftwerk von Tschernobyl in der Ukraine treten große Mengen Radioaktivität aus und richten verheerende Umweltschäden an (26. April). Radioaktive Wellen verseuchen weite Teile Europas.
1987	Während des Gipfeltreffens zwischen Ronald Reagan und Michail Gorbatschow in Washington (7.–10. Dezember) wird der Vertrag über die Beseitigung aller Mittelstreckenwaffen in Europa unterzeichnet (INF-Vertrag).
1988	Beginn des Rückzugs sowjetischer Truppenverbände aus Afghanistan (Mai).
	Nach dem Rücktritt Gromykos wählt der Oberste Sowjet Gorbatschow zum sowjetischen Staatsoberhaupt (Oktober).
1989	In der georgischen Hauptstadt Tiflis demonstrieren Tausende gegen die Russifizierungspolitik Moskaus und für nationale Unabhängigkeit (Februar). Nach Litauen und Estland erklärt der Oberste Sowjet der Republik Lettland seine Souveränität (Juli).
1990	Das Plenum des ZK der KPdSU verzichtet auf das Machtmonopol (Februar). Litauen erklärt als erste Republik seine Unabhängigkeit (März). Estland und Lettland folgen.
	Die UdSSR erhält eine Präsidialverfassung, Gorbatschow wird zum ersten Staatspräsidenten mit umfassenden Vollmachten gewählt (März). Bundeskanzler Kohl und Staatspräsident Gorbatschow erzielen Einverständnis in der Frage der Vereinigung der beiden deutschen Staaten.
1991	Auflösung des Warschauer Paktes (Februar). Boris Jelzin wird zum Präsidenten Russlands gewählt (Juni). Nach dem gescheiterten Putschversuch durch ein „Staatskomitee für den Ausnahmezustand" (August) tritt Gorbatschow als Generalsekretär der KPdSU zurück. In Alma Ata gründen 11 der ehemaligen 15 Unionsrepubliken die „Gemeinschaft unabhängiger Staaten" (GUS). Gorbatschow tritt als Staatspräsident zurück, der Oberste Sowjet der UdSSR stellt seine Tätigkeit ein (Dezember).

1. Gorbatschows Reformprogramm: Glasnost und Perestroika

Neues Denken

Nach seiner Wahl zum neuen Generalsekretär der KPdSU ging Michail S. Gorbatschow mit Elan daran, die anhaltende Stagnation der Breschnew-Jahre zu überwinden. Überzeugt davon, dass dem Sozialismus die Zukunft gehöre, plädierte er für ein neues Denken und warb engagiert für umwälzende Veränderungen in Staat und Gesellschaft. Um die neue Führung innen- und außenpolitisch handlungsfähig zu machen, stellte er sich selbst an die Spitze der Reformbewegung. Ein Jahr nach Regierungsantritt Gorbatschows war fast die Hälfte des überalterten Politbüros ausgewechselt. Alles zielte darauf ab, die anhaltende Krise von Staat und Gesellschaft zu überwinden, die Partei zu stärken und durch Reformen die Zukunft des Sowjetsystems zu sichern.

Wirtschaftliche Maßnahmen

Im Frühjahr 1986 präzisierte der neue Generalsekretär vor den Delegierten des XXVII. Parteitages der KPdSU seine Reformvorstellungen. Als Leitgedanken für einen Neuanfang dienten die Schlüsselbegriffe „Glasnost" (Öffentlichkeit, Transparenz der Entscheidungen) und „Perestroika" (Umbau, Umgestaltung). 1988 trat ein Gesetz in Kraft, das den Unternehmen eine wirtschaftliche Rechnungsführung vorschrieb und die Eigenverantwortung der Unternehmensleitungen vorsah. Selbst die Stilllegung unrentabler Betriebe war nun kein Tabu mehr. Anfang 1989 forderte eine Resolution des ZK-Plenums, dass im Agrarbereich jene Kolchosen und Sowchosen, die auf Dauer unwirtschaftlich arbeiteten, aufzulösen und ihre Ländereien an Privatbauern oder Pächter neu zu vergeben seien. Mit Kampagnen gegen Amtsmissbrauch und Korruption wurden der Nomenklatura Einschnitte bei lieb gewordenen Gewohnheiten abverlangt. Ein ganzes Bündel von Maßnahmen betraf die geringe Arbeitsmoral, die mangelnde Disziplin am Arbeitsplatz und den weit verbreiteten Alkoholmissbrauch.

Politische Kurskorrekturen

Um den Rücken für seine Reformpolitik im Innern frei zu bekommen, zog der Generalsekretär auch auf anderen Feldern einen Schlussstrich unter die Vergangenheit. Nach über acht Jahren Krieg und Besatzung in Afghanistan kündigte Gorbatschow im Februar 1988 den schnellen Rückzug sowjetischer Soldaten an. Bereits ein Jahr später hatte er sein Versprechen in die Tat umgesetzt und die sowjetischen Truppen aus Afghanistan abgezogen. Mit den Dissidenten, die in Breschnew-Zeiten drangsaliert wurden, schloss er Frieden und sorgte dafür, dass Systemkritiker, die wegen antisowjetischer Propaganda in den Gefängnissen saßen, ihre Freiheit zurückbekamen. Schließlich nahm er 1988 die bevorstehende Tausendjahrfeier der Christianisierung Russlands zum Anlass, die Verfolgungen der Kirche einzustellen. Gegenüber dem Patriarchen von Moskau würdigte der Generalsekretär erstmals die sozialen Leistungen der Kirche und stellte ein Gesetz in Aussicht, das die Religionsfreiheit im Lande garantieren sollte.

Perestroika (russ. Umbau, Umgestaltung): Als Schlagwort stand der Begriff in der Geschichte der KPdSU für organisatorische Veränderungen in der Parteistruktur. Seit dem Amtsantritt Gorbatschows verstand man unter Perestroika die innenpolitische Erneuerung des Landes. Um Staat und Wirtschaft lebensfähig zu halten, strebte die Parteiführung eine Modernisierung des ökonomischen, gesellschaftlichen und politischen Systems an. Ziel war es, den Sozialismus zu stärken. Die führende Rolle der KPdSU sollte nicht angetastet werden.

Glasnost (russ. Offenheit, Transparenz): Schlüsselbegriff der Reformpolitik seit 1985. Unter Glasnost verstand man die Forderung nach offener Diskussion von Problemen und Missständen, nach Transparenz der Entscheidungen in Wirtschaft und Politik. Ziel war es, eine kritisch-loyale Öffentlichkeit herzustellen, um den Demokratisierungsprozess in der Sowjetunion voranzubringen.

1. Gorbatschows Reformprogramm: Glasnost und Perestroika

69 „Der Weg zum Sozialismus". Karikatur von Karl-Heinz Schoenfeld, 31. Oktober 1990. *Wie deutet der Zeichner die Zukunft des Sozialismus vor dem Hintergrund von „Glasnost" und „Perestroika"?*

Allen Appellen, Maßnahmen und Kampagnen zum Trotz: Die jahrelange Misswirtschaft von Partei- und Staatsführung ließ sich in kurzer Zeit nicht korrigieren. Schon bald wurde erkennbar, dass sich die Talfahrt der sowjetischen Wirtschaft ungebremst fortsetzte. Ende der 80er Jahre war die Nettoproduktion in Industrie und Landwirtschaft erneut gesunken, während das staatliche Haushaltsdefizit und die Auslandsverschuldung rasant emporschnellten. Die Regale in den staatlichen Läden waren so leer, dass sich Gorbatschow zur Sicherung der Grundversorgung gezwungen sah, das Ausland um sofortige Hilfsmaßnahmen zu bitten. Offensichtlich hatte die Parteiführung um Gorbatschow die Schwierigkeiten, die der Reformpolitik im Wege standen, unterschätzt.

Verschärfung der ökonomischen Probleme

Zu einer schweren Belastung für die neue Regierung entwickelte sich das Reaktorunglück von Tschernobyl im April 1986. Als nach einer Explosion im Kernkraftwerk große Teile der Ukraine, Weißrusslands und Russlands radioaktiv verseucht wurden und die radioaktiven Wellen innerhalb kurzer Zeit weite Teile Europas erreichten, reagierte die Regierung zunächst mit Schweigen und versuchte, das schon früh erkennbare katastrophale Ausmaß des Unglücks zu verharmlosen. Sie brauchte lange, um für Zehntausende von Menschen die erforderlichen Evakuierungsmaßnahmen einzuleiten, und setzte – ganz im Gegensatz zu dem von Gorbatschow geforderten Prinzip der Offenheit – durch eine völlig unzureichende Informationspolitik die weitgehend ahnungslose Bevölkerung schutzlos einer atomaren Verseuchung aus. Zahllose Menschen – besonders Kinder und Jugendliche – leiden noch heute unter den Auswirkungen des Reaktorunglücks oder müssen mit dem Risiko leben, unter den Folgen der Strahlenbelastung zu erkranken.

Tschernobyl

Während Gorbatschows Reformpolitik im eigenen Lande zunehmend mit Skepsis begleitet wurde, erntete der Generalsekretär in den westlichen Staaten viel Zustimmung. Von Anfang an warb er auch in der Außenpolitik für ein neues Denken, plädierte bei seinen Staatsbesuchen im Ausland für eine Neuordnung der internationalen Beziehungen, trat selbst mit Abrüstungsvorschlägen auf den Plan, um den Entspannungsprozess zwischen den Supermächten voranzubringen. Dabei ließ er sich auch von dem Gedanken leiten, dass die Chancen für eine erfolgreiche Reformpolitik im Innern größer seien, wenn es gelänge, die Konfrontation zwi-

Entspannungspolitik und internationale Anerkennung

schen den Großmächten abzubauen und den Kalten Krieg zu beenden. Zusammen mit seinem Außenminister Schewardnadse forderte er eine Sicherheitspartnerschaft mit dem Westen, weil nach seiner Überzeugung in Zeiten der atomaren Bedrohung die Sicherheit nicht mehr durch Rüstung und Nachrüstung erreicht werden könne. Erste Verhandlungserfolge stellten sich ein, als die Sowjetunion und die USA sich im Dezember 1987 verpflichteten, alle Mittelstreckenraketen in Europa zu beseitigen und in Zukunft auf die Produktion und den Besitz solcher Waffensysteme zu verzichten. Nach diesem Durchbruch wurden die Verhandlungen über Rüstungsbegrenzungen zügig fortgesetzt und auf den konventionellen und später auf den atomaren Bereich ausgedehnt. Am Ende einigten sich die Großmächte auf umfangreiche vertragliche Regelungen in Sachen Rüstungskontrolle. Das Nobelpreiskomitee würdigte Gorbatschows Engagement 1990 mit der Verleihung des Friedensnobelpreises.

70 Perestroika: Anspruch und Wirklichkeit

a) Michail Gorbatschow schreibt (1987):
Unsere Gesellschaft hat Vollbeschäftigung garantiert und für fundamentale soziale Sicherheit gesorgt. Gleichzeitig aber hat sie versäumt, die Möglichkeiten des Sozialismus voll auszuschöpfen, um den wachsenden Bedarf an Wohnungen und qualitativ hochstehenden Nahrungsmitteln zu decken; sie hat es versäumt, das Transportwesen zweckmäßig zu organisieren, medizinische Betreuung und Bildung zu verbessern und andere Probleme zu bewältigen, die natürlich in dem Maße entstehen, wie sich die Gesellschaft weiterentwickelt. Eine absurde Situation trat ein. Die Sowjetunion, der Welt größter Produzent von Stahl, Rohstoffen, Öl und Energie, produziert in diesen Bereichen noch immer nicht genug; Ursache ist die verschwenderische und ineffiziente Nutzung. Obwohl einer der größten Getreideproduzenten, muss unser Land Millionen Tonnen Futtergetreide pro Jahr importieren. Wir haben die größte Zahl von Ärzten und Krankenhausbetten umgerechnet auf tausend Einwohner und trotzdem gibt es in unserer medizinischen Betreuung schreiende Ungerechtigkeiten. Mit verblüffender Genauigkeit finden unsere Raketen den halleyschen Kometen oder fliegen zur Venus, aber neben diesen wissenschaftlichen und technologischen Triumphen verzeichnen wir einen offenkundigen Mangel an Effizienz, wenn es gilt, diese wissenschaftlichen Errungenschaften für den wirtschaftlichen Bedarf nutzbar zu machen. Viele sowjetische Haushaltsgeräte sind von armseliger Qualität. [...]
Es ist wichtig, dass wir nach vorn blicken. Wir verfügen über genug politische Erfahrung, theoretischen Horizont und Zivilcourage, um Erfolge zu erzielen und zu garantieren, dass die Perestroika den hohen moralischen Maßstäben des Sozialismus gerecht wird. Wir brauchen ein gesundes, lebendiges Funktionieren aller öffentlichen Organisationen, aller Produktionsteams und Künstlerverbände, neue Formen der Aktivität vonseiten der Bevölkerung und die Reaktivierung all derjenigen, die vergessen wurden. Kurz gesagt, wir brauchen eine umfassende Demokratisierung aller Bereiche der Gesellschaft. Diese Demokratisierung ist auch der wichtigste Garant dafür, dass die gegenwärtigen Prozesse weitergehen. [...]
Die Reform basiert auf einer drastisch erweiterten Unabhängigkeit der Betriebe und Genossenschaften sowie auf deren Umstellung auf umfassende wirtschaftliche Rechnungsführung und Eigenfinanzierung. Außerdem werden den Arbeitskollektiven angemessene Rechte eingeräumt. Sie werden jetzt für eine effiziente Betriebsführung und ihre Endresultate die volle Verantwortung tragen. [...] Perestroika bedeutet, die stagnierenden Prozesse zu überwinden, alles zu beseitigen, was bremst, einen zuverlässigen und wirksamen Mechanismus zur Beschleunigung der sozialökonomischen Entwicklung zu schaffen und diesem eine größere Dynamik zu verleihen. Perestroika bedeutet Initiative der Massen; Entwicklung der Demokratie auf breiter Basis, sozialistische Selbstverwaltung, Förderung von Initiative und schöpferischer Arbeit, Stärkung von Ordnung und Disziplin, mehr Offenheit, Kritik und Selbstkritik in allen Bereichen unserer Gesellschaft; ein Höchstmaß an Achtung des Individuums und Wahrung seiner persönlichen Würde. [...]

Michail Gorbatschow, Perestroika, die zweite russische Revolution, München 1987, S. 22, 36, 38 ff.

b) Aus einem Leserbrief an die Zeitung Literaturnaja gazeta (28. Juni 1989):
Ich möchte Ihnen aus Anlass der Naturkatastrophe, die unser Land erfasst hat – ich meine die so

genannte Perestroika, Glasnost und Demokratisierung – einiges sagen. Überall sieht man den Verfall der Disziplin, einen allgemeinen Zerfall und Zersetzung. Die Union zerfällt – so weit hat uns das liberale Gelispel gebracht. Nein, jetzt fehlt uns wie die Luft vor allem strengste Disziplin. Unser Entwicklungsweg unterscheidet sich von dem der westeuropäischen Länder und Nordamerikas. Wir sind nicht reif genug, um unter den Bedingungen viel zu großer Freiheiten zu leben – und ganz besonders betrifft das die Völker der südlichen Republiken. Einige von ihnen sind faktisch unregierbar geworden, wurden in Anarchie und Chaos gestürzt. [...]
Jetzt wird von unseren Massenmedien hinausposaunt, wir seien hinter den westlichen Ländern zurückgeblieben. Worin denn? Im Lebensstandard? Na und, von mir aus sollen sie ruhig besser leben: Ist etwa der Besitz von einem PKW, einem Landhaus oder Videorecorder das Wichtigste im Leben? Wir haben doch Schuhe, Kleider, wir sind satt – was braucht man noch zum Leben? Das Wichtigste ist doch die hohe Verteidigungsfähigkeit! Wir dürfen keine Kosten für unsere Armee scheuen, zur gleichen Zeit muss man dort Ordnung schaffen und die höchste Disziplin wiederherstellen. [...]
Meinen Brief werden Sie bestimmt nicht veröffentlichen, trotz Ihrer „Glasnost". Das ist aber halb so schlimm, denn bald werden wir unsere eigene Presse haben! Und wir werden die mit Füßen getretenen Ideale des Sozialismus verteidigen.

zit. nach: Gerd und Nadja Simon, Verfall und Untergang des sowjetischen Imperiums, München 1993, S. 255 f.

c) Aus der letzten Rede des früheren Regimekritikers Andrej Sacharow (Dezember 1989):
Ich möchte die Formel „Opposition" erklären. Was ist eine Opposition? Wir können nicht die ganze Verantwortung dafür übernehmen, was die Regierung jetzt tut. Sie führt das Land in eine Katastrophe, indem sie den Perestroikaprozess auf viele Jahre ausdehnt. Sie bringt das Land für diese Jahre in einen solchen Zustand, wo alles zerstört wird, intensiv zerstört wird. Alle Pläne eines Übergangs zu einer intensiven Marktwirtschaft werden sich als unerfüllbar erweisen, die Enttäuschung im Land wächst bereits. Und diese Enttäuschung macht einen evolutionären Entwicklungsweg in unserem Land unmöglich. Der einzige Weg, die einzige Möglichkeit eines evolutionären Weges ist die Radikalisierung der Perestroika [...]. Das, was in dieser Woche bei der Diskussion unseres Aufrufs geschah, ist die äußerst wichtige Politisierung des Landes, das waren Diskussionen, die das ganze Land erfassten. Es ist dabei völlig unwichtig, ob es viele Streiks gab. Es gab genügend. Unter anderem gab es Streiks im Donezbecken, es gab sie auch in Workuta, in Lemberg und an vielen Orten. Aber nicht einmal das ist grundsätzlich wichtig. Wichtig ist, dass das Volk endlich die Form entdeckt hat, den eigenen Willen zu artikulieren, und dass es bereit ist, uns politisch zu unterstützen. Das haben wir im Laufe dieser Woche verstanden. Und wir dürfen diese Unterstützung nicht verlieren. Das einzige Geschenk an die rechten Kräfte wird unsere politische Passivität sein. Nichts brauchen sie so wie das.

zit. nach: Gerd und Nadja Simon, Verfall und Untergang des sowjetischen Imperiums, München 1993, S. 292 f.

d) Der deutsche Reporter Erich Wiedemann schreibt über seine Beobachtungen im Dorf Fjodorowka (1991):
Fjodorowka ist ein Dorf abseits der Straße, die von Moskau in Richtung Kalinin führt. Ein Dorf wie eine Viertelmillion ähnlicher Dörfer in der Sowjetunion: ein paar Dutzend krummbucklige Häuser, ein Brunnen, ein Löschteich, kein Postamt, kein Laden, keine feste Straße.
Es ist ein Dorf wie aus einer Erzählung von Gogol. Nur dass hier keine barfüßigen kleinen Jungen abends Kühe und Gänse die Dorfstraße hinuntertreiben. Dies Dorf hat, abgesehen von dem bisschen Schnack am Brunnen und ein wenig Hühnergegacker, kein Dorfleben. Fjodorowka ist ein „Wartedorf", wie es im Russischen heißt. Man wartet hier auf den nächsten Arbeitstag oder auf den Tod.
Der nächste Arzt wohne in Jurlowo, zehn Kilometer die Landstraße rauf. Der Polizist war das letzte Mal vor vier Jahren hier. Es gibt noch nicht einmal ein Leninstandbild. Das zeigt, wie hoffnungslos weltabgewandt dieser Flecken Erde ist. Das Fortschrittlichste in Fjodorowka ist die zentrale Gaszentralheizung, die von Nina Iwanowa betreut wird. [...]
Hunger? Nina Iwanowa lacht das überlegene Lächeln der Besitzenden. Nein, sie und Nikolai, ihr Mann, brauchen den Hunger nicht zu fürchten. Sie schlurft zu dem Fass in der Ecke der Veranda, hebt den Stein von dem Deckel und dann den Deckel von dem Fass. „Kapusta, ganz voll", sagt sie. Und das Fass daneben ist auch voll. Mit reichlich Brot und zwei Fass Gärkohl kann man zu zweit einen harten Winter leicht aussitzen.
Vergorener Kohl riecht gemein. Die Atmosphäre im ganzen Haus ist vom säuerlichen Fermentieraroma geschwängert. Der Geruch ist so penetrant, dass man ihn auf der Zunge schmecken kann. Aber Kapusta schmeckt längst nicht so schlimm, wie er riecht.
Kapusta isst man mit viel Brot. Die Iwanows haben

genügend davon im Haus. Der Küchentisch und die Heizkörper in der Küche und im Wohnzimmer sind mit dicken Graubrotscheiben belegt.

Mit dem getrockneten Brot im Küchenschrank macht das zusammen etwa einen Sechs-Wochen-Vorrat. Trockenbrot kann man monatelang lagern, ohne dass es schimmelt.

Die Leute in Fjodorowka haben reichlich Brotvorräte angelegt. Wenn sie es selbst nicht brauchen, was wahrscheinlich ist, verfüttern sie es eben an die Hühner. Brot ist hoch subventioniert in der Sowjetunion und deshalb billiger als Hühnerfutter.

Volkswirtschaftlich gesehen ist die Kalkulation natürlich weit weniger vernünftig: Weil die meisten Dörfler ebenso kalkulieren wie die Leute von Fjodorowka, weil sie Brot in Mengen trocknen und horten, die weit über ihrem voraussichtlichen Bedarf liegen, ist in der Sowjetunion Brot knapp – obwohl die sowjetische Landwirtschaft im vergangenen Jahr die größte Getreideernte ihrer Geschichte eingefahren hat.

Und ähnlich geht es mit Fleisch, Gemüse, Speiseöl und Butter, im Grunde mit allen hochwertigen Nahrungsmitteln. Fast alles, was prinzipiell in ausreichenden Mengen produziert wird, ist knapp.

Der Spiegel 9/1991

71 Von der Plan- zur Marktwirtschaft. Karikatur des Zeichners V. Bogorad in der Zeitschrift „Sowjetunion heute" (Mai 1990).
Auf welche Probleme macht der Zeichner aufmerksam?

a) Fassen Sie Gorbatschows Überlegungen zur Reformpolitik unter den Gesichtspunkten Analyse und Konsequenzen thesenartig zusammen.
b) Benennen Sie vor dem Hintergrund der Materialien einige der Schwierigkeiten, die der Reformpolitik im Wege standen.
c) Erörtern Sie Möglichkeiten und Grenzen systemimmanenter Reformpolitik.

2. Das Ende der Sowjetunion

Die Einheit der KPdSU zerfällt

Bereits Ende der 80er Jahre zeichnete sich ab, dass die Reformpolitik eine Eigendynamik bekommen hatte, die von der Parteiführung immer weniger kontrolliert werden konnte. 1987 gelang es Gorbatschow noch, die Ablösung des Radikalreformers Boris Jelzin als Moskauer Parteichef durchzusetzen, weil dieser die Politik des Generalsekretärs als kraftlos und widersprüchlich öffentlich kritisiert hatte. Als Gorbatschow Ende 1988 eine Verfassungs- und Wahlrechtsreform auf den Weg brachte, um neben der KPdSU auch anderen gesellschaftlichen Organisationen die aktive Mitarbeit an der Reformpolitik zu ermöglichen, bildeten sich – oft unter Führung prominenter Oppositioneller – Abgeordnetengruppen, die nicht mehr bereit waren, den Führungsanspruch der KPdSU weiterhin zu akzeptieren. Schließlich unterbreitete Gorbatschow dem ZK der KPdSU im Februar 1990 den Vorschlag zur Aufgabe des Machtmonopols der Partei, hoffte aber, dass die zeitgleiche Einführung des Präsidialsystems, das den Staatspräsidenten für die

2. Das Ende der Sowjetunion

Zukunft mit Sondervollmachten ausstattete, den Machtverlust kompensieren könnte. Als im Juli 1990 der einflussreiche Boris Jelzin und mit ihm die der „Demokratischen Plattform" angehörenden Delegierten in einem spektakulären Schritt ihren Austritt aus der KPdSU erklärten, wurde deutlich, dass die Vollmachten des inzwischen zum Staatspräsidenten gewählten Michail Gorbatschow längst nicht mehr ausreichten, um die Einheit der Partei zu bewahren.

Vor dem Hintergrund der sich verschärfenden Wirtschaftsprobleme wuchsen im ganzen Land Misstrauen und Enttäuschung. In den Unionsrepubliken meldeten sich Völker nach Jahren des erzwungenen Schweigens zu Wort und demonstrierten im Zeichen von Glasnost und Perestroika lautstark für ihre nationalen Interessen. Sie verwiesen auf die jahrelang unterdrückte kulturelle und religiöse Eigenart ihrer Völker, wehrten sich gegen die Dominanz des Russischen und verlangten vielfach nationale Autonomie. Besonders in den ethnisch gemischt besiedelten Gebieten Mittelasiens und im Kaukasus erschreckte die Gewaltbereitschaft, mit der die Menschen ihren Forderungen nach kultureller und politischer Selbständigkeit Nachdruck verliehen. Oftmals waren ungelöste Grenzfragen Ausgangspunkt von schwersten Auseinandersetzungen mit zahllosen Todesopfern. Als 1988 der Gebietssowjet von Berg-Karabach, das zwar mehrheitlich von Armeniern bewohnt wird, aber seit 1923 politisch zur Republik Aserbaidschan gehört, den Anschluss an die Republik Armenien beantragte, nahm der Konflikt bürgerkriegsähnliche Formen an und führte zu wechselseitigen Wirtschaftsblockaden und Vertreibungsaktionen. Die Führung in Moskau stand dieser „Explosion des Ethnischen" (Helmut Altrichter) vielfach hilflos gegenüber. Sie entsandte in die Krisenregionen Spezialeinheiten der Roten Armee, drohte mit Wirtschaftsboykott und Einstellung der Energiezufuhr, ohne den Auflösungserscheinungen wirksam entgegentreten zu können.

Nationalitätenkämpfe im Innern des Landes

Im Kampf um nationale Unabhängigkeit gingen die stärksten Impulse von den baltischen Republiken Estland, Lettland und Litauen aus. Den Jahrestag der Unterzeichnung des Hitler-Stalin-Paktes nahmen am 23. August 1988 Hunderttausende zum Anlass, um an die gewaltsame Vereinnahmung ihrer Länder durch die Sowjetunion im Jahre 1940 zu erinnern und ihren Unwillen über die seitdem anhaltende Russifizierungspolitik zum Ausdruck zu bringen. Obwohl die Gorbatschow-Führung im Dezember 1989 die Existenz des geheimen Zusatzprotokolls zum Hitler-Stalin-Pakt bestätigte und der Kongress der Volksdeputierten die inhaltlichen Absprachen des Protokolls für „von Anfang an null und nichtig" erklärte, widersetzte sich die sowjetische Zentralgewalt massiv allen nationalen Unabhängigkeitsbestrebungen im Baltikum. Aber auch mit wirtschaftlichen Repressalien und militärischen Interventionen war der Weg der baltischen Staaten in die Unabhängigkeit nicht mehr aufzuhalten. Während Gorbatschow den Ländern vorwarf, sie missbrauchten Glasnost und Perestroika für ihre separatistischen Pläne, beschloss das Parlament Litauens im März 1990 die „Wiederherstellung Litauens als unabhängige demokratische Republik". Damit trennte sich Litauen als erste Republik definitiv von der Sowjetunion. Im Mai schlossen sich diesem Schritt die Nachbarstaaten Estland und Lettland an.

Die baltischen Republiken

Während sich Gorbatschow den Auflösungstendenzen im eigenen Land entgegenstemmte und bis zuletzt die Einheit der Sowjetunion retten wollte, entschied er sich im Umgang mit den sozialistischen Bruderländern Ostmitteleuropas für einen geordneten Rückzug. Schon 1988 bekannte er sich dazu, allen Völkern die freie Wahl ihres Gesellschaftssystems zu überlassen, und verzichtete damit auf die Einmischung in die inneren Angelegenheiten der sozialistischen Länder selbst für den Fall, dass diese sich entschließen sollten, den Sozialismus aufzugeben. Er

Aufgabe der Vorherrschaft in Osteuropa

unternahm nichts mehr, als der ungarische Außenminister im August 1989 anordnete, die Grenzen seines Landes nach Österreich zu öffnen, und damit DDR-Flüchtlingen die Ausreise in die Bundesrepublik ermöglichte. Innerhalb weniger Wochen verloren die Kommunisten ihre Vorherrschaft in Osteuropa. Am 9. November öffneten sich für DDR-Bewohner die Grenzen zur Bundesrepublik und nach Westberlin. Im Juli 1990 gestand Gorbatschow in Verhandlungen mit Bundeskanzler Kohl dem vereinten Deutschland die NATO-Mitgliedschaft zu, kündigte – nach Zusicherung umfangreicher finanzieller Zugeständnisse durch das vereinte Deutschland – den eigenen Truppenrückzug an und machte damit den Weg frei für die abschließenden Beratungen der vier Siegermächte mit den beiden deutschen Staaten (sogenannte 2 + 4-Gespräche). Damit ging 45 Jahre nach Ende des Zweiten Weltkrieges die Vorherrschaft der Sowjetunion in Ostmitteleuropa zu Ende. Anfang 1991 lösten sich der Warschauer Pakt und der Rat für gegenseitige Wirtschaftshilfe auf.

Rückzug aus der Dritten Welt

Die Aufgabe der kommunistischen Vorherrschaft in Osteuropa war auch begleitet von einem Rückzug der Sowjetunion aus der Dritten Welt. Dabei hatte die von Gorbatschow bereits seit Mitte der 80er Jahre betriebene Kurskorrektur keineswegs zum Ziel, die erworbenen Positionen freiwillig aufzugeben. Je weniger die UdSSR angesichts eigener ökonomischer Probleme in der Lage war, die wirtschaftlichen Erwartungen ihrer Klientel in Mittelamerika (Kuba) oder in Südostasien (Vietnam) zu erfüllen, desto offenkundiger wurde der internationale Prestigeverlust der

72 Umgang mit Stalin.
Schon vor dem Ende der Sowjetunion verschwinden die Symbole der Vergangenheit: Denkmäler werden gestürzt, Straßen und Ortsnamen umbenannt. Aber nicht überall stößt die Abkehr von der Vergangenheit auf Zustimmung.
Bild links: Eine Frau bei einer Demonstration in Moskau 1992.
Bild rechts: Demontage des Lenin-Denkmals in Wilna, August 1991

2. Das Ende der Sowjetunion

einstmals mächtigsten Vormacht des sozialistischen Lagers. Dagegen festigte sich die von Gorbatschow proklamierte Partnerschaft mit dem Westen. Nach der Besetzung Kuwaits durch den Irak stimmte die Sowjetunion im Sicherheitsrat der Vereinten Nationen gemeinsam mit dem Westen für alle Resolutionen, die gegen den Irak gerichtet waren, und wechselte auch während des Golfkrieges 1991 die Fronten nicht mehr, obwohl sie sich von den militärischen Aktionen der USA und ihrer Verbündeten distanzierte.

Während der Generalsekretär den Zerfall des Sowjetimperiums hinnahm, wehrte er sich mit aller Macht gegen die fortschreitenden Auflösungserscheinungen im eigenen Land. Zuletzt hoffte er, durch Schaffung eines neuen Unionsvertrages den sowjetischen Gesamtstaat retten zu können. Nach kontrovers geführten Diskussionen mehrerer Vertragsentwürfe gestand Gorbatschow den Einzelrepubliken am Ende die Souveränität zu, überließ ihnen nicht nur die Entscheidung über den inneren staatlichen Aufbau und die Verwendung von Bodenschätzen und Ressourcen, sondern erklärte sich sogar bereit, auf das Reizwort „Sozialismus" zu verzichten. Obwohl sich in einem Referendum im März 1991 eine deutliche Mehrheit der 184 Millionen Stimmberechtigten (76%) für eine erneuerte Union aussprach (Wahlbeteiligung 80%), konnte das Bekenntnis zum sowjetischen Gesamtstaat den Zerfall der Union nicht mehr aufhalten. 6 von 15 Republiken waren an der Abstimmung nicht beteiligt (Estland, Litauen, Lettland, Moldawien, Georgien und Armenien). Russland und die Ukraine hatten vorsorglich sichergestellt, dass ein Ja zur Union weder zu einer Einschränkung noch gar Rücknahme der eigenen Souveränitätsansprüche führen würde.

Gorbatschows Kampf um die Einheit der Union

Die letzte Etappe des Auflösungsprozesses der Sowjetunion wurde eingeleitet, als im August 1991 ein achtköpfiges „Staatskomitee für den Ausnahmezustand" um den Vizepräsidenten Janajew Staatspräsident Gorbatschow in seinem Urlaubsort unter Hausarrest stellte und den Ausnahmezustand über das Land verhängte. Bereits seit Frühjahr 1990 hatten sich Abgeordnete des Volkskongresses der UdSSR zu einer Vereinigung zusammengeschlossen. Unter dem Namen „Sojus" (Union) riefen ihre Anhänger immer offener zum Widerstand gegen den drohenden Machtverlust der KPdSU auf und machten den Erhalt der Sowjetunion zu ihrem zentralen Anliegen. Unterstützt wurde Sojus von führenden Repräsentanten der KPdSU und des KGB. Mit ihrem Gegenangriff im August 1991 wollten die Putschisten, deren Hauptakteure von Gorbatschow selbst in ihre hohen Ämter berufen worden waren, zunächst die bevorstehende Unterzeichnung des neuen Unionsvertrages verhindern und vor allem die unter dem Einfluss von Glasnost und Perestroika verloren gegangene Macht des Zentralstaates und seiner von der kommunistischen Partei gestützten Organe wiederherstellen. Der Putsch brach nach wenigen Tagen zusammen. Dabei profilierte sich vor den Augen der Weltöffentlichkeit Boris Jelzin, der im Juni zum Präsidenten der Russischen Föderation gewählt worden war, als entschiedener Verteidiger von Freiheit und Demokratie. Nach der Verhaftung der Putschisten verbot Jelzin die KPdSU auf russischem Territorium. Das formelle Ende der Sowjetunion besiegelten die Präsidenten Russlands, Weißrusslands und der Ukraine, indem sie am 8. Dezember 1991 die „Gemeinschaft Unabhängiger Staaten" (GUS) gründeten. Mit der Erklärung von Alma Ata am 21. Dezember 1991 schlossen sich die übrigen Republiken der ehemaligen Sowjetunion mit Ausnahme der baltischen Staaten und Georgiens, (das aber 1993 beitrat) diesem Freundschaftsbund an (siehe Karte Seite 132 f.). Michail Gorbatschow, der bereits im August seine Funktion als Generalsekretär der KPdSU niedergelegt hatte, erklärte am 25. Dezember 1991 seinen Rücktritt als Staatspräsident.

Auflösung der UdSSR

73 Augustputsch 1991

a) Aufruf zur Rettung des Vaterlandes (23. Juli 1991):
Liebe Bewohner Russlands! Bürger der UdSSR! Landsleute!
Ein großes, unerhörtes Unglück hat sich ereignet. Das Vaterland, unser Land, der große Staat, der uns
5 von der Geschichte, der Natur und unseren ruhmreichen Vorfahren zur Bewahrung anvertraut wurde, geht unter, wird zerstört, versinkt in Finsternis und Nichtsein. Dieser Untergang vollzieht sich und wir schweigen, wir leisten Vorschub, wir stimmen zu.
10 Sind denn unsere Herzen und Seelen wirklich so hart geworden, besitzt etwa keiner von uns die Kraft, den Mut und die Vaterlandsliebe, die unsere Großväter und Väter bewogen haben, ihr Leben für das Vaterland auf den Schlachtfeldern und in den finsteren
15 Verliesen, bei der großen Arbeit und in Kämpfen aufzuopfern, und die aus ihren Gebeten, Anstrengungen und Offenbarungen ein Imperium geschaffen haben und für die ihr Vaterland und ihr Staat die größten Heiligtümer in ihrem Leben waren? Wie
20 konnte es passieren, dass wir in unseren ohrenbetäubenden Kundgebungen, in unserer Gereiztheit und Ungeduld, ergriffen von der Sehnsucht nach Veränderungen und vom Wunsch, das Wohlergehen des Landes zu erreichen, die Macht denen, die dieses
25 Land nicht lieben, denen, die sich liebedienerisch ihren fremdländischen Gönnern unterwerfen und die dort in der Ferne den Rat und den Segen suchen, überlassen haben?
Brüder, wir erwachen spät, spät nehmen wir das
30 Unglück wahr, unser Haus brennt bereits an allen vier Ecken, wir können es bereits nicht mehr mit Wasser, sondern wir müssen es mit unseren Tränen und mit unserem Blut löschen. Wollen wir wirklich zum zweiten Mal in diesem Jahrhundert den Bürger-
35 krieg und das Zerwürfnis zulassen, uns wieder zwischen die nicht von uns in Gang gesetzten Mühlsteine werfen, wo die Knochen des Volkes gemahlen und das Rückgrat Russlands gebrochen werden?
Wir wenden uns an Sie mit Worten der äußersten
40 Verantwortung, wir wenden uns an die Vertreter der verschiedenen Berufe und Stände, aller Ideologien und Glaubensrichtungen, aller Parteien und Bewegungen, an alle, für die unsere Unterschiede nichts sind in Anbetracht unseres gemeinsamen Unglücks
45 und Schmerzes, unserer gemeinsamen Liebe zum Vaterland, das wir einig und ungeteilt sehen, die brüderlichen Völker in einem mächtigen Staat vereinigt, ohne den für uns kein Sein unter der Sonne möglich ist.
50 Lasst uns zur Besinnung kommen, wir wollen uns erheben, Alt und Jung für das Land. Lasst uns „Nein!" zu den Verderbern und Eroberern sagen. Halten wir ein mit dem Rückzug an der äußersten, noch möglichen Widerstandslinie.
Wir beginnen eine allgemeine Volksbewegung und 55 wir rufen in unsere Reihen all diejenigen, die die schreckliche Plage, die dem Land widerfahren ist, erkannt haben.
Wir rufen zu uns das Arbeitervolk, dem die jetzigen Pharisäer den Überfluss und hohe Verdienste ver- 60 sprochen haben und das jetzt aus den Fabriken und Schachtanlagen vertrieben wird und das zu Hunger, Rechtlosigkeit, trostlosem Schlangestehen nach einer Unterstützung, nach einem Stück Brot, nach Almosen der Reichen und Herrschenden verurteilt 65 wurde.
Wir rufen zu uns die fleißigen Bauern, die von den beschränkten Machthabern zermürbt wurden, deren heutiges Schicksal von den gestrigen Zerstörern der Dörfer und den Schöpfern utopischer Programme 70 entschieden wird, die dem Bauern einen räuberischen Umtausch aufzwingen, die das Ackerland der Verwüstung und die erhalten gebliebenen landwirtschaftlichen Betriebe, die das Land ernähren, der Vernichtung preisgeben. [...] 75
Wir richten unsere Stimme an die Armee, die für ihre selbstlosen Heldentaten bei der Rettung Europas vor der Hitlerpest die Achtung der Menschheit gewonnen hat, an die Armee, die die besten Eigenschaften der russischen und der sowjetischen Krie- 80 ger geerbt hat und den aggressiven Kräften widersteht. Keine leichten Zeiten erleben unsere ruhmreichen Verteidiger. Die Armee trägt keine Schuld daran, dass sie eilends die ausländischen Garnisonen verlassen musste, dass sie zum Gegenstand skrupel- 85 loser politischer Spekulationen wurde und ständige Attacken von Lügen und Verleumdungen verantwortungsloser Politikaster erleiden muss. Aber keinem wird es gelingen, die Streitkräfte in eine amorphe Masse zu verwandeln, sie innerlich zu zersetzen 90 und der Besudelung preiszugeben. Wir sind fest davon überzeugt, dass die Krieger der Armee und der Flotte ihrer heiligen Pflicht treu bleiben werden, einen Bruderkrieg und die Zerstörung des Vaterlandes nicht zulassen werden, als zuversichtliche Ga- 95 ranten der Sicherheit und als Bollwerk aller gesunden Kräfte unserer Gesellschaft auftreten werden.
Wir richten unsere Stimme an die Künstler und Schriftsteller, die mit Mühe auf den Ruinen der zerstörten Klassik unsere Kultur errichtet haben, die 100 für das Volk die Vorstellungen über das Schöne und Gute gestaltet haben, die in Zukunft mit dem Auf-

blühen der Künste gerechnet haben und die stattdessen mit dem Elend, der Herabwürdigung ihres Schaffens bis hin zur kläglichen Farce zum Spaß für Kaufleute und Reiche konfrontiert werden, die erleben müssen, wie das vom Geist losgetrennte Volk, das seines Ideals beraubt wurde, von unmoralischen, hinterlistigen Schlauköpfen regiert, aus der Geschichte herausgeführt wird und sich in eine billige Arbeitskraft für ausländische Fabrikanten verwandelt. [...]

Die Sowjetunion ist unser Haus und unsere Stütze, die durch die großen Anstrengungen aller Völker und Nationen erbaut wurde, die uns vor Schande und Knechtschaft in den Jahren der schwarzen feindlichen Einfälle rettete! Russland – du bist unser einziges, herzliebstes! – Es ruft nach Hilfe.

Sovetskaja Rossija, 23.07.1991; zit. nach: Gerd und Nadja Simon, Verfall und Untergang des sowjetischen Imperiums, München 1993, S. 296–301

b) Aufruf Boris Jelzins (20. August 1991):
In dieser Stunde wende ich mich an Sie, meine Landsleute. [...] Alles, was sich jetzt abspielt, kann bei normalen Menschen nur ein Gefühl hervorrufen – das Gefühl der Verachtung. Ein ungesetzlich gebildetes Komitee verlangt die Liquidierung der legitim gewählten Organe der Staatsgewalt – was kann absurder sein? Das ist nichts anderes als die Verletzung der Verfassung der UdSSR, der Verfassung Russlands. Das ist ein Verbrechen, dem unvermeidlich die gerechte Strafe seitens des Volkes folgen wird. Jeder wird das erhalten, was er verdient.

Der Putsch wurde am 19. August durchgeführt. Und dieses Datum wurde nicht zufällig gewählt: Es war der letzte Tag vor der Unterzeichnung eines neuen Unionsvertrages. Eines Vertrages, der trotz aller Kompromisse der Allmacht der KPdSU und des militärisch-industriellen Komplexes ein Ende setzen sollte.

Ich höre die Worte der Organisatoren des Putsches und staune: Wie tief ist der Grad des moralischen Verfalls! Gestern verteufelten sie die Führung Russlands dafür, dass sie angeblich nicht bereit war, den Unionsvertrag zu unterzeichnen. Heute versuchen sie das Volk davon zu überzeugen, dass unser Bestreben, ihn zu unterzeichnen, beinahe gegen die erneuerte Union gerichtet ist.

Objektiv gesehen hätte der neue Unionsvertrag praktisch alle Organisatoren des Putsches ihrer Ämter beraubt. Darin liegt das Geheimnis der Verschwörung. Das ist auch das Hauptmotiv für die Handlungen derer, die sich an ihr beteiligen. Ihr Gerede vom Schicksal des Vaterlandes ist nichts anderes als ein Spiel, das die persönlichen eigennützigen Interessen verdecken soll. [...]

Ich wende mich an Sie, Bürger Russlands! Unterstützen Sie in dieser schicksalsschweren Stunde diejenigen, denen sie bei den Wahlen das Schicksal Russlands anvertraut haben. Das Volk Russlands muss sich vereinigen und mit geschlossenen Kräften der Reaktion entgegentreten. Den Panzern und den Panzerwagen müssen wir den entschlossenen Willen und das Bestreben entgegenstellen, keine Diktatur zuzulassen. Einheit und Solidarität sind Schlüssel zu unserem Sieg!

Ich wende mich an die Bürger Russlands, die alle nationalen Gemeinschaften vertreten. Vergessen Sie die zwischennationalen Konflikte. Wenn Russland frei sein wird, werden wir imstande sein, alle Probleme zu lösen. Ohne Gewalt, ohne Blutvergießen, ohne die Unterdrückung von irgendjemandem. Wir werden die Krankheiten unserer Gesellschaft nicht „beschwören". Wir werden sie behandeln. Das Rezept ist uns bekannt – gegenseitige Achtung und gegenseitige Verständigung.

Ich wende mich erneut an Sie, Soldaten und Offiziere Russlands. Lassen Sie sich nicht zum blinden Werkzeug machen, das zur Verteidigung der Privilegien und des Wohlergehens von einem Häufchen außer Rand und Band geratener Heuchler eingesetzt wird. Ich hoffe, dass Sie in dieser tragischen Stunde in der Lage sein werden, die richtige Wahrheit von der gemeinen Lüge zu unterscheiden. Ich glaube daran, dass die Ehre und der Ruhm der russischen Waffen nicht mit dem Blut des eigenen Volkes befleckt werden!

Man kann einen Thron aus Bajonetten bauen. Es fragt sich nur: Wie lange kann man darauf sitzen? Ich bin überzeugt, es gibt keine Rückkehr in die Vergangenheit, es wird sie auch nicht geben. Die Tage der Verschwörer sind gezählt. Das Gesetz und die konstitutionelle Ordnung werden siegen. Russland wird frei sein!

Obśćaja gazeta, 20. 8. 1991; zit. nach: Gerd und Nadja Simon, Verfall und Untergang des sowjetischen Imperiums, München 1993, S. 301–304

a) Vergleichen Sie die beiden Aufrufe miteinander. Erarbeiten Sie Motive, Zielrichtung und Argumentationsmuster.
b) Diskutieren Sie in einem Streitgespräch das Für und Wider der Argumente, mit denen in beiden Aufrufen das eigene Vorgehen gerechtfertigt wird.

74 Auflösung der UdSSR

a) Erklärung von Alma Ata (21. Dezember 1991):

Die unabhängigen Staaten, die Aserbaidschanische Republik, die Republik Armenien, die Republik Belorussland, die Republik Kasachstan, die Republik Kyrgysstan, die Republik Moldowa, die Russische Föderation, die Republik Tadschikistan, Turkmenien, die Republik Usbekistan und die Ukraine, geben im Bemühen um

– den Aufbau demokratischer Rechtsstaaten, zwischen denen sich die Beziehungen auf der Grundlage gegenseitiger Anerkennung und des Respekts für die staatliche Souveränität und souveräne Gleichheit entwickeln werden,

– das unveräußerliche Recht auf Selbstbestimmung, die Prinzipien der Gleichheit und Nichteinmischung in die inneren Angelegenheiten, die Ablehnung von Gewalt und der Drohung damit sowie wirtschaftlicher und anderer Formen der Druckausübung,

– eine friedliche Regelung von Konflikten,

– die Achtung der Menschenrechte und Bürgerfreiheiten einschließlich des Rechts der nationalen Minderheiten,

– gewissenhafte Erfüllung der Verpflichtungen und andere allgemein anerkannte Prinzipien und Standards des internationalen Rechts,

– in Anerkennung und Achtung der territorialen Integrität eines jeden und der Unverletzlichkeit bestehender Grenzen,

– im Glauben, dass die Stärkung der Beziehungen der Freundschaft, guter Nachbarschaft und Kooperation zum gegenseitigen Nutzen, die tiefe historische Wurzeln haben, dem grundlegenden Interesse der Nationen entspricht und die Sache des Friedens und der Sicherheit fördert,

– im Bewusstsein ihrer Verantwortung für die Erhaltung des inneren Friedens und der Eintracht der Volksgruppen,

– in Loyalität gegenüber den Zielen und Prinzipien der Vereinbarung über die Schaffung der Gemeinschaft Unabhängiger Staaten

folgende Erklärung ab:

Die Zusammenarbeit zwischen den Mitgliedern der Gemeinschaft wird gestaltet gemäß dem Grundsatz der Gleichberechtigung mit Hilfe koordinierender Institutionen, die auf paritätischer Grundlage gebildet sind und gemäß den Regeln tätig werden, die die Gemeinschaft – die weder ein Staat noch ein Superstaatsgebilde ist – vereinbart hat.

Um strategische Stabilität und Sicherheit auf internationaler Ebene sicherzustellen, bleibt das gemeinsame Kommando über die militärisch-strategischen Streitkräfte und eine singuläre Kontrolle für die Atomwaffen erhalten. Die Parteien respektieren den jeweiligen Wunsch, den Status eines nichtatomaren und (oder) neutralen Staates anzunehmen.

Die Gemeinschaft der Unabhängigen Staaten wird mit der Zustimmung aller Beteiligten offen gehalten für Staaten – Mitglieder der früheren Sowjetunion sowie für andere Staaten –, die die Ziele und Prinzipien der Gemeinschaft teilen und sich ihr anschließen wollen.

Bekräftigt wird die unverbrüchliche Verpflichtung zur Kooperation bei der Herausbildung und Entwicklung eines gemeinsamen Wirtschaftsraums sowie europäischer und eurasischer Märkte.

Mit der Schaffung der Gemeinschaft Unabhängiger Staaten hört die Union der Sozialistischen Sowjetrepubliken auf zu existieren.

Die Mitglieder der Gemeinschaft garantieren gemäß den verfassungsmäßigen Vorschriften die Erfüllung der internationalen Verpflichtungen, die sich aus den Verträgen und Vereinbarungen der früheren UdSSR ergeben. Die Mitgliedstaaten der Gemeinschaft sagen zu, die Prinzipien dieser Erklärung strikt zu befolgen.

b) Fernsehrede Michail Gorbatschows anlässlich seines Rücktritts (25. Dezember 1991):

Verehrte Landsleute! Mitbürger! Angesichts der Situation, die nach der Gründung der Gemeinschaft Unabhängiger Staaten entstanden ist, beende ich meine Tätigkeit als Präsident der UdSSR. Diese Entscheidung treffe ich auf Grund meiner Prinzipien. Ich trat immer fest ein für die Selbständigkeit und die Unabhängigkeit der Völker, die Souveränität der Republiken. Aber gleichzeitig war ich auch für die Erhaltung des Unionsstaates und des ganzen Landes. Die Ereignisse haben sich in eine andere Richtung entwickelt. […]

Ich spreche zu Ihnen das letzte Mal als Präsident der UdSSR. Deshalb halte ich es für notwendig, meinen seit 1985 gegangenen Weg einzuschätzen. Und dies umso mehr, da es darüber nicht wenig oberfläch-

---

Farbtafel 3: Friedensfeier auf dem Roten Platz in Moskau, Mai 1945, zeitgenössisches Plakat eines unbekannten Künstlers. *Versuchen Sie, Stalins Rolle im dargestellten Geschehen zu deuten.*

Farbtafel 3

Farbtafel 4

2. Das Ende der Sowjetunion

75 Probleme der Sowjetunion im Spiegel der Karikatur. Links: „Der Sack-Flöhe-Hütebube", Jupp Wolter, 1990; rechts: „Die Sowjetunion nach fünf Jahren Perestroika", J. Kosobukin, 1990

liche, widersprüchliche und nicht objektive Wertungen gibt. Das Schicksal hat es so gefügt, dass es sich bereits bei meiner Amtsübernahme zeigte, dass es im Land Probleme gab. Gott hat uns viel geschenkt: Land, Erdöl, Gas und andere Naturreichtümer. Und auch viele talentierte und kluge Menschen. Und dabei leben unsere Menschen schlechter als in den anderen entwickelten Ländern. Wir bleiben sogar immer weiter hinter ihnen zurück. Der Grund dafür war schon zu sehen – die Gesellschaft befand sich in der Schlinge eines bürokratischen Kommandosystems. Die Gesellschaft musste der Ideologie dienen und dabei die furchtbare Last des Wettrüstens tragen. Die Gesellschaft gelangte an die Grenze ihrer Möglichkeiten. Alle Versuche von halbherzigen Reformen – und ihrer gab es nicht wenige – scheiterten nacheinander. Das Land verlor immer mehr an Perspektive. So konnte man nicht weiterleben. Es musste alles grundlegend verändert werden. Ich habe es deshalb niemals bereut, dass ich meine Funktion als Generalsekretär nicht dafür missbrauchte, nur um ein paar Jahre zu „herrschen". Das hätte ich als verantwortungslos und unmoralisch angesehen. Mir war klar, dass die Einleitung von solchen großen Reformen in einer solchen Gesellschaft wie der unseren eine äußerst schwere und auch in bestimmter Hinsicht eine riskante Sache ist. Und auch heute bin ich noch von der historischen Richtigkeit der demokratischen Reformen überzeugt, die im Frühjahr 1985 eingeleitet wurden.

Der Prozess der Erneuerung des Landes und der grundlegenden Veränderungen in der Weltgemeinschaft hat sich komplizierter erwiesen, als man voraussagen konnte. Trotzdem muss man das Vollbrachte gebührend einschätzen. Die Gesellschaft wurde frei. Und das in politischer und geistiger Hinsicht. Und das ist die größte Errungenschaft. Sie wird bei uns jedoch noch nicht gebührend gewürdigt. Und wahrscheinlich deshalb, weil wir es immer noch nicht gelernt haben, die Freiheit richtig zu nutzen.

Trotzdem wurde eine Arbeit von historischer Bedeutung geleistet: Es wurde ein totalitäres System beseitigt, das ein weiteres Aufblühen und Wohlergehen des Landes verhinderte. Es wurde ein Durchbruch zu demokratischen Veränderungen vollzogen. Freie Wahlen, eine freie Presse, Religionsfreiheit, wirkliche Machtorgane und ein Mehrparteiensystem wurden zur Realität. Die Menschenrechte wurden als oberstes Prinzip anerkannt. Es wurde mit dem

---

Farbtafel 4: „Der Seher", Michail Sawizki, Öl auf Leinwand. Inschrift: „Und sie sagten ihnen, sie sollten sich beruhigen." – Das Gemälde entstand als Teil des Bilderzyklus „Tschernobyl" unmittelbar nach der Reaktorkatastrophe 1986 in Weißrussland. Sawizki: „Tschernobyl war unausweichlich. Es machte gewissermaßen alle unsere Fehler sichtbar – die Menschenverachtung, Selbstgefälligkeit und Sinnlosigkeit. Jetzt heißt es, Tschernobyl sei ein Resultat der Stagnationszeit. Aber diese Zeit hat einiges mit der Zeit des Personenkultes gemeinsam. Ich meine die allgemeine Entfremdung, der Menschen untereinander, von der Gesellschaft, von der Arbeit, von der Natur, von der Moral, vom Boden und von sich selbst." (nach: Sowjetunion heute, Januar 1991, S. 51)

Stellen Sie dar, wie das Bild auf Sie wirkt. Versuchen Sie zu erklären, welche künstlerischen Mittel diese Wirkung erzielen, und diskutieren Sie, inwiefern dieses Werk als politische Aussage des Künstlers betrachtet werden kann.

Übergang zu einer vielseitigen Wirtschaft begonnen. Alle Formen des Eigentums werden als gleichberechtigt anerkannt. Im Rahmen der Bodenreform ist die Bauernschaft wieder erstanden. Farmen wurden gegründet. Millionen Hektar Land werden an Land- und Stadtbewohner übergeben. Die wirtschaftliche Freiheit des Produzenten wurde gesetzlich verankert. Das Unternehmertum, die Gründung von Aktiengesellschaften und die Privatisierung gewannen immer mehr an Kraft. Es muss daran erinnert werden, dass der Übergang zur Marktwirtschaft im Interesse des Menschen erfolgt. In dieser schweren Zeit muss alles für seinen sozialen Schutz getan werden. Das gilt vor allem für die alten Menschen und die Kinder.

Wir leben in einer anderen Welt: Der „kalte Krieg" ist vorbei. Das Wettrüsten wurde gestoppt. Die wahnsinnige Militarisierung unseres Landes, die unsere Wirtschaft, das gesellschaftliche Bewusstsein und die Moral zugrunde richtete, wurde beendet. Die Gefahr eines Weltkrieges wurde beseitigt. Ich möchte noch einmal betonen, dass von meiner Seite in der Übergangsperiode alles für eine zuverlässige Kontrolle der Kernwaffen getan wurde. […]

Der Putsch im August war der Höhepunkt der allgemeinen Krise. Das Furchtbarste an dieser Krise war der Zerfall der staatlichen Strukturen. Ich bin beunruhigt, dass unsere Menschen das Gefühl verlieren, Bürger eines großen Landes zu sein. Das kann noch für alle schwere Folgen haben. Als lebenswichtig erachte ich die Erhaltung der demokratischen Errungenschaften der letzten Jahre. Sie wurden unter den Qualen unserer gesamten Geschichte hervorgebracht. Auf sie darf unter keinen Umständen verzichtet werden. Sonst sind alle unsere Hoffnungen auf eine bessere Zukunft zum Untergang verurteilt. Ich spreche über alles ehrlich und offen. Das ist meine moralische Pflicht. […]

Ich verlasse meinen Posten mit Besorgnis. Aber auch mit der Hoffnung und dem Glauben in Ihre Klugheit und geistige Stärke. Wir sind die Nachkommen einer großen Zivilisation. Und es hängt jetzt von uns allen und von jedem Einzelnen ab, dass diese Zivilisation zu einem neuen und ihr würdigen und zeitgemäßen Leben erwacht. […]

a) und b): zit. nach: Sowjetunion heute/Wostok, Köln 1992, Heft 1/92, Beilage I/II

a) Erörtern Sie, ob nach der Erklärung von Alma Ata die Gründung der GUS eher als Übergangslösung oder als eine Interessengemeinschaft auf Dauer anzusehen ist.
b) Worin sieht Michail Gorbatschow die Gründe für den Untergang der Sowjetunion?

Zur Diskussion

Warum scheiterte Gorbatschow mit seiner Reformpolitik?

Nach dem Zerfall der Sowjetunion rechtfertigte Michail Gorbatschow in seiner Abschiedsrede am 25. Dezember 1991 sein Handeln mit den Worten: „Die Gesellschaft befand sich in der Schlinge eines bürokratischen Kommandosystems. Es musste alles grundlegend verändert werden." War das Sowjetsystem nicht reformierbar oder hat der ehemalige Generalsekretär die falschen Methoden gewählt? Nach wie vor ist die gescheiterte Reformpolitik Gegenstand fachwissenschaftlicher Diskussionen.

a) Heiko Haumann (1996):
Spätestens zu Beginn der neunziger Jahre wurde offenkundig, dass der Reformprozess unter Gorbatschow in eine tiefe Krise geraten war. Die Wirtschaftssituation hatte sich dramatisch verschlechtert, die Not der Menschen war größer geworden. An allem schienen die Reformen schuld zu sein. 1990 musste offiziell ein Produktionsabfall in Industrie und Landwirtschaft um vier Prozent gegenüber dem Vorjahr registriert werden. […] Hier zeigte sich die große Schwäche Gorbatschows und seines Kreises: Nachdem die ersten Reformen nicht so schnell wie erwartet gegriffen hatten und in der Phalanx der Profiteure und Kriminellen stecken geblieben waren,

2. Das Ende der Sowjetunion

fehlte die Entschlossenheit, geradlinig auf dem einmal eingeschlagenen Weg fortzuschreiten. Immer wieder wich die Regierung vor Widerständen zurück, ließ sich auf halbherzige Kompromisse ein, versuchte es allen recht zu machen. Insbesondere verzichtete sie darauf, die Bevölkerung zu mobilisieren, um die Zangenbewegung gegen die Gegner der Reform Wirklichkeit werden zu lassen. Zu rasch ließ man sich vom Misstrauen und von der Skepsis vieler Menschen gegenüber den Reformen enttäuschen. Gerade dieser „Rückzug" bestätigte jedoch die verbreitete Meinung, Gorbatschow sei ein „Schwätzer", seine Reformen brächten ebenso wenig etwas wie die früher versprochenen.

Die Maßnahmen zum Umbau der Sowjetunion waren zunehmend in einen Streit zwischen den Republiken und Gebieten des Landes geraten, die unterschiedlich schnell vorgehen wollten. Hier lag dann auch der zweite große Fehler Gorbatschows. Er erkannte zu spät die Brisanz des Nationalitätenproblems und die Notwendigkeit, eine neue föderalistische Ordnung zu schaffen. Vom Ausbruch der Unruhen im Kaukasus oder in Mittelasien wurde die Zentrale in Moskau ebenso überrascht wie durch die Stärke der Nationalbewegungen im Baltikum oder in der Ukraine. Deshalb kam es vielfach zu überzogenen, unangemessenen Reaktionen, die im Widerspruch zu den eigenen Ansprüchen auf Demokratisierung und friedliche Konfliktlösung standen, die Gegensätze eher verschärften und die Bereitschaft von Nationalitäten erhöhten, die Union zu verlassen.

Heiko Haumann, Geschichte Russlands, München 1996, S. 638 f.

b) Gerhard und Nadja Simon (1993):
Gorbatschow hielt strikt an den Säulen des Sowjetsystems fest, zu denen für ihn vor allem der Leninismus als politische Weltanschauung, das Machtmonopol der kommunistischen Partei und die zentrale Planwirtschaft mit dem Monopoleigentum an den Produktionsmitteln gehören. Dies alles sollte aufgelockert werden; der Leninismus zum Beispiel durch die Herausstellung von Lenins Fähigkeit, auch politische Grundsatzentscheidungen unter veränderten Voraussetzungen umzustoßen. Die Einparteienherrschaft sollte sich durch ein gewisses Maß an innerparteilicher Demokratie den veränderten Forderungen aus der Gesellschaft nach Mitsprache anpassen und die Planwirtschaft sollte durch Einführung von Marktelementen effizienter werden. Allerdings ist Gorbatschow im Laufe der Jahre, insbesondere seit 1990, auch von den zuvor für unaufgebbar gehaltenen Prinzipien immer weiter abgerückt.

Gorbatschows politische Philosophie war die Vereinbarkeit des Unvereinbaren. Die KPdSU sollte zu einer parlamentarisch-demokratischen Partei werden; staatlich gesteuerte Planwirtschaft sollte mit Marktwirtschaft verbunden werden. Das sollte sich in einem „sozialistischen Rechtsstaat" vollziehen, in dem „sozialistischer Meinungspluralismus" herrschte. Alles sollte zugleich geändert werden und doch ebenso bleiben, insbesondere sollte die Macht in den Händen der Mächtigen bleiben. Im Laufe der Jahre wurde deutlich, dass mit Hilfe dieser Grundsätze zwar das alte System demontiert, aber kein neues aufgebaut werden konnte. Hier wurden Zielvorstellungen anvisiert, die es in Wirklichkeit nicht gab. Das Eintreten für Rechtsstaat und Meinungspluralismus bedeutete in der Konsequenz die Abwendung vom Sowjetsozialismus. „Gorbatschow handelte unlogisch, indem er einerseits von der sozialistischen Wahl und der kommunistischen Perspektive sprach und andererseits von all den Markt-Einlagen in das alte System. Das ist unvereinbar! Entweder hierhin – oder dorthin. Ein Drittes gibt es wirklich nicht" (I. Zaslavskij).

Gerhard und Nadja Simon, Verfall und Untergang des sowjetischen Imperiums, München 1993, S. 32 f.

a) Worin sehen die Autoren die Ursachen der gescheiterten Reformpolitik?
b) Entwickeln Sie vor dem Hintergrund der Historikerurteile eine eigene Stellungnahme.

1. Charakterisieren Sie die konzeptionellen Vorstellungen, mit denen die Staatsführung unter Gorbatschow die Stagnation der Breschnew-Ära überwinden wollte.
2. Welche Auswirkungen hatte die Reformpolitik auf die innere Entwicklung der Sowjetunion?
3. Erläutern Sie die Gründe, die zum Rückzug der Sowjetunion aus der Dritten Welt und aus Osteuropa führten.
4. Mit welchen Methoden suchte Gorbatschow den Erhalt der Sowjetunion zu retten?
5. Nennen Sie wesentliche Ursachen, die 1991 zur Auflösung der Sowjetunion führten.

VII. Die Sowjetunion unter Gorbatschow: Reform und Auflösung

2. Das Ende der Sowjetunion

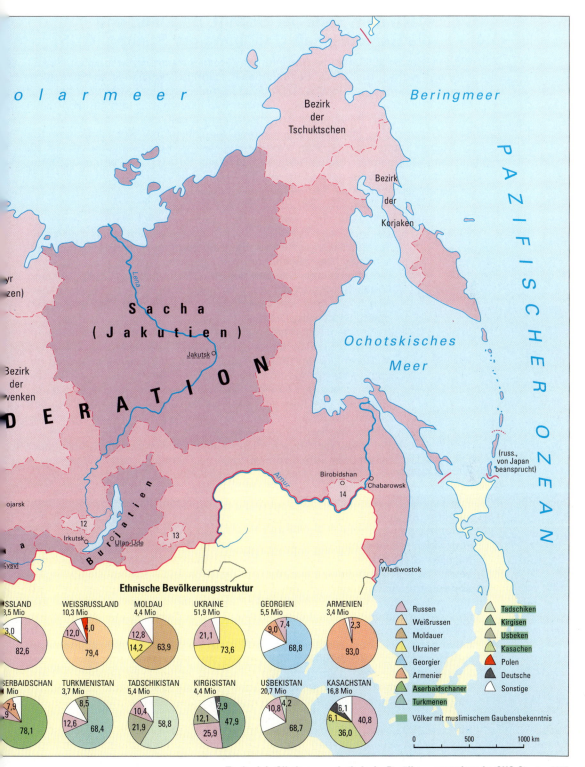

Territoriale Gliederung und ethnische Bevölkerungsstruktur der GUS-Staaten 1997

VIII. Nach dem Ende der UdSSR: Russland und die Gemeinschaft Unabhängiger Staaten (GUS)

Bis zum Herbst 1991 galt die Sowjetunion für viele westliche Beobachter als stabiler und einheitlicher Block. Seitdem das Riesenreich zerfallen ist, wird deutlich, dass die UdSSR ein durchaus zerbrechlicher multinationaler Staat war. Mit aller Macht forderten Völker und Regionen ihre Eigenständigkeit und gerieten dabei oftmals in bürgerkriegsähnliche Auseinandersetzungen.

Seit 1993 gehören alle ehemaligen Unionsrepubliken, mit Ausnahme der drei baltischen Staaten, der GUS an. Wohin entwickelt sich die Gemeinschaft? Ist sie auf dem Wege, unter veränderten Vorzeichen alte Strukturen zu erneuern (Dominanz Russlands), oder geht es ihr um die Ausbildung neuer Beziehungsmodelle zwischen neu gegründeten souveränen Staaten?

1992	Der russische Präsident Jelzin und die Anführer der russischen Teilrepubliken schließen einen Föderationsvertrag (März); Tschetschenien unterzeichnet den Vertrag nicht.
1993	Die ehemaligen Sowjetrepubliken Aserbaidschan, Georgien und Moldawien treten nun auch formell der GUS bei. In Russland setzt sich in einem Machtkampf mit dem Parlament Präsident Jelzin durch (September/Oktober).
	Nach einem Referendum erhält Russland eine neue Verfassung mit einem präsidialen Regierungssystem (Dezember).
1994/95	Mit dem Einmarsch von Truppen beginnt Russland den Krieg gegen die abtrünnige Republik Tschetschenien.
	Nach schweren Kämpfen wird die Hauptstadt Grosny völlig zerstört. Erst 1996 wird ein neuer Waffenstillstand vereinbart. Für den politischen Status soll bis zum Jahresende 2001 eine Lösung gefunden werden.
1996	Bei den Präsidentschaftswahlen in Russland siegt Amtsinhaber Jelzin über seinen kommunistischen Herausforderer Sjuganow.

Russland

Russland ist der weitaus größte unter den Nachfolgestaaten der ehemaligen Sowjetunion. Es umfasst insgesamt 89 verschiedenartige territoriale Einheiten und bildet mit den 21 Republiken, Regionen, autonomen Kreisen und Gebieten eine Föderation mit einer multiethnischen Gesellschaft. Als größter und bevölkerungsreichster Staat (Ost-West-Ausdehnung über 9 000 km, knapp 150 Mio. Einwohner) betrachtet sich Russland als Vormacht der Gemeinschaft. Nachdem die nationalen und territorialen Unterschiede des Landes von der kommunistischen Partei bis 1991 missachtet oder heruntergespielt worden waren, forderten während des Zerfalls der Sowjetunion viele Völker – besonders in Gebieten mit einem hohen nichtrussischen Bevölkerungsanteil – nationale Eigenständigkeit. Um den Bestand der Föderation nicht zu gefährden, setzte Russlands Präsident Jelzin allen weitgehenden Autonomieforderungen von Anfang an Widerstand entgegen, konnte aber nicht verhindern, dass die Republik Tschetschenien im November 1991 einseitig ihre Unabhängigkeit erklärte. Im März 1992 gelang es der russischen Regierung, die Beziehungen mit den übrigen regionalen Gewalten vertraglich zu regeln.

Doppelherrschaft:

Bis Ende 1993 beherrschten die Auseinandersetzungen zwischen dem politischen Lager Präsident Jelzins und der altkommunistischen Mehrheit im Parlament (Volksdeputiertenkongress), der noch vor der Auflösung der Sowjetunion 1990 neu gewählt worden war, das Tagesgeschehen. Als im Frühjahr 1992 die Regierung unter Ministerpräsident Jegor Gajdar, der sich als entschiedener Befürworter eines raschen Übergangs zur Marktwirtschaft profiliert hatte, daran ging, die Privatisierung von Mittel- und Großbetrieben mit Ausnahme der Energie-, Rohstoff- und Rüstungswirtschaft voranzutreiben, kam es in Russland zu erheblichen Produktionseinbrüchen. Die Freigabe der Preise führte zu einem raschen Verfall der Kaufkraft des Rubels. Viele Menschen verloren durch die katastrophalen Folgen der Inflation ihre sämtlichen Ersparnisse. Da sich die „Schattenwirtschaft" ausweitete, gingen die Steuereinnahmen des Landes erheblich zurück. Staatsbedienstete mussten unpünktliche und unvollständige Gehaltszahlungen in Kauf nehmen. In der Armee kam es zu bedrohlichen Auflösungserscheinungen.

In dieser Situation machten sich Parlamentsabgeordnete zum Sprachrohr einer wachsenden Unzufriedenheit in der Bevölkerung und verlangten eine Drosselung des Reformtempos. Sie kritisierten die wirtschaftliche „Schocktherapie" als ruinös für das Land und als sozial unverträglich für die Menschen. Als Präsident Jelzin eine Ausweitung der präsidialen Befugnisse verlangte und nach einem knappen Vertrauensvotum der Bevölkerung im April 1993 gegen den Protest der Parlamentarier eine neue Verfassung ankündigte, spitzte sich der Konflikt zu: Per Dekret löste Präsident Jelzin im Herbst 1993 das Parlament auf und ordnete für den Dezember Parlamentsneuwahlen und eine Volksabstimmung über die neue Verfassung an. Den Widerstand der Parlamentarier, die ihrerseits den Präsidenten abgesetzt und sich zuletzt im Parlamentsgebäude verschanzt hatten, ließ er mit Militärgewalt brechen. Offiziellen Angaben zufolge kamen bei den Auseinandersetzungen 137 Menschen zu Tode.

Bis heute spaltet die Entscheidung des Präsidenten vom Herbst 1993 die Bevölkerung des Landes. Die einen sehen in der angeordneten Erstürmung des „Weißen Hauses" eine verfassungswidrige Gewaltaktion des Präsidenten, die der jungen Demokratie schweren Schaden zugefügt habe, während die anderen darauf verweisen, dass mit diesem „Befreiungsschlag" der Weg für notwendige Veränderungen eingeleitet worden sei.

Parlamentswahlen und neue Verfassung

Im Dezember 1993 trat nach einem Referendum der Bevölkerung die neue Verfassung in Kraft. Sie ersetzte die Sowjetverfassung aus dem Jahre 1978, die wiederholt abgeändert worden war. Seit 1993 gilt in Russland ein Regierungssystem mit weitgehenden Vollmachten für den Präsidenten. Aus den Parlamentswahlen, zu denen über 40 verschiedene Parteien, Blöcke und Gruppierungen antraten, gingen Kommunisten und Nationalisten als Sieger hervor (1995 wurde die Kommunistische Partei mit Abstand stärkste Fraktion), hinter diesen blieben reformorientierte Parteien und demokratische Gruppierungen deutlich zurück.

Multiethnische Gesellschaft: Die Bevölkerung der ehemaligen Sowjetunion bestand aus ca. 130 Volksgruppen. Der ethnischen Vielfalt entsprachen unterschiedliche Kulturen, Religionen, Sprachen und Lebensräume. In der Zeit des Kommunismus wurde auf die Eigenständigkeit der Völker wenig Rücksicht genommen. Nach der Vorstellung der Staatsführung sollte das Sowjetvolk Träger des Staates sein. Mit dem Zerfall der Sowjetunion zeigte sich, dass die in sieben Jahrzehnten angestrebte Sowjetisierung keineswegs dazu geführt hatte, eine einheitliche „Sowjetkultur" zu schaffen. Seit Ende der 80er Jahre gehört das Streben nach politischer Autonomie, nach Bewahrung nationaler, kultureller und religiöser Eigenart zu den Hauptforderungen vieler Völker. Dabei hat sich die Kaukasusregion an der Grenze zwischen Europa und Vorderasien mit einer Gesamtbevölkerung von nahezu 30 Millionen zur brisantesten Konfliktzone entwickelt.

In den Ländern Zentralasiens und im Kaukasus betrachten viele Völker den Islam als ihr besonderes historisches und kulturelles Erbe. Als zweitgrößte Religionsgemeinschaft nach der Orthodoxen Kirche hat sich der Islam – trotz Diskriminierung – in 70 Jahren Sowjetkommunismus – als Religion, Lebensform und Brauchtum behauptet und festigt sich mit dem wachsenden Nationalbewusstsein der Völker.

VIII. Nach dem Ende der UdSSR: Russland und die Gemeinschaft Unabhängiger Staaten (GUS)

76 Die Kaukasusregion

Abchasien
Einwohner: 525 100
17,8 Prozent Abchasen
Religion: sunnitische Muslime und orthodoxe Christen

Adscharien
Einwohner: 392 400
Schätzung: 130 000 bis 175 000 Adscharen
Religion: sunnitische Muslime

Adygien
Einwohner: 432 000
22,1 Prozent Adygier
Religion: sunnitische Muslime

Armenien
Einwohner: 3 304 800
93,3 Prozent Armenier
Religion: überwiegend armenisch-apostolische Christen

Aserbaidschan
Einwohner: 7 021 200
82,7 Prozent Aserl
Religion: überwiegend schiit. Muslime

Dagestan
Einwohner: 1 802 200
80,2 Prozent Dagestaner
Religion: überwiegend sunnit. Muslime

Georgien
Einwohner: 5 400 800
70,1 Prozent Georgier
Religion: überwiegend georg. Orthodoxe

Inguschien
Einwohner: keine Angaben
Religion: sunnitische Muslime

Karatschal-Tscherkessien
Einwohner: 415 000
31,2 Prozent Karatschaler,
9,7 Prozent Tscherkessen
Religion: sunnitische Muslime

Kabardino-Balkarien
Einwohner: 753 500
48,2 Prozent Kabardiner,
9,4 Prozent Balkaren
Religion: sunnitische Muslime

Nachitschewan
Einwohner: 293 900
95,9 Prozent Aserl
Religion: überwiegend schiit. Muslime

Nagornyj Karabach
Einwohner: 189 100
76,9 Prozent Armenier
Religion: armen.-apostolische Christen

Nord-Ossetien
Einwohner: 632 400
53,0 Prozent Osseten
Religion: orthodoxe Christen und sunnitische Muslime

Südossetien
Einwohner: 98 500
66,2 Prozent Osseten
Religion: orthodoxe Christen und sunnitische Muslime

Tschetschenien
Einwohner: 1 275 500
(mit Inguschen): 57,8 Prozent Tschetschenen
12,9 Prozent Inguschen
Religion: sunnitische Muslime

Tschetschenienkrieg

Seit 1994 belastet die militärische Auseinandersetzung zwischen Russland und der abtrünnigen Republik Tschetschenien das noch ungefestigte politische System. Nach deren Unabhängigkeitserklärung 1991 unterstützte die Moskauer Führung zunächst erfolglos tschetschenische Oppositionsgruppen und forderte diese zum Sturz ihrer Regierung auf. Weil der russische Zentralstaat keinen Präzedenzfall entstehen lassen wollte, eröffneten im Dezember 1994 Regierungstruppen den Kampf gegen die tschetschenischen Separatisten. Der Verzicht auf eine Verhandlungslösung in der Tschetschenienfrage brachte der Moskauer Führung unter Präsident Jelzin erheblichen Prestigeverlust im In- und Ausland.

Russland und die GUS

Nachdem die Nachfolgestaaten der ehemaligen UdSSR ihre Unabhängigkeit erhalten hatten, sahen sie sich bei der Schaffung marktwirtschaftlich-demokratischer Systeme erheblichen Schwierigkeiten gegenüber. Ein deutliches Wirtschaftsgefälle zwischen den 12 GUS-Staaten und anhaltende territoriale und ethnische Konflikte kennzeichnen die Entwicklung in den neunziger Jahren. Einige Republiken – wie Weißrussland – sind auf dem Wege, die politischen Bindungen zu Russland zu festigen. Die meisten Republiken verhalten sich Russland gegenüber reserviert. Eine besondere Brisanz ergibt sich aus der Tatsache, dass in den GUS-Republiken mehr als 25 Millionen Russen leben (Ukraine 11 Millionen, Kasachstan 6 Millionen). Für die Moskauer Regierung hat der Schutz der Landsleute im Ausland hohe Priorität. Bis Mitte der neunziger Jahre wurden mehr als 50 GUS- Organisationen gebildet. Es ist allerdings offen, ob damit bereits ein tragfähiges Fundament für die Zukunft der GUS gegeben ist.

Nationalitätenprobleme außerhalb Russlands

Die brisanteste Konfliktzone ist nach wie vor die Kaukasusregion (siehe Karte). Bis heute ungeklärt ist der politische Status von Berg Karabach, obwohl die militärische Auseinandersetzung zwischen Armenien und Aserbaidschan seit Mai 1994 durch einen Waffenstillstand beigelegt ist. Armenien besteht weiterhin auf der Autonomie des armenischen Gebietes Berg Karabach in Aserbaidschan (Enklave). Aserbaidschan sieht darin armenischen Annexionismus.

In Georgien führten bürgerkriegsähnliche Auseinandersetzungen im Innern und hartnäckiges Streben einiger Landesteile nach Selbständigkeit (Abchasien, Südossetien, Adscharien) beinahe zum Zusammenbruch des Staates. Erst Georgiens Eintritt in die GUS und die enge militärische Kooperation mit Russland, die von Eduard Schewardnadse (Staatspräsident seit 1995) betrieben wurde, trugen dazu bei, die Selbständigkeit des Landes zu sichern. Eine GUS-Friedens-truppe, der überwiegend Russen angehören, und UN-Beobachter sorgen seit 1994 für die Einhaltung des Waffenstillstandes.

Relativ beruhigt hat sich Mitte der neunziger Jahre der Konflikt um die Unabhängigkeitsbestrebungen einzelner Landesteile in der Republik Moldawien (Gagausien, Transnistrien). Seitdem die Regierung des Landes dazu übergegangen ist, Angehörige von Minderheiten bei der Besetzung wichtiger politischer Ämter zu berücksichtigen, haben die Diskussionen um einen Anschluss an Rumänien deutlich nachgelassen.

Wirtschaft und Gesellschaft

In allen GUS-Staaten hat die Umbruchzeit zu erheblichen ökonomischen Problemen geführt. Schon in Sowjetzeiten gab es ein Wohlstandsgefälle zwischen den Republiken im Norden und denen im Kaukasus und in Zentralasien. Während in Russland, Weißrussland und der Ukraine der Lebensstandard der Bevölkerung zurückging, traf der gesamtwirtschaftliche Produktionsrückgang die Menschen in den transkaukasischen Republiken und in Zentralasien noch sehr viel härter. Die Anhänger eines radikalen Reformkurses waren davon ausgegangen, dass sich die Wirtschaft infolge der Privatisierung, der Einführung des Wettbewerbs und der Aufhebung der staatlichen Subventionen gleichsam im Selbstlauf umstrukturieren würde. Man hatte zudem gehofft, dass viele Arbeitskräfte in der Leichtindustrie und im Dienstleistungsbereich Beschäftigung finden könnten. Obwohl der Dienstleistungsbereich tatsächlich zu den Wachstumsbranchen gehörte, konnte er die freigesetzten Arbeitskräfte aus den zusammengebrochenen Industriebetrieben nicht auffangen. Die gravierende Kürzung der staatlichen Investitionen hat auch auf dem Lande die Arbeitslosigkeit ansteigen lassen. Bis 1995 wurden den GUS-Ländern im Rahmen westlicher Finanzhilfen ca. 100 Milliarden Dollar zur Verfügung gestellt; vorerst gibt es nur bescheidene Anzeichen für ökonomische Stabilisierung und Wirtschaftsaufschwung.

Der Anteil der Frauen unter den Arbeitslosen ist auffallend hoch. Ende 1994 waren mehr als 70 Prozent der Arbeitslosen Frauen. Sie gehörten in der Umbruchphase zu den Ersten, denen gekündigt wurde, und sie zählen zu den Letzten, die wieder eingestellt werden. Unter den gegenwärtigen Bedingungen ist allerdings die Mehrheit der russischen Familien auf den Verdienst der Frauen angewiesen.

Wirtschaftskriminalität

Die Einführung der Marktwirtschaft brachte in allen GUS-Staaten einen enormen Anstieg von Wirtschaftskriminalität und Korruption. Mafiaähnliche Organisationen nutzen den Privatisierungsprozess, um sich am ehemaligen Staatsbesitz zu bereichern. Illegaler Waffenhandel und der wiederholt aufgedeckte private Verkauf staatlicher Rohstoffe gehören zu den Schattenseiten der Übergangszeit. Riesige kriminelle Profite werden auch mit der Fälschung von Bankdokumenten erzielt. Erste Schritte zur gemeinsamen Bekämpfung der organisierten Kriminalität haben die GUS-Staaten eingeleitet.

Ökologische Probleme

Nahezu alle GUS-Staaten leiden unter den Folgen jahrelanger Umweltzerstörung. In allen Erdölfördergebieten haben undichte Erdölleitungen das Grundwasser und die Flüsse schwer geschädigt. Nach einem Bericht der russischen Umweltkommission aus dem Jahre 1995 belasten allein in Russland jährlich 86 Milliarden Tonnen Industrieabfälle den Lebensraum der Menschen. Zu den Altlasten gehört die radioaktive Verseuchung ganzer Regionen durch zahlreiche ober- und unterirdische Kernexplosionen. Reaktoren aus stillgelegten Atom-U-Booten sind im Eismeer versenkt und stellen nach Meinung von Experten ein erhebliches Gefahrenpotential dar. In Kasachstan bedroht die zunehmende Verlandung und Versalzung des Aral-Sees die Lebensgrundlagen der dortigen Bevölkerung. Die Ukraine hat bis heute die Folgen des Reaktorunfalls in Tschernobyl zu verkraften. In den südlichen Landesteilen stellt die großflächige Bodenerosion als Folge landwirtschaftlicher Monokultur die Menschen vor große Probleme.

Osterweiterung von EU und NATO

Seit Mitte der neunziger Jahre bemühen sich die GUS-Staaten und die Länder Osteuropas um eine Neuregelung ihrer Beziehungen zum Westen. Während aber die Erweiterung der Europäischen Union (EU) grundsätzlich politisch unstrittig ist, entwickelt sich das Projekt der NATO-Osterweiterung zu einem Konfliktfeld zwischen Russland und den USA. Da der russischen Regierung nicht an multilateraler Einbindung, sondern vor allem an der zukünftigen Gleichberechtigung ihres Landes mit anderen Großmächten gelegen ist, wehrt sie sich vehement gegen Bestrebungen, die NATO auf Länder der ehemaligen Sowjetunion auszudehnen.

77 Auf dem Weg zur Marktwirtschaft

Der Journalist und zeitweilige Herausgeber der Zeitung „Moskau News", Andrej Gurkow (Jahrgang 1959), schreibt über seine Beobachtungen in der Aufbruchphase:

Im Frühjahr 1992 gab es in den Straßen russischer Großstädte mehr Händler als Demonstranten oder Bettler (laut einer Umfrage hatten sich bis zum Mai in der Hauptstadt 13 Prozent der Einwohner als Verkäufer versucht; das sind rund 1,3 Millionen Moskauer). Andrej Tscherkisow, der Chefkommentator des Rundfunksenders „Echo von Moskau", sagte in jenen Tagen: „Ich liebe diese Menschen! Sie sind es, die Russland in Ordnung bringen werden." Er hat Recht.

Der Flächenbrand des Straßenhandels hatte neben seiner psychologischen natürlich auch eine rein praktische Bedeutung. Einen Verkäufer gibt es dort, wo es einen Käufer gibt, und wenn die Straßen von Händlern überquellen, dann doch nur, weil sie Absatz für ihre Waren finden. Es war ja kein Flohmarkt mit lauter Plunder, der sich da etablierte, sondern eine alternative Form zum staatlichen und dem geregelten privaten Handel. Der chronisch warenhungrige russische Verbraucher fand hier fast alles, was sein Herz begehrte […]. Da aber die Straßenhändler weder Steuern noch Pacht, noch – in der Mehrheit zumindest – Schutzgelder zu zahlen hatten (dieser Markt war zu chaotisch und unkontrollierbar, selbst für die Mafia), konnten sie unter dem Preis der Geschäfte und Kioske verkaufen und somit nebenbei der galoppierenden Inflation einen Dämpfer aufsetzen.

Man konnte sich eigentlich nur wundern, woher die Leute all diese Waren hatten. Die Hausvorräte, selbst die umfangreichsten, durften ja mittlerweile aufgebraucht gewesen sein. Also waren es entweder ständig neue Anbieter oder aber die alten begannen ihr kleines Geschäft auszubauen, indem sie die Vorratsschränke der Bekannten und Nachbarn anzapften (gehamstert hatte fast jede Familie, auch meine) und sich Zulieferer suchten, die aus dem Ausland, aus anderen Städten oder vielleicht auch aus dem Hintereingang des Betriebes nebenan Nachschub besorgten. So oder so, wir kommen auf das Gleiche hinaus: Immer mehr Menschen wurden in den Bann der Marktbeziehungen gezogen und absolvierten nicht die vornehmste, aber immerhin eine Grundschule des Kapitalismus. Um mit vertrauten kommunistischen Begriffen zu sprechen: Dies war eine Kaderschmiede für künftige Kleinunternehmer. Hier haben sie erstmals Blut geleckt, hier vollzog sich auch die ursprüngliche Akkumulation auf niedrigstem, allgemein zugänglichem Niveau. In einigen Wochen, in einigen Monaten, in ein bis zwei Jahren konnte man viele dieser Straßenverkäufer als Besitzer der privatisierten Geschäfte oder Tante-Emma-Läden wiederfinden und jene nette, intelligent aussehende Mittvierzigerin, die auf die Idee kam, die Händler und Passanten mit hausgemachten belegten Broten zu bedienen, wurde vielleicht zur Pächterin einer Imbissbude. […]

Auch das psychologische Klima in der Gesellschaft stabilisierte sich im April. Das Aufblühen des Straßenhandels und des Gründertums in Stadt und Land zeugte von einer beachtlichen Aktivierung der Eigeninitiative, der wichtigsten Voraussetzung für die Reform. Die Streiks flauten ab und überall war eine allmähliche Anpassung an die neuen Verhältnisse zu spüren. „Das Volk hat die Erwartungen der Regierung bestätigt und uns nicht im Stich gelassen", sagte in jenen Tagen ein Vertreter der Gajdar-Mannschaft. Auch wenn bei zahlreichen Umfragen von einem guten Drittel der Angesprochenen immer wieder zu hören war, sie würden die Preisfreigabe nicht verkraften, konnte die erste große Hürde im Allgemeinen dennoch als überwunden gelten. […]

Selbst dem alltäglichen Sprachgebrauch konnte man in diesem Frühjahr entnehmen, dass der Einstieg in die Reform geglückt war. Die meisten schienen es gar nicht bemerkt zu haben, aber ein Wort, das die Menschen bislang auf Schritt und Tritt verfolgt hatte, verschwand plötzlich aus ihrem Leben. Es war das Wort „Defizit", die universelle sowjetische Bezeichnung für Mangelware jeglicher Art. „Nebenan gibt's Defizit!", erklang es jahrzehntelang hin und wieder in sowjetischen Büroräumen und Betrieben und die Chefs mussten tatenlos zusehen, wie ihre Mitarbeiterinnen und Mitarbeiter alles beiseite legten und in das benachbarte Geschäft stürmten. […]

Im Frühjahr 1992 verließ es auf leisen Sohlen die russische Umgangssprache. Seinen Platz nahm kurzerhand ein anderes, ein uraltes Wort ein: Geld.

In Russland begann eine neue Zeitrechnung. […]

Ende 1991 ermittelte eine Umfrage, dass 27 Prozent der Moskauer einer Nebenbeschäftigung nachgehen. Im Frühjahr 1992 antworteten auf die Frage: „Wie gedenken Sie, mit der Preissteigerung fertig zu werden?" bei verschiedenen Erhebungen in unterschiedlichen Landesteilen zwischen 25 und 48 Prozent der Befragten, sie würden sich eine zusätzliche Erwerbsquelle suchen. Für die anderen kam dann das Engerschnallen des Gürtels, das Streiken und –

für rund fünf Prozent – das Kurzundkleinschlagen der privaten Geschäfte in Frage. Somit waren durchschnittlich zwischen einem Viertel und einem Drittel der Russländer bereit, mehr zu arbeiten und mehr zu unternehmen, um mehr zu verdienen. Für ein Land, in dem das System den Werktätigen beharrlich das Arbeiten abgewöhnte und den sozialen Parasitismus regelrecht kultivierte, eine beachtliche Leistung. […] Ich habe von einem Mitarbeiter des Außenministeriums gehört, der internationale Tourneen russischer Jazzbands organisiert. Mich persönlich will ich […] keineswegs ausklammern. Auch ich ging eines Tages dazu über, meine journalistische Tätigkeit mit Anzeigenakquisition und dem Vertrieb von Pressefotos zu verbinden.

Schließlich war Geschäftigkeit auf einmal überall gefragt: Als sich infolge des Preisauftriebs die wirtschaftliche Lage unserer Zeitung zu verschlechtern begann, wurden auf einer Redaktionssitzung alle Mitarbeiter von *Moskau News* aufgefordert, gegen Provision der Anzeigenabteilung neue Werbekunden zu beschaffen. Sicherlich läuft solch eine Maßnahme den Prinzipien moderner Arbeitsteilung zuwider, aber den Beruf eines Anzeigenberaters gab es in Russland bisher nicht, man konnte sich also keine Profis holen und war auf alle angewiesen, die Lust und gewisse Fähigkeiten hatten.

Andrej Gurkow, Russland hat Zukunft, Düsseldorf/Wien 1995, S. 175 f.; S. 196 f.; S. 217 ff.

a) Wie stellt sich aus Sicht des Journalisten Andrej Gurkow der Übergang von der kommunistischen Planwirtschaft zur Marktwirtschaft dar?
b) Kritiker werfen dem Autor „Zweckoptimismus", „Wunschdenken" und „Naivität" vor. In welchen Punkten scheint Ihnen die Kritik berechtigt zu sein?

78 Umfrageergebnisse drei Jahre nach der Auflösung der UdSSR

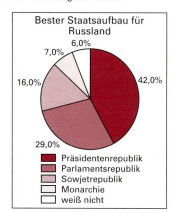

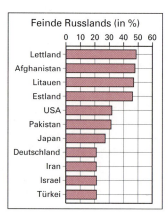

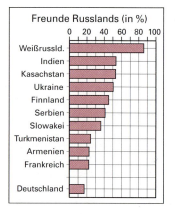

Wostok 6/94–1/95, S. 13 ff.

79 Umweltprobleme in den GUS-Staaten

a) Die Süddeutsche Zeitung berichtet im September 1995:
Bis Mitte der siebziger Jahre war Mujnak eine blühende Hafen- und Fischerstadt, die im Delta des mächtigen Flusses Amu-Darja am viertgrößten Binnensee der Welt lag. Heute versinkt der Ort in der Wüste. Der Amu-Darja wurde seiner unberechenbaren Wasserfluten wegen „der Tollwütige" genannt. Er kommt heute nur noch als müdes Rinnsal an. Schiffe befahren ihn schon lange nicht mehr, Wracks verrosten im Wüstensand, der einst der Boden des Aralsees war. Die UNO spricht von der „größten menschengemachten Umweltkatastrophe dieses Jahrhunderts". Sie ist eine Erblast sowjetischer Zeit. Auf seinem 2500 Kilometer langen Lauf wird der Amu-Darja in Turkmenistan und Usbekistan immer wieder durch Kanäle angezapft, die sein Wasser in die schier endlosen Baumwollfelder und Reisplantagen umlenken. Diese zu Sowjetzeiten gegen alle Spielregeln der Natur ausgeweitete Landwirtschaft saugt den Fluss buchstäblich aus. Die meisten Kanäle sind nicht einmal betoniert, so dass Unmengen Wasser auf dem Weg zu den Feldern nutzlos versickern.
Bei Mujnak verliert sich der Amu-Darja in zwei kleine Seen und über den letzten Bewässerungskanal namens Lenin in den Feldern. Der Aral hat keine Chance – nicht ein Tropfen gelangt mehr bis zu ihm. Es sind schon mehr als 100 Kilometer, die sich ein Ufer inzwischen von Mujnak nach Norden zurückgezogen hat. Auch die zweite Lebensader des Sees auf kasachischer Seite, der Fluss Syr-Darja, versiegt längst vor seinem natürlichen Ziel in Baumwollfeldern. Das Meer, früher eineinhalbmal so groß wie die Schweiz, ist heute auf die Hälfte seines früheren Umfangs geschrumpft. Der Salzanteil in seinem Wasser hat sich vervierfacht, so dass kaum noch Leben in ihm ist.
Zur Vergeudung und Verknappung des in der Wüstenregion Mittelasiens so lebenswichtigen Wassers kommt noch eine Verschmutzung kaum vorstellbaren Ausmaßes. Denn was von dem entnommenen Wasser zurück in die Flüsse fließt, ist eine ungeklärte Brühe mit einer Giftfracht aus Pestiziden und Industrieabfällen. [...]
Heute setzt Mujnak auf Pferde- und Viehzucht. Auch die Fischfabrik, einst die viertgrößte der Sowjetunion, gibt nicht auf. Sie verarbeitete in den fünfziger Jahren 25 000 Tonnen Fisch pro Jahr aus dem Aral und drohte dann in den siebziger Jahren stillzustehen, als es nichts mehr zu fischen gab. Inzwischen importiert sie 5 000 Tonnen Fisch aus Turkmenistan und hält damit ihre in Erfurt hergestellten Maschinen am Laufen.
Statt zu fischen, beschäftigen sich Mujnaker heute damit, den ehemaligen Grund des Aralsees mühselig mit Tamariskenbüschen und Steppengras zu bepflanzen. Mehr als zwei Millionen Hektar Wüste hat das Binnenmeer schon freigegeben, und erst 35 000 Hektar sind bepflanzt. Es ist ein Wettlauf mit dem Rückzug des Sees, der nicht gewonnen werden kann. Aber wenigstens ansatzweise soll die Bepflanzung verhindern, dass sich Sandstürme bilden. Sie würden vom Grund des einstigen Sees aufwirbeln, was früher von den Flüssen angeschwemmt und vom Wasser dort gebunden wurde: Salze, Nitrate, Pestizide, Entlaubungsmittel und andere schwere Erblasten einer Landwirtschaft, die im Einsatz von Chemikalien zu Zeiten der Planerfüllung jede Norm überschritt.
Einhundert Millionen Tonnen Gift- und Salzstaub soll der Wind nun jährlich über die Region verteilen – bis hinein in den Kaukasus, in die Wüste Gobi, in die Gebirge des Pamir und des Himalaja.
Der tödliche Hauch vom Grunde des vertrockneten Meeres setzt sich auf den dunklen Feldern Mittelasiens als weißer Belag ab. Diese angewehte Versalzung der Böden erfordert noch mehr Wasser, um vor der nächsten Baumwollaussaat die Felder, wie es heißt, „zu entsalzen". In diesem Teufelskreis einer selbstzerstörerischen Agrarpolitik steckt Usbekistan seit Stalins Herrschaft. Damals wurde die Republik

b) Versandung des Aralsees

dazu verurteilt, Baumwolllieferant des Sowjetreiches zu werden. Das existiert nun nicht mehr und die unabhängige Republik ist mit den Folgen für Umwelt und Mensch heute überfordert. […]
Gift im Boden, Gift in der Luft und Gift im Wasser – den Folgen dieser Umweltkatastrophe sind in Mittelasien nach Angaben der UNO 30 Millionen Menschen ausgesetzt. In Usbekistan sind die im Westen gelegene Autonome Republik Karakalpakien und ihre 1,3 Millionen Einwohner am schlimmsten betroffen. Schon bei der Landung in der Hauptstadt Nukus empfangen den Besucher heiße, salzige Windböen. Eine Frau, um deren Mund sich starker Hautausschlag ausbreitet, klagt: „Ich war immer stark. Heute bin ich ständig müde, habe Hautkrankheiten und werde alt, obwohl ich noch keine 35 bin." Vor allem für die miserable Qualität des Trinkwassers muss eine ländliche Bevölkerung den Preis entrichten, die hinsichtlich Hygiene und Familienplanung ohnehin erst allmählich in staatlichen Programmen aufgeklärt wird. Noch sind fünf bis zehn Kinder für jede Mutter in dem islamisch geprägten Land selbstverständlich, ohne dass die Menschen sich ausgewogen ernähren könnten. 97 Prozent der Frauen in der Region leiden unter Anämie. Die Säuglings- und Müttersterblichkeit ist extrem hoch. Oft ist schon die Muttermilch vergiftet. Lungen-, Darm- und Leberinfektionen, Tuberkulose, Krebserkrankungen, Allergien gehören in den Krankenhäusern zur Tagesordnung. In Mujnak ist die Lage dramatisch, von Trinkwasser kann kaum die Rede sein, wenn man in die Blecheimer schaut, die Frauen von Wasserstellen nach Hause schleppen. Die Stadt braucht dringend eine Wasseraufbereitungsanlage.

Süddeutsche Zeitung, 15. September 1995

c) Über Umweltzerstörung auf der russischen Halbinsel Kola schreibt die „taz" im November 1994:
38 Kilometer liegen zwischen der nordnorwegischen Grenze bei Kirgenes und der Stadt Nikel auf der russischen Halbinsel Kola. Das Grenzgebiet ist eine leere Landschaft: kein Verkehr, keine Häuser, keine Menschen. Militärisches Sperrgebiet mit einer der weltweit höchsten Konzentrationen an konventionellem und atomaren Kriegswerkzeug. Hier, jenseits des Polarkreises, trifft nicht nur Nordeuropa auf Sibirien. Auf Kola grenzen ehemaliger Warschauer Pakt und Nato direkt aneinander. 20 Kilometer nach der Grenze recken sich tote Bäume gegen den Himmel. Erst sind es nur wenige, dann immer mehr. Es stinkt nach Schwefel. Sogar im Auto. 15 Kilometer vor Nikel beginnt die Wüste: kein Baum, kein Strauch, kein Grashalm, die gesamte Vegetation ist tot. Ein Friedhof. „Total environment deterioration", vermerkt die Legende einer norwegischen Spezialkarte: vollständige Zerstörung der Umwelt. Der grellfarbene, tödliche Kreis auf der Karte markiert einen Durchmesser von 30 Kilometern um Nikel. Und täglich wächst die Wüste. Das arktische Ökosystem ist empfindlich, die Vegetationsperiode kurz. […]
Alleen von Strommasten säumen die Straße. Sie ragen aus dem Schnee, verbinden die gefrorene Erde mit den gefrorenen Wolken. Es ist der Schwefeldampf aus den drei Schloten der Nickelfabrik in Nikel. Allein die Schmelzanlage, sagt Christopher Brodersen vom norwegischen Svanhovd Umweltzentrum, blase fünfmal so viel Schwefel und Schwermetalle in die Luft wie ganz Norwegen. Schwefel, Schwermetalle, Phosphate legen sich als trockene Schicht auf die Vegetation rund um die Stadt. „Und das", so Brodersen, „erwürgt jedes Leben". Nicht nur in Russland. Ostwinde tragen den Pesthauch weit nach Norwegen hinein.
Nikel liegt in einer kleinen Mulde. 40 000 Einwohner, pechschwarze Abraumhalden, graue Wohnblocks, Arbeiterkantinen, ein Marktplatz. Am Rande der Stadt befindet sich die Fabrik. Sie qualmt wie ein offenes Feuer, blau und grau und braun, dicht und ätzend. Der Qualm ist überall. Er brennt in den Augen, kriecht in die Nase, sticht in die Lunge. […] Die Emissionen der Fabrik, behauptet Wladimir Uljanow von der Murmansker Bezirksregierung, seien kein Problem. „Wir haben alles im Griff." 1986 habe man die Schmelzanlage wegen schlechter Wetterbedingungen sogar für einige Tage geschlossen. Überdies sei der jährliche Ausstoß von Schwefeldioxid zwischen 1991 und 1994 aufgrund der rückläufigen Produktion drastisch gesunken – von 250 000 Tonnen auf rund 180 000. […]
21 700 Menschen arbeiten für die gigantische, staatseigene Giftschleuder. […] Das Verfahren, aus dem stark schwefelhaltigen Nickelerz reines Nickel zu gewinnen, ist denkbar einfach: Das Erz wird „geröstet", in „oxidierender Atmosphäre" erhitzt. Dabei entstehen reines Nickeloxid, Schwefeldioxidgas und Schwermetalle, Arsen, Antimon, Cadmium. Das Nickel wird zu achteckigen Blöcken gegossen. Schwefel und Schwermetalle aber werden „freigesetzt" und rieseln unaufhörlich auf die Taiga, die Stadt und ihre Menschen. […]
Knut Erik Nielsen, Forschungskoordinator der auf Russland spezialisierten, norwegischen Umweltorganisation Bellona, spricht es aus: „Die Produktionsbedingungen in Nikel sind absurd, die Kostenrechnungen lächerlich, die Verluste beachtlich."

Und das, obwohl der Nikel-Norilsk-Trust weder für die Energie - sie kommt aus den vier Reaktorblöcken des „weltweit unsichersten Kernkraftwerks" bei Polyamy Zori - noch für den Transport des Erzes aus Norilsk bezahlt. Norilsk liegt hinter dem mittelsibirischen Fluss Jenisej, 2 500 Kilometer östlich von Nikel, Luftlinie. Mit dem Erz aus Norilsk, sagen die Menschen, sei der schleichende Tod gekommen. Das sibirische Erz, das seit den späten siebziger Jahren verhüttet wird, ist reicher als das Erz aus Zapoljanyi, 15 Kilometer östlich von Nikel. Aber auch schwefel- und schwermetallhaltiger und damit giftiger.
Als die sechzigjährige Alexandra Fjodorowna Pjestrikowa Anfang der siebziger Jahre aus Brensk nach Nikel kam, waren die Monatslöhne mit 250 Rubel dreimal so hoch wie im Süden und die Wohnungen groß genug. Alles sei grün gewesen. „Und jedes Jahr gab es einen Urlaub am Schwarzen Meer." Anfang der achtziger Jahre aber begann sich die Schwefelwüste um Nikel auszubreiten, die Kinder wurden krank und viele flüchteten in den Süden. Als Gorbatschow kam und die Inflation die Ersparnisse fraß, wurde Alexandra Fjodorowna zur Gefangenen in Nikel. Die 2 000 Rubel, die sie in zwanzig Jahren mühsam angespart hatte, um eine Datsche im Süden zu kaufen, schrumpften innerhalb weniger Jahre auf den Wert einer Schachtel Zigaretten. Jetzt wählt Alexandra Fjodorowna den Rechtsradikalen Schirinowski. […]
Früher kamen die Menschen nach Nikel, schufteten zwanzig Jahre, atmeten schwarzen Staub und gelben Schwefel. Dann zogen sie wieder in den Süden. Heute gibt es kein Zurück. Wie sich der Daueraufenthalt in Nikel auf die Gesundheit der Menschen auswirkt, weiß niemand. Medizinische Untersuchungen fehlen. Bekannt ist bislang nur, dass die Lebenserwartung der Menschen im arktischen Russland 1965 bei 62 Jahren lag. Heute beträgt sie 50. […]

Walter Saller, Und die Luft schmeckt nach Schwefel, in: die taz, die tageszeitung, 22. November 1994

a) Untersuchen Sie die ökologischen Probleme am Aralsee unter den Gesichtspunkten Ursachen, Erscheinungsformen, Folgen.
b) Welche Prioritäten müssten aus Ihrer Sicht der Dinge gesetzt werden, um erste Schritte einer Schadensbegrenzung einzuleiten.

80 Der Fall Tschetschenien

Seit der Auflösung der UdSSR kommt die Kaukasusregion nicht zur Ruhe. Besonders umstritten ist der politische Status der Republik Tschetschenien. Ein fast zwei Jahre andauernder Krieg, den Russland gegen die abtrünnige Republik führte, forderte über 40 000 Menschenleben, besonders unter der Zivilbevölkerung des Landes. Er hinterließ ein wirtschaftlich ruiniertes Land. Eine politische Lösung für die Kaukasusrepublik ist vorerst nicht in Sicht.

a) Über die Amtseinführung des tschetschenischen Präsidenten schreibt Christiane Hoffmann, Korrespondentin der Frankfurter Allgemeinen Zeitung (13. Februar, 1997):
„Ich schwöre bei Allah vor meinem Volk, den unabhängigen Tschetschenischen Staat zu stärken, seine Verfassung, Gesetze, die Menschenrechte und Freiheit zu achten […]". Mit diesen Worten ist der neu gewählte tschetschenische Präsident Maschadow am Mittwoch in sein Amt eingeführt worden. In einem Kulturpalast am Rande der im Krieg zu einem großen Teil zerstörten Stadt Grosny hatten sich etwa 400 Gäste versammelt. Neben tschetschenischen Ältesten, politischen und militärischen Führern der Republik, waren auch Delegationen aus anderen Regionen des Kaukasus und Russlands sowie aus dem Ausland anwesend. Moskau hatte den Sekretär des Sicherheitsrates Rybkin entsandt, der Glückwünsche von Präsident Jelzin überbrachte. Maschadow, ein ehemaliger sowjetischer General, der die tschetschenischen Unabhängigkeitskämpfer im Krieg gegen Russland angeführt hatte, war am 27. Januar mit mehr als 60 Prozent der Stimmen zum Präsidenten gewählt worden. […] Der mit einem Tarnanzug bekleidete ehemalige Präsident (Jandarbijew) verließ den Saal vor Ende der Zeremonie mit

der Begründung, es seien im Saal Gäste anwesend, „die dienstags hier nicht sein sollten". Es ist nicht ausgeschlossen, dass sich dies auf den Leiter der Unterstützungsgruppe der Organisation für Sicherheit und Zusammenarbeit in Europa (OSZE) in Tschetschenien, Guldimann, bezog, der am vergangenen Dienstag von Jandarbijews Außenminister zur „persona non grata" erklärt worden war, weil er die offizielle Position der OSZE, wonach Tschetschenien Teil der Russischen Föderation ist, vertreten hatte. […]

Maschadow erinnerte in einer bisweilen emotionalen Ansprache an den Unabhängigkeitskampf der Tschetschenen. „Jahrhundertelang konnte unsere Nation nicht frei leben. Wir wurden getötet, wenn sie uns töten wollten, verbrannt, als Banditen beschimpft, deportiert, wenn es ihnen gefiel." Vor Spruchbändern mit der Aufschrift „Islam und Freiheit" versprach der neue Präsident, den Islam zu stärken und die von dem 20 Monate langen Krieg zerrüttete Republik von Gewalt und Verbrechen zu befreien. „Ich habe keinen Posten erhalten, sondern eine Verantwortung vor dem Volk", sagte er. […] Der Präsident, der angekündigt hatte, mit Moskau verhandeln zu wollen, vermied Provokationen und sagte der russischen Bevölkerung Tschetscheniens Schutz zu. Vor der Feier hatte Grosny den Russen vorgeworfen, die Teilnahme der aus dem Ausland geladenen Gäste an der Zeremonie zu verhindern. Das russische Außenministerium hatte zuvor gewarnt, es werde die Teilnahme ausländischer Vertreter ohne Abstimmung mit Moskau als „feindliche Aktion" betrachten. Trotzdem nahm offenbar eine ukrainische Delegation […] an den Feierlichkeiten teil. […]

FAZ, 13. Februar 1997

▪ *Erarbeiten Sie aus dem Bericht die wesentlichen Konfliktfelder des gegenwärtigen Tschetschenienproblems.*

b) Zu den historisch-politischen Hintergründen, die 1991 zur Bildung eines formell unabhängigen Staates Tschetschenien führten, schreibt der Politologe Alexander Iskandarjan (1995):

Bis in die 20er Jahre hinein hatten die nordkaukasischen Völker keine eindeutig festgelegten Grenzen, da kein einziges eine Staatlichkeit besaß. Mit der Kolonisierung des Kaukasus durch Russland war die Verwaltungsgliederung des Zarenreiches eingeführt worden, diese kannte aber, abgesehen vom Königreich Polen, dem Großfürstentum Finnland und den mittelasiatischen Emiraten, keine inneren Grenzen. Nach dem Zusammenbruch des Zarenreiches wurde der sowjetische Staat offiziell auf dem Grundsatz des „Rechts der Nationen auf Selbstbestimmung" gegründet. Dies war aber nur ein ideologisches Grundprinzip, während in Wirklichkeit nicht das Selbstbestimmungsrecht, sondern nur Formen nationaler Autonomie zugestanden wurden.

Die Verwaltungsgrenzen zwischen den Autonomien im Kaukasus wurden häufig willkürlich gezogen und zudem mehrfach verändert. Diese Entscheidungen berücksichtigten weder ethnische Grenzen noch politische Gegebenheiten. Zudem fand die territoriale Verwaltungsgliederung vor dem Hintergrund eines äußerst wichtigen Problems statt. Denn im Kaukasus gab es neben der ohnehin komplizierten ethnischen Situation gerade in den Bergregionen einen Mangel an Boden. Im Bewusstsein der kaukasischen Bevölkerung war dieses Bodendefizit mit den „Umtrieben" der Kosaken verbunden, die im Kaukasischen Krieg des 19. Jahrhunderts die fruchtbarsten Gebiete besiedelt hatten. Nach dem Sieg der Sowjetmacht büßten die Kosaken in Teilen dieser Region ihren Landbesitz ein. Ganze Kosakendörfer wurden sogar ausgewiesen. Diese Entwicklung verschärfte aber die Konfrontation zwischen den Bergvölkern und den Kosaken noch mehr.

In den ersten Jahren des „sowjetischen Aufbaus" kam dann das Bodenproblem, das vorher lediglich die direkten Beziehungen der Einwohner untereinander beeinträchtigt hatte, in Form territorialer Streitigkeiten zwischen den Nationalitäten zum Ausdruck. […] Die Rechte eines Eigentümers auf Grund und Boden wurden damals vom Recht des Staates und seines direkten nationalen Vertreters – der nationalen Verwaltung der neuen Gebiete und Republiken – abgelöst.

Die nächste Phase, die eine Lösung der zwischennationalen Probleme praktisch unmöglich machte, muss auf den Zeitraum 1943 bis 1944 datiert werden. Dabei handelt es sich um die Ausweisung der Tschetschenen, Karatschaier, Inguschen und Balkaren. Mit der Umsiedlung der Völker wurden die entsprechenden autonomen Republiken und nationalen Rayons aufgelöst und den benachbarten Republiken und Regionen zugeschlagen. […] Nach der Rückkehr der Bergvölker aus der Verbannung wurden zwar in der Regel die Grenzen des Jahres 1944 wiederhergestellt, es gab jedoch auch Aus-

nahmen, auf die die meisten der heutigen Konflikte zurückzuführen sind. [...] Natürlich belastete die ethnisch selektierte Ausweisung und die chaotische territoriale Rehabilitierung die Beziehungen zwischen den kaukasischen Bergvölkern. Im Bewusstsein der ausgewiesenen Völker spiegelt sich das darin wider, dass der Expansionismus der Nachbarn als der eigentliche Ausweisungsgrund und der sowjetische Staat als Instrument betrachtet wird, mit dem die Interessen der Nachbarn durchgesetzt wurden. [...] Es ist verständlich, dass die allgemeine Liberalisierung in der UdSSR nationale Befreiungsbewegungen im Nordkaukasus entstehen ließ.
Es ist auch durchaus folgerichtig, dass dieser Prozess am weitesten in Tschetschenien vorangetrieben wurde. Die Tschetschenen sind das größte nordkaukasische Volk und ein Volk, das in der sowjetischen Zeit viel gelitten hatte. Aus historischen Gründen pflegten die Tschetschenen viele die Nation konsolidierende Formen der Gemeinschaft. [...] Diese Verbindung von internen und externen Faktoren war die Grundlage für die Bildung eines formell unabhängigen tschetschenischen Staates. [...]

zit. nach: Wostok 2/95, S. 12 f.

c) Stand die Militäraktion gegen das abtrünnige Tschetschenien im Einklang mit der russischen Verfassung? Zur Rolle des Präsidenten äußert sich Galina Tschinarichina (1995):

Die führende Rolle und die weitgehenden Vollmachten des Präsidenten widersprechen in keiner Weise der Verfassung. Die Bestimmungen, die die Gewaltenteilung betreffen, werden insgesamt eingehalten. Eindeutige Verstöße sind jedoch gegen den Teil der Verfassung zu verzeichnen, der die Menschenrechte garantiert, darunter gegen das Recht auf Leben und auf Menschenwürde sowie gegen das Gewaltverbot.

Zum Einsatz der Armee in innere Konflikte enthält die Verfassung keine Bestimmung: Es gibt weder ein Verbot noch eine Legitimierung dafür. Das Gesetz über die Verteidigung enthielt ein solches Verbot, bis es im Dezember 1993 abgeändert wurde. Auf Erlass des Präsidenten wurden die entsprechenden Artikel damals gestrichen, was nach den Ereignissen im Oktober jenes Jahres durchaus verständlich war. Die Militärdoktrin, die durch einen Präsidentenerlass im November 1993 in Kraft trat, sieht den Ein-

d) Grosny, 20. Februar 1995. Blick auf die zerstörte tschetschenische Hauptstadt, wo bisher 3,5 Millionen qm Wohnraum zerstört wurden.

satz spezieller Eingreiftruppen der Streitkräfte in inneren Konflikten vor. Allerdings existieren solche Truppen bis heute nicht.

Maßnahmen „zur Beschlagnahmung von Schuss-, Stich- und anderen Waffen bei Bürgern, in Betrieben und Organisationen" zu ergreifen, gestattet dem Präsidenten das Gesetz über den Ausnahmezustand, das bereits im Mai 1991 beschlossen wurde. Allerdings hat der Präsident darauf verzichtet, im Konfliktgebiet den Ausnahmezustand zu verhängen: Die Bestätigung eines solchen Erlasses würde in die Kompetenz des Föderationsrates fallen. Die Pläne des Präsidenten für das Vorgehen in Tschetschenien wären zwangsläufig verzögert oder gar zu Fall gebracht worden.

Während die Tschetschenien-Operation bereits lief, teilte der Präsident seine Führungsverantwortung auf mehrere Strukturen: die Regierung, den Sicherheitsrat und die Militärführung. Er selbst war bemüht, sich in dem Maße, wie sich die militärischen Niederlagen häuften, von der militärischen Führung zu distanzieren, und nahm die Rolle eines Schiedsrichters und in kritischen Momenten sogar eines Friedensstifters ein. So verfügte er, nachdem die Öffentlichkeit mit heftiger Empörung auf die Bombardierung Grosnys reagiert hatte, die Einstellung der Bombardements. [...]

zit. nach Wostok, 2/95, S. 6f.

e) Die Militäraktion Russlands gegen Tschetschenien kommentiert der Journalist Pjotr Borowoi (1995):
Die russische Führung beruft sich bei ihren Aktionen auf Verfassung und Föderationsvertrag. Die tschetschenische Führung setzt dem das Selbstbestimmungsrecht der Völker entgegen. Die Legitimität dieser Führung wirft sicherlich viele Fragen auf, aber auch sie ist ein Resultat jahrzehntelanger russischer und sowjetischer Einflussnahme. Tatsache ist, dass sich Tschetschenien seit seiner einseitigen Unabhängigkeitserklärung im Jahre 1991, die von Russland nie anerkannt wurde, faktisch nicht mehr an innerrussischen Entscheidungen beteiligt hat. Es unterschrieb weder den Föderationsvertrag noch wurde über die russische Verfassung abgestimmt. [...]
Es ist bemerkenswert, dass ausgerechnet Boris Jelzin, der als russischer Präsident bei der Zerschlagung der UdSSR keine Bedenken hatte, sich über gesetzliche Regelungen hinwegzusetzen, um die Unabhängigkeit seiner Republik durchzusetzen, sich nun gegenüber seinem tschetschenischen Nachahmer auf Rechte beruft, die noch aus Zeiten der UdSSR stammen. Es deutet vieles darauf hin, dass die politische Führung Russlands zu alten Politikmustern zurückkehrt, und zwar nicht nur in der Außen-, sondern auch in der Innenpolitik. Man fühlt sich an die Spätphase der Breschnew-Zeit erinnert, wenn irgendwelche nicht genannte Machtstrukturen in einem aufgeblähten Staatsapparat für irgendwelche Befehle verantwortlich zeichnen, während der eigentliche Entscheidungsträger seit Tagen nicht mehr in der Öffentlichkeit gesehen wurde und dafür seine Helfershelfer die Befehle erteilen.
Auch die Beschlüsse beider Kammern des Parlaments werden missachtet. Denn diese haben sich, obwohl ihre Vorsitzenden Schumeiko und Rybkin alles daran setzten, einen Streit mit dem Präsidenten zu vermeiden, gegen eine militärische Intervention in Tschetschenien ausgesprochen. Aber auch jetzt beweisen Jelzin und seine Berater, dass sie sich durch Beschlüsse eines Parlamentes in ihren Handlungen nicht behindern lassen. [...]

zit. nach Wostok, 6/94, 1/95, S. 8

f) Andrzej Rybak, Moskauer Korrespondent der Zeitschrift „Die Woche", schreibt über die Hintergründe des Tschetschenienkrieges (1996):
In Tschetschenien ist alles käuflich. Alexander Lebed, der damalige Sekretär des Sicherheitsrates und Bevollmächtigte Jelzins für die abtrünnige Republik, brachte die Lage Ende August 1996 auf den Punkt: „Dies ist ein kommerzieller Krieg", sagte er in Grosny. Und Michail Gorbatschow, der letzte Präsident der Sowjetunion, setzte drauf: „Der Krieg in Tschetschenien ist kein Krieg zwischen Russen und Tschetschenen, zwischen orthodoxen Christen und Muslimen. Vielmehr geht es dort um eine Auseinandersetzung zwischen mafiosen Clans und kriminellen Interessengruppen." Das ist die banale Wahrheit, auch wenn beide Seiten uns gerne das Gegenteil glauben machen wollen – Ideologie und Freiheitsdrang spielten beim Krieg im Kaukasus eine allenfalls operettenhafte Nebenrolle. Ebenso wenig war die russische Intervention die viel beschworene „letzte Chance, um die Föderation vor dem Zerfall zu retten". [...] Unter der Sowjetmacht war Tschetschenien zu einer wichtigen Drehscheibe im Nordkaukasus ausgebaut worden, wichtige Bahnverbindungen und Pipelines führten über Grosny nach Süden, hier steht auch die größte Erdölraffinerie in Südrussland. Nach der Machtübernahme durch General Dudajew im Herbst 1991 war die kleine Republik zu einem rechtsfreien Raum erklärt worden, auf den sich die russische Gerichtsbarkeit nicht mehr erstrecken durfte. Das beförderte den Auf-

schwung von Grosny zum Zentrum von Geldwäsche und illegalen Erdölexporten, zu einem Dorado für Waffenhändler und Drogendealer. Erst viel später merkten die Moskauer Demokraten, die die Machtübernahme Dudajews zunächst unterstützt hatten, dass sie auf das falsche Pferd gesetzt hatten. [...]

Zu den kräftigsten Triebfedern der Intervention zählte die neue russische Eilte, Ölbarone und Bankiers. Deren Interesse galt vor allem dem gigantischen Erdölprojekt in Aserbeidschan, dessen juristische Konstruktion 1994 unter Dach und Fach kam. Ein Konsortium westlicher Ölgesellschaften erwarb für rund acht Milliarden Dollar die Nutzungsrechte an drei aserbaidschanischen Ölfeldern. Nun führt die einzige Pipeline in den Westen über Grosny und dort hatte Schochar Dudajew das Sagen, also musste er aus dem Weg geräumt werden. Schließlich wollten sich die Herren aus dem Kreml das gute Geschäft nicht länger verderben lassen. An jeder Tonne Öl, die durch die Röhren fließen sollte, würde Russland 16 US-Dollar verdienen, die geplante Förderung sollte zwischen 5 und 35 Millionen Tonnen pro Jahr betragen. [...]

Zugegeben, um einen bewaffneten Konflikt zu vermeiden, hätte die russische Regierung ohne größere Probleme eine zweihundert Kilometer lange Rohrleitung um Tschetschenien herum verlegen können. Doch das hätte Kosten bedeutet; außerdem wollte der Kreml ein Exempel gegen Aufmüpfigkeit statuieren. In Moskau rechnete niemand mit einem ernsthaften Widerstand. Der Generalstab plante eine dreiwöchige Kampagne, der damalige Verteidigungsminister Pawel Gratschow nahm den Mund besonders voll und versprach, Grosny in zwei Stunden zu nehmen. Unglücklicherweise waren die Tschetschenen für den Krieg bestens vorbereitet: Als die sowjetisch-russische Armee sich in der chaotischen Zeit nach dem Zerfall der Sowjetunion 1992 aus der Kaukasus-Republik zurückzog, hatte sie dem Dudajew-Regime ein gigantisches Arsenal hinterlassen, darunter 42 schwere Panzer, 139 Artillerie-Systeme und 25 000 Kalaschnikows. Das kleine Land war zu einem Pulverfass geworden. [...]

zit. nach: Kursbuch, Heft 126, Berlin 1996, S. 125 ff.

a) *Stellen Sie aus den Materialien b) bis f) Informationen zusammen, die zum Verständnis des gegenwärtigen Tschetschenienkonfliktes beitragen.*
b) *Strukturieren Sie diese Informationen nach selbst gewählten Gesichtspunkten.*
c) *Erörtern Sie in einem Streitgespräch die Positionen der Konfliktparteien.*
d) *Welche Lösung sollte aus Ihrer Sicht der Dinge für den zukünftigen Status der Republik Tschetschenien angestrebt werden?*

1. *Kennzeichnen Sie das Verhältnis zwischen Russland und den übrigen Mitgliedern der Gemeinschaft Unabhängiger Staaten (GUS).*
2. *Vor welchen zentralen Problemen standen (und stehen) die Nachfolgestaaten der UdSSR bei der Umstellung von der Planwirtschaft auf die Marktwirtschaft?*
3. *Nennen Sie die Ursachen der Auseinandersetzung zwischen Präsident Jelzin und dem Parlament in Russland.*
4. *Erläutern Sie die Hintergründe und die aktuellen Probleme des Tschetschenienkonfliktes.*
5. *Weshalb zählt die Kaukasusregion nach wie vor zu den brisantesten Konfliktzonen auf dem Gebiet der ehemaligen UdSSR?*
6. *Skizzieren Sie die wesentlichen Ursachen für die gravierenden Umweltprobleme in nahezu allen Nachfolgestaaten der ehemaligen UdSSR.*

Literatur zur Vertiefung
(TB = Taschenbuch)

Darstellungen zum Gesamtthema
H. Altrichter, Kleine Geschichte der Sowjetunion 1917–1991, München 1993 (TB)
F. Furet, Das Ende der Illusion. Der Kommunismus im 20. Jahrhundert, München 1996
V. Gitermann, Geschichte Rußlands, 3 Bände, Zürich 1944–1949
C. Goehrke, M. Hellmann u. a., Rußland, Fischer Weltgeschichte, Band 31, Frankfurt/M. 1973 (TB)
H. Haumann, Geschichte Rußlands, München 1996
M. Heller, A. Nekrich, Geschichte der Sowjetunion, 2 Bände, Frankfurt/M. 1985
E. Hösch, Geschichte Rußlands. Vom Kiever Reich bis zum Zerfall des Sowjetimperiums, Stuttgart 1996
A. Kappeler, Rußland als Vielvölkerreich. Entstehung, Geschichte, Zerfall, München 1992
M. Malia, Vollstreckter Wahn. Rußland 1917–1991, Stuttgart 1994
H. Moldenhauer, E.-M. Stolberg, Chronik der UdSSR, München 1993 (TB)
H. Portisch, Hört die Signale. Aufstieg und Fall des Sowjetkommunismus, dtv Sachbuch, München 1993 (TB) G. v. Rauch, Geschichte der Sowjetunion, 8. Aufl., Stuttgart 1990
L. Rühl, Aufstieg und Niedergang des Russischen Reiches, Stuttgart 1992
W. Scheck, Geschichte Rußlands. Von der Frühgeschichte bis zur Sowjetunion, München 1975 (TB)
Fr. Stadelmeier, Die Sowjetunion 1917–1991, 5. Aufl., Bonn/Berlin 1990
G. Stökl, Russische Geschichte. Von den Anfängen bis zur Gegenwart, Stuttgart 1990
H. Wasmund, Die gescheiterte Utopie. Aufstieg und Fall der UdSSR, München 1993 (TB)

Quellensammlungen, Lexika, Studienausgaben, Dokumente
H. Altrichter, Die Sowjetunion. Von der Oktoberrevolution bis zu Stalins Tod, Band 1: Staat und Partei, dtv München 1986 (TB)
H. Altrichter, H. Haumann, Die Sowjetunion. Von der Oktoberrevolution bis Stalins Tod, Band 2: Wirtschaft und Gesellschaft, dtv München 1987 (TB)
E. Donnert, Altrussisches Kulturlexikon, 2. Aufl., Leipzig 1988
I. Fetscher, Marx-Engels Studienausgabe, 4 Bände, Frankfurt 1969 (TB)
I. Fetscher, Lenin Studienausgabe, 2 Bände, Frankfurt 1970 (TB)
J. Gabert, L. Prieß, SED und Stalinismus, Dokumente aus dem Jahr 1956, Berlin 1990
R. Götz, U. Halbach, Politisches Lexikon Rußland, München 1994 (TB)
R. Götz, U. Halbach, Politisches Lexikon GUS, München 1996 (TB)
P. Hauptmann, G. Stricker (Hg.), Die Orthodoxe Kirche in Rußland. Dokumente ihrer Geschichte, Göttingen 1988
M. Hellmann, Die Russische Revolution 1917, 5. Aufl., dtv München 1984 (TB)
R. Kohn (Hg.), Die Russische Revolution in Augenzeugenberichten, dtv München 1977 (TB)
H. J. Lieber, K. H. Ruffmann, Der Sowjetkommunismus. Dokumente, 2 Bände, Köln 1984
M. Rudolf, Die Völker der ehemaligen Sowjetunion, 2. Aufl., Opladen 1992
H.-J. Torke, Lexikon der Geschichte Rußlands, München 1985
H.-J. Torke, Historisches Lexikon der Sowjetunion 1917/22 bis 1991, München 1993

Zarenzeit, Reformpolitik, 19. Jahrhundert
S. Brim, Universitäten und Studentenbewegung in Rußland im Zeitalter der Großen Reformen 1855–1881, Zürich 1986
F. Diestelmeier, Soziale Angst. Konservative Reaktionen auf liberale Reformpolitik in Rußland unter Alexander II., Frankfurt/M. 1985
E. Donnert, Das russische Zarenreich. Aufstieg und Untergang einer Weltmacht, München 1992
M. Ferro, Nikolaus II. Der letzte Zar, München 1991 (TB)
D. Geyer, Der russische Imperialismus 1860–1914, Göttingen 1977
D. Geyer, Lenin in der russischen Sozialdemokratie. Die Arbeiterbewegung im Zarenreich als Organisationsproblem der revolutionären Intelligenz 1890–1903, Köln 1962
H.-D. Löwe, Die Lage der Bauern in Rußland 1880–1905. Wirtschaftliche und soziale Veränderungen in der ländlichen Gesellschaft des Zarenreiches, St. Katharinen 1987
H.-J. Torke, Die russischen Zaren 1547–1917, München 1995

Russische Revolution
H. Altrichter, Staat und Revolution in Sowjetrußland 1917–1922/23, Darmstadt 1981
O. Annweiler, Die Rätebewegung in Rußland 1905–1921, Leiden 1958
B. Bonwetsch, Die russische Revolution 1917. Eine Sozialgeschichte von der Bauernbefreiung 1861 bis zum Oktoberumsturz, Darmstadt 1991
D. Geyer, Die Russische Revolution, Göttingen 1977 (TB)

Literatur zur Vertiefung

M. *Hildermeier*, Die Russische Revolution 1905–1921, Frankfurt/M. 1989 (TB)
W. *Leonhard*, Völker hört die Signale. Die Anfänge des Weltkommunismus 1919–1924, München 1981
R. *Pipes*, Die Russische Revolution, 4 Bände, Berlin 1992/93
J. *Reed*, 10 Tage, die die Welt erschütterten, Berlin 1957
L. *Trotzki*, Geschichte der russischen Revolution, 3 Bände, Frankfurt 1973 (TB)

Sowjetunion: Politik, Wirtschaft, Gesellschaft
H. *Adomeit*, Die Sowjetunion in internationalen Krisen und Konflikten, Baden-Baden 1983
H. *Ahrendt*, Elemente und Ursprünge totalitärer Herrschaft, Frankfurt/M. 1958
I. B. *Berchin*, Geschichte der UdSSR, Berlin (Ost) 1971
R. *Crusius, M. Wilke (Hg.)*, Entstalinisierung. Der XX. Parteitag der KPdSU und seine Folgen, Frankfurt/M. 1977 (TB)
R. *Conquest*, Stalin. Der totale Wille zur Macht, München 1991
I. *Deutscher*, Stalin. Eine politische Biographie, Berlin 1989 (1. Aufl. 1949)
P. *Hennike*, Probleme des Sozialismus und der Übergangsgesellschaften, Frankfurt/M. 1973 (TB)
G. *Koenen*, Die großen Gesänge. Lenin, Stalin, Mao Tse-tung: Führerkulte und Heldenmythen des 20. Jahrhunderts, Frankfurt/M. 1991
L. *Kopelew*, Und schuf mir einen Götzen. Lehrjahre eines Kommunisten, München 1989
W. *Leonhard*, Was ist Kommunismus? München 1976 (TB)
G. *Lichtheim*, Kurze Geschichte des Sozialismus, dtv, München 1975 (TB)
R. *Lorenz*, Sozialgeschichte der Sowjetunion, Band 1, 1917–1945, Frankfurt 1976 (TB)
G. *Nollau*, Die Komintern. Vom Internationalismus zur Diktatur Stalins, Schriftenreihe der Bundeszentrale für politische Bildung, Heft 63, Bonn 1964
Th. *Pirker (Hg.)*, Die Moskauer Schauprozesse 1936–1938, München 1963 (TB)
H. *Raupach*, Wirtschaft und Gesellschaft Sowjetrußlands, Wiesbaden 1979
A. *Rosenberg*, Geschichte des Bolschewismus (bis 1932), Frankfurt 1966
K. H. *Ruffmann*, Fragen an die sowjetische Geschichte. Von Lenin bis Gorbatschow, München 1987 (TB)
A. *Solschenizyn*, Der Archipel Gulag, Bern/München 1974
H. *Smith*, Die Neuen Russen, Reinbek 1991 (TB)
G. *Stricker*, Religion in Rußland, Darstellung und Daten zu Geschichte und Gegenwart, Gütersloh 1993 (TB)
S. *Talbott (Hg.)*, Chruschtschow erinnert sich, Hamburg 1971
A. *Waksberg*, Die Verfolgten Stalins, Hamburg 1993 (TB)
D. *Wolkogonow*, Stalin. Triumph und Tragödie, Düsseldorf 1989

Umbruch und Auflösung der UdSSR, Entwicklung nach 1991
Bundeszentrale für pol. Bildung (Hg.), Die Sowjetunion im Umbruch, Bonn 1992
D. *Geyer*, Osteuropäische Geschichte und das Ende der kommunistischen Zeit, Heidelberg 1996
D. *Geyer (Hg.)*, Die Umwertung der sowjetischen Geschichte, Göttingen 1991
M. *Gorbatschow*, Perestroika: Die zweite russische Revolution, München 1987
M. *Gorbatschow*, Glasnost: Das neue Denken, Berlin 1989
M. *Gorbatschow*, Erinnerungen, Berlin 1995
A. *Gurkow*, Rußland hat Zukunft. Die Wiedergeburt einer Weltmacht, Düsseldorf/Wien 1995 (TB)
E.-O. *Czempiel*, Weltpolitik im Umbruch. Das internationale System nach dem Ende des Ost-West-Konfliktes, München 1991
M. A. *Ferdowsi (Hg.)*, Die Welt der 90er Jahre, Bonn 1995
U. *Halbach*, Das sowjetische Vielvölkerimperium, Mannheim 1992 (TB)
B. *Jelzin*, Aufzeichnungen eines Unbequemen, München 1990
A. *Karger*, Die Erblast der Sowjetunion, Stuttgart 1995 (TB)
J. *Lewada*, Die Sowjetmenschen 1989–1991, dtv München 1993 (TB)
M. *Mommsen*, Wohin treibt Rußland? Eine Großmacht zwischen Anarchie und Demokratie, München 1996 (TB)
G. *Ruge*, Weites Land. Russische Erfahrungen, Russische Perspektiven, Berlin 1996
K. *Segbers*, Sowjetsystem, Perestrojka und Systemwechsel, Ebenhausen 1992
G. *und N. Simon*, Verfall und Untergang des sowjetischen Imperiums, dtv München 1993 (TB)
A. *Solschenizyn*, Die russische Frage am Ende des 20. Jahrhunderts, hg. von W. Kasack, München 1994 (TB)
L. *Trautmann*, Rußland zwischen Diktatur und Demokratie. Die Krise der Reformpolitik seit 1993, Baden-Baden 1995
V. *Zaslavsky*, Das russische Imperium unter Gorbatschow, Berlin 1991

Register

Halbfett gesetzte Seitenzahlen verweisen auf Grundbegriffe.

Personenregister

Alexander I. 6 f.
Alexander II. 6, 8, 10
Alexander III. 19, 22
Andropow, Jurij W. 103

Berija, Lawrentij, P. 97
Breschnew, Leonid I. 91, 103, 106, 111 ff., 116, 118
Bucharin, Nikolai 67, 82
Bukowskij, Wladimir K. 108
Bulganin, Nikolai 91

Castro, Fidel 98
Chruschtschow, Nikita S. 76, 91, 97–104, 108, 116

Danilewski, Nikolai 17
Dostojewski, Fjodor M. 17, 19
Dubcek, Alexander 111
Dudajew, Schochar 146 f.

Ehrenburg, Ilja 97
Engels, Friedrich 37, 62, 87

Franco, Francisco 85
Franz-Joseph I. 7

Gagarin, Jurij 91, 98 f.
Gajdar, Jegor 135, 139
Gandhi, Mahatma 107
Gogol, Nicolaj 121
Gorbatschow, Michail S. 112, 117–120, 122–125, 128, 130 f., 143, 146
Gratschow, Pawel 147
Gromyko, Andrej 117
Gurkow, Andrej 139 f.

Herzen, Alexander 11
Hitler, Adolf 85 f.

Ignatjev, Nikolai P. 17
Iwan IV. (der Schreckliche) 7

Jaruzelski, Wojciech 112
Jelzin, Boris 117, 122 f., 125, 127, 134 f., 137, 143, 146
Jewtuschenko, Jewgeni A. 101

Kalinin, Michail J. 59
Kamenew, Lew 38, 40, 65 f.
Karmal, Babrak 114
Kennan, George F. 95
Kerenskij, Alexander 23 f., 27, 29, 31, 34 f., 37 f., 40 f., 43
Kirow, Sergei 77
Kohl, Helmut 117, 124
Kollontaj, Alexandra 53, 59
Kornilow, Lawr G. 27, 35, 41
Kossygin, Alexej 116
Kropotkin, Petr Fürst 13 f.

Lebed, Alexander 146
Lenin (eigentl. Uljanow), Wladimir Iljitsch 22, 27, 34–41, 44 ff., 48, 52 ff., 56 f., 59 f., 62, 64–68, 76, 87, 99, 101, 116, 131
Lerchenfeld-Koefering Hugo Graf von 13 f.
Libermann, Ersej G. 104
Luxemburg, Rosa 52
Lwow, Georgi J. Fürst 30 f., 36

Malenkow, Georgi M. 95 ff.
Mao Tse-tung 107
Marshall, George C. 94, 96
Marx, Karl 37 f., 54, 62, 87
Maschadow 143 f.
Miljukow, P. N. 31, 33
Molotow, Wjatscheslaw M. 85, 90, 92
Moltke, Helmut von 11

Napoleon I. 6, 86
Netschajew, Sergej 13 f.

Nikolaus I. 6 ff., 10
Nikolaus II. 6, 20–24, 27 f., 46, 48
Nixon, Richard 109

Peter I. (der Große) 6, 8, 11 f.
Pogodin, Michail 10

Reagan, Ronald 117
Ribbentrop, Joachim von 85, 90
Rodzjanko, M. W. 30
Rykow, Alexsej I. 82

Sacharow, Andrej 105, 121
Schewardnadse, Eduard A. 120, 137
Schlözer, Kurd von 12
Scholochow, Michail A. 51, 105
Sinowjew, Gregorij I. 38, 65 f.
Sjuganow 134
Solschenizyn, Alexander 83, 103, 105, 107 ff.
Stachanow, Alexej 75
Stalin, Josef W. (eigentl. Dschugaschwili) 54, 60, 65–69, 71, 74–77, 80, 84–88, 90 ff., 94, 97–103, 111, 116, 124, 128, 142
Stolypin, Peter A. 22, 26

Tito, Marschall (Josip Broz) 91, 93
Trotzki, Leo 34 f., 38, 40, 44–47, 58, 65–69
Trubetzkoi, Jewgeni N. Fürst 24
Truman, Harry S. 94, 96
Tscherkisow, Andrej 139
Tschernenko, Konstantin U. 103, 117

Victoria I. 17

Weber, Max 22, 25 f.
Witte, Sergej J. Graf 15, 19 f., 23 f.

Sachregister

Adel 8 f., 12, 15, 29, 54
Afghanistan 103, 112–115, 117 f.
Agrarfrage 11; -gesellschaft 6, 15
Allrussischer Sowjet-(Räte-)kongress 36, 38 f., 41, 47, 49, 60, 76
Allrussisches Zentrales Exekutivkomitee 56, 60, 62 f., 76
Anti-Hitler-Koalition 91, 94
Antisemitismus **29**, 54, 84
Aprilthesen (1917) 27, 34, 36, 44
Arbeiterklasse ▷ Proletariat
Atheismus **54**, 104
Augustputsch 125 ff., 130
Autokratie **7**, 8 ff., 15, 19 f., 23, 26, 35, 45

Baltikum 95, 131; Baltische Republiken 123
Bauernbefreiung 6, 8 f., 12 f., 20
Blockfreie Staaten 98, 112
Bolschewiki 21 ff., 27 f., 33 ff., 37–48, 52, 54, 60, 63 f., 84 f., 88
Brest-Litowsk, Friede von 46
Breschnew-Ära 103 ff., 109 f., 112 f., 115 f., 131, 146
Breschnewdoktrin 103, 111
Briand-Kellogg-Pakt 84
Bourgeoisie ▷ Bürgertum
Bürger/-tum 15, 21, 36, 38, 42, 49 f., 59; -krieg 46–49, 60, 63, 66, 73

Dekabristenaufstand 6
Diktatur des Proletariats 21, **38**, 47, 52
Doppelherrschaft 31, 45, 134
Duma 9, 21–25, 27, 30 ff.; -komitee 27 f.

Entspannungspolitik 103, 111 ff., 115 f., 119; -prozess 93, 119
Entstalinisierung 76, 91, 97, 99, 101 f., 104
Expansion 15 f., 19 f.
Europäische Union (EU) 138

Familie 53, 58
Faschismus **84**, 87, 95
Februarrevolution (1917) 21, 27 f., 31, 34, 38 f., 45
Fraktionsbildung **52**, 66
Frauen 27 f., 53 f., 58, 75, 79, 106, 138, 142
Friedliche Koexistenz 91, 97 f., 102

Gemeinschaft unabhängiger Staaten (GUS) 117, 125, 128, 130, 132–134, 137 f., 141, 147
Gewaltverzicht 103; -sverträge 112
Gewerkschaften 74, 81
Glasnost **118**, 119 ff., 123, 125
Golfkrieg 124
Großer Vaterländischer Krieg 54, 84 ff.
Gulag ▷ Zwangsarbeitslager

Heilige Allianz 6
Hitler-Stalin-Pakt 65, 85, 88 ff., 123

Imperialismus 17, 19, 41, 96, 115
Industrialisierung 15, 20, 26, 47, 69, 71, 74 f., 84, 90
Intelligenzija 20 f., 75 f., 106
Islam **54**, 135, 144

Juden ▷ Antisemitismus

Kadetten ▷ Konstitutionelle Demokraten
Kalter Krieg 91, **93**, 94 f., 120, 130
Kapitalismus 37, 46, 52, 56 f., 69, 80, 84, 87, 96, 103, 139
Kaukasus 123, 135, 137, 143 f., 146 f.
KGB 108, 114, 125
Kirchenkampf 54, 59, 75 ▷ orthodoxe Kirche ▷ Atheismus
Kolchose **70**, 73, 118
Kollektivierung der Landwirtschaft 65, 70–74, 90 ▷ Kolchosen ▷ Sowchosen ▷ Zwangskollektivierung
Kommunismus 27, 48, 64, 87, 103, 107; -strategie 90 ▷ Kriegskommunismus ▷ Reformkommunismus
Kominform 91, 93
Komintern 46, 84 f., 87, 93, 98
Konstitutionelle Demokraten 21, 24, 43
Konterrevolution 82
Kosaken 144
KPdSU 96 ff., 100, 106, 118, 122 f., 125, 131
Kriegskommissare 47, 49, 50 ▷ Bürgerkrieg
Kriegskommunismus 46, 48, 52 f., 63 f. ▷ Bürgerkrieg
Krimkrieg 6, 8, 15 f.

Kronstädter Matrosenaufstand 52
KSZE 112; -Schlussakte 103, 105
Kuba-Krise 91, 99
Kulaken 50, 66, 70 f., 73, 82

Leibeigenschaft/Leibeigene 6–12, 64 ▷ Bauernbefreiung
Leninismus 69, 102, 131

Marktwirtschaft 135, 138 f.
Marshall-Plan 93 f., 96, 102
Marxismus 22, 37, 102
Marxismus-Leninismus 54, 65 f., 69, 76, 87
Massenterror 76, 101, 116
Menschenrechte 103, 105, 112, 129, 104 f.
Menschewiki 21 f., 28 f., 32, 34, 38, 40–43, 45 f., 55
Mir 8 f., 22
Multiethnische Gesellschaft 134, **135**

Narodniki (Volksfreunde) 21
Nationalitäten 144; -kämpfe 123; -probleme 131, 137
NATO 91; -Osterweiterung 138; -Staaten 113
Neue Ökonomische Politik (NEP) 52 f., 56 f., 60 f., 63 f., 66 f., 124
Nichtangriffspakt ▷ Hitler-Stalin-Pakt
Nomenklatura 104, 106 f., 116, 118

Oberster Sowjet 76, 117
Oktobermanifest (1905) 21 f., 24 f.
Oktoberrevolution (1917) 21, 27, 33, 38–41, 43–47, 54, 60, 63, 75, 104
Oktobristen 22, 24
Opposition; intellektuelle 10; revolutionäre 10, 13 f.
Orthodoxe Kirche 8, 54, 86, 135
Osmanisches Reich 6, 8, 17
OSZE 144

Panslawismus **17**
Perestroika **118**, 119 ff., 123, 125, 129
Permanente Revolution 66, 68
Personenkult **76**, 97, 99, 101, 106, 129
Petersburger Blutsonntag 21
Petrograder Sowjet 27 ff., 32 f., 35, 40

Sachregister

Planwirtschaft 104
Politbüro 59 f., 82, 106, 114, 117 f.
Polyzentrismus **98**
Prager Frühling 111, 113
Proletariat 36, 38, 49, 56 f., 73, 87;
 ▷ Diktatur des Proletariats
Provisorische Regierung 23, 27 ff.,
 31–34, 36, 38 f., 41 f., 44 f., 63

Rapallo 61
Rat der Volkskommissare 27, 38 f.,
 56, 60, 63
Rat für Gegenseitige Wirtschaftshilfe (RGW oder Comecon) 94, 124
Räte 27, 37, 40, 52 ▷ Sowjets
Rätekongress ▷ Allrussischer Sowjetkongress
Räteregierung 46, 60; -staat 76
Reform/-en 6, 8 f., 21,117 f., 120,
 130 f., 139, -politik 8, 11, 119, 122,
 130 f.; -bewegung 118; -kurs 137,
 118
Revolution 13, 20 f., 25 ff., 35 ff.,
 40 ff., 48 ▷ Februarrevolution
 ▷ Oktoberrevolution ▷ permanente Revolution ▷ Weltrevolution ▷ Konterrevolution ▷ Sozialrevolutionäre
Rote Armee 47–50, 60, 65 f., 77,
 85 f., 88, 92 f., 123
Russisch-japanischer Krieg 20
Russische Sozialistische Föderative
 Sowjetrepublik (RSFSR) 60 ff.

Säuberungen 76 f., 82, 85 f.
SALT 103
Samizdat **104**, 107 f.
Schauprozesse 65, **77**, 82 f., 90
Scheinkonstitutionalismus 20, **22**,
 25 f.

Schulen 14, 78 f.
Selbstverlag ▷ samizdat
Semstwa 9
Slawophile 8, 17 ▷ Panslawismus
Solidarność 112
Sowchose **70**, 73, 118
Sowjet/s **21**, 27 ff., 32, 34, 36–42, 55
 ▷ Petrograder Sowjet ▷ Oberster
 Sowjet
Sowjetisierung 60, 91 ff., 112, 135
Sowjetkultur 135 ▷ Sowjetliteratur
 ▷ Sozialistischer Realismus
Sowjetliteratur 80
Sowjetisch-chinesischer Konflikt
 98 f., 102, 112
Sowjetrepublik 47, 49 f.
Sozialdemokratie/Sozialdemokraten
 21 f., 28, 35, 42, 55
Sozialdemokratische (Arbeiter-)Partei 6, 21 f., 35
Sozialismus 37, 43, 53, 56, 64, 68,
 70 f., 74 ff., 85, 87, 96, 111, 116,
 119 f., 121, 123, 125
„Sozialismus in einem Lande" 66,
 68 f., 84
Sozialistischer Realismus 75, 78, 80
Sozialrevolutionäre 21, 28 f., 32,
 34 f., 38 ff., 43, 45 ff.
Sputnik 91, 98
Stachanow-Bewegung 80
Stalinismus 64 f., 97, 116; Spät - 94;
 Neo - 98 ▷ Stalin-Verfassung
 ▷ Entstalinisierung
Stalin-Verfassung 76

„**T**auwetter" 97
Totalitarismus 84
Trotzkismus 73, 82, 87
Truman-Doktrin 93 f.
Tscheka 48, 53

Tschernobyl 117, 119, 129, 138
Tschetschenien 16, 86, 134, 137,
 143–147

Umwelt 105, 138, 141 f., 147
 ▷ Tschernobyl
Unionsvertrag 125, 127
UNO 114, 137, 141 f.

Verfassung 60, - der RSFSR 61;
 - der UdSSR 62; neue - 135
Verfassunggebende (Konstituierende) Versammlung 27 f.,
 31, 35, 38 f., 41 ff., 45
Verstädterung 74
Vielvölkerstaat 7 f., 15, 20, 47, 60
Völkerbund 65, 84
Volksfront 87; - fronttaktik 84 f., 92
Volkskommissare 27, 38 f., 49, 60,
 63 ▷ Rat der Volkskommissare
Volksvertretung ▷ Duma

Warschauer Pakt 91, 103, 111 f.,
 116 f., 124
Weltrevolution 66, 87, 95, 98
Weltwirtschaftskrise 69
Westler 8
Wiener Kongress 6

Zarenherrschaft 6, 10, 15 f., 20 f., 23,
 25–29, 46, 61; -reich 6, 15, 25, 38, 60
Zentrales Exekutivkomitee ▷ Allrussisches Zentrales Exekutivkomitee
Zentralkomitee (ZK) 60, 75, 77, 104,
 106 f., 114, 117 f., 122
ZK-Generalsekretär 60, 65, 97, 117 f.
 ▷ Politbüro
Zwangsarbeitslager 74, 76 f., 83, 94
Zwangskollektivierung 69 f., 75, 77,
 84

Bildnachweis

Umschlag: dpa/Agence France, Stuttgart; S. 7: Bildarchiv Preußischer Kulturbesitz (BPK), Berlin; S. 9: Nowosti, Berlin; S. 11: Eremitage, St. Petersburg; S. 14: Archiv Gerstenberg, Wietze; S. 20: Ullstein Bilderdienst, Berlin; S. 28: Nowosti; S. 32: Ullstein Bilderdienst; Farbtafel 1: Archiv für Kultur und Geschichte (AKG), Berlin; S. 34: BPK; S. 39: Nowosti; S. 48: Süddeutscher Verlag Bilderdienst, München; S. 49: Nowosti; S. 51: AKG ; S. 54 re.: Nowosti; S. 57 re.: Nowosti; S. 67 li.: AKG; S. 67 re.: Edition Bernard Barrault, Paris 1986, Alain Jaubert: „Fotos, die lügen"; S. 72: Nowosti/Revolutionsmuseum Moskau; S. 76: AKG; S. 78: Nowosti; S. 81: Nowosti/Revolutionsmuseum Moskau; S. 82: BPK; S. 86: AKG; S. 89 re.: Nowosti; S. 96 li.: Krokodil Moskau; S. 96 re.: Archiv Gerstenberg; S. 97: Fritz Meinhard, Stuttgarter Zeitung; S. 99: dpa; S. 106: Süddeutscher Verlag Bilderdienst; S. 111: Ullstein Bilderdienst; S. 119: CCC, Karl-Heinz Schoenfeld, München; S. 124 re.: Süddeutscher Verlag Bilderdienst; Farbtafel 4: Sowjetunion heute, Heft 1/1991, Berlin; S. 129 li.: CCC, Jupp Wolter; S. 129 re.: Caricatura Kassel; S. 141: dpa; S. 145: Süddeutscher Verlag Bilderdienst

Nicht in allen Fällen war es uns möglich, den Rechteinhaber ausfindig zu machen. Berechtigte Ansprüche werden selbstverständlich im Rahmen der üblichen Vereinbarungen abgegolten.